莊松林

深耕臺灣民俗的文化人

戴文鋒、曾國棟、楊家祈 著

Contents
目錄

圖目次

表目次

承繼先驅使命 持續探索臺南

　　回顧2015年，臺南市政府文化局偕同南瀛國際人文社會科學研究中心舉辦「臺南研究先驅叢書出版暨研究計畫」的首次籌備會議。會後列出20餘位符合會議定義的臺南研究先驅名單，尋找適合的作者、研究者撰寫相關書目，截至今（2023）年為止，已有數本論及臺、日臺南研究前輩事蹟專書陸續出版，而本書《深耕臺灣民俗的文化人：莊松林》正是成果之一。從籌備會議的發想到實際出版，悠悠已近10年，這個計畫仍穩健地進行著，持續證明臺南城市的人文蘊涵之深，其來有自。

　　文化除了時間沉澱，人的能動性也是不能省略的必要條件，人才是發動變化的本源。臺南一向以臺灣的文化首都自任，除了在時間上，從史前到當代，薈萃在這裡的人文能量，是讓時間得以從物理的無機尺度，轉化為豐富心靈風景的觸媒。這座城市自從1624年與西方交會，站上世界歷史的舞臺，就成為東亞物質與文化交流的重要角色，是大航海時代的重要航線節點。風起雲湧的歷史進程讓這座城市，有著複雜的性格與迷人的魅力。自古以來，就有許多學者持續探索這塊土地。前文所提到的「先驅」們，無論來自何方，甚至不見得有相同國籍，都肯定臺南的深度，足以用他們的一生，持續挖掘。

　　全書由戴文鋒、曾國棟、楊家祈三位作者一起完成。戴文鋒是國立臺南大學文化與自然資源學系教授兼任臺南學研究中心主任，長期耕耘民俗

文化、民間信仰與文化資產，皆以臺南為主要研究場域，近年來更投入臺南白色恐怖時期的歷史研究與人權場址的發掘。曾國棟是臺南市文化資產保護協會理事長，同是耕耘臺南的文史工作者；楊家祈則是國立成功大學歷史學系博士候選人，至今也累積了許多臺南研究成果。由三位對臺南文史有熱情的作者來完成本書，也可說是臺南文史界的傳承。

　　本書的出版讓讀者看到，從日治時代開始，臺南就開始走向自我追尋的歷程。而本書的主題人物莊松林先生堪稱這個歷程的先行者。其研究成果，在當時就已經得到同時代研究者的肯定，無論是廣度與深度，至今仍罕有比肩者。本市之所以不懈推動這個出版計畫，正是為了承繼諸位先驅探索臺南的使命，充分掌握前賢的研究成果，給予未來的研究者新的啟迪。

臺南市長　黃偉哲

在時間裡走向未來　在空間裡走向世界

　　讀者手上這本《臺灣民俗學的拓荒者—臺南研究先驅莊松林》是「臺南研究先驅」出版計畫的最新成果。

　　作者群中，戴文鋒先生自博士論文開始即勠力於探索臺灣民俗文化，並持續筆耕，累積學術專著二十餘冊，與臺南相關者達十餘冊；曾國棟先生畢業於歷史語言研究所，獨自出版、與他人合著10餘本臺南文史研究專書，涉及宗教、地理、碑碣、地誌等領域；楊家祈先生目前為博士候選人，研究民俗祭儀、地方歷史、傳統音樂等以上3位皆累積了豐碩的學術成果，同為臺南文史研究領域在青壯世代的傑出研究者。

　　本書以7章22節、近20萬字的篇幅，全面涵蓋莊松林先生一生的行跡。以善有餘慶的家世為全書發軔，詳述他卓爾有成的學術成就。也談到他從投身社運轉變成為文藝青年，戰後又成為國民黨黨工，服務在地民眾，晚年更成為南臺灣文史群體核心人物的過程。由家世到個人、由個人到群體、由民俗學到文史研究之大成，這些不同的面向，都有賴三位作者一同上下求索，以堅實的史料為基礎，將莊松林先生的一生及其貢獻在讀者眼前徐徐展開。正如戴文鋒教授的一篇論文標題「史實是站在史料基礎上不斷求真的辯證歷程」所揭示的，本書正是秉持這樣的精神，走入傳主的內心世界，並用訊息密度高、行文風格統一，以及甚具可讀性的文字，凝聚成這本作品。

　　讀者只要順著全書脈絡，就可以理解莊先生人生的變化，是與他後來對臺灣文史研究的苦心是分不開的。讀者也藉著3位作者的文字，代入莊松林先生之眼，觀察他生活的當下處境，與國分直一、金關丈夫、石暘睢等臺日文史研究的一時碩彥相處互動、切磋所學的情況，感受當時日本剛得到臺灣治理權時，島上所有的一切，宛如《百年孤寂》所寫的「新的事物因為沒有名字只能用手去指」的那種新奇與驚嘆。

　　雖然本書主體在於敘述莊松林先生的生平與研究，實際上3位作者是在勾勒臺南學，以至臺灣文史的演進與各研究者間相互支援、彼此成就的過程。觀瀾以索源，振葉可尋根，讀者可以看到一個人、一個群體，乃至於一整個世代，是怎麼為臺南城市的自我理解、臺灣國族主體性的思考，提供了堅實的基礎。於是我們得以在此基礎上站穩腳步，在時間裡走向未來，在空間裡走向世界。

臺南市政府文化局局長

橫跨時代的文化人 臺南研究先驅

　　臺南文史前輩莊松林與石暘睢等人從1940年代就針對臺南的古蹟與文物作全面性的調查，1950年代臺灣各縣市文獻委員會成立後，推動搜尋古蹟文物的風潮，莊松林受聘為臺南市文獻委員會的委員，並催生了臺南市文史協會。對民俗、文獻之整理研究十分積極熱心，並在《臺南文化》、《南瀛文獻》、《文史薈刊》、《臺北文物》、《臺灣風物》、《臺灣文獻》等文獻刊物發表多篇文章。莊松林長於臺南、生於臺南，這座古都給了他很多養分，所發表的文章多圍繞著民俗、歷史、俗諺、史料文物等主題，在這些領域與議題皆有開創性、先驅性的地位。

　　莊松林的青少年時期在日治時期中度過，感受到殖民時代下的思潮衝擊，開始積極參與社會運動、文化運動。走上前線的他，為啟迪民智，不僅參與演戲，更發表演說、刊辦讀物、學習世界語，與夥伴衝撞體制。而後因殖民社會的不允許，社會運動不得已終止，但「山重水複疑無路，柳暗花明又一村」這樣炙熱的心沒有停止，逐漸轉到歷史、文學、民俗領域上，深入探究他所生長的這片土地，在民俗領域上開出一片燦爛。

　　民俗一詞可說是莊松林的代名詞，在皇民化運動及戰爭期，投入了《民俗臺灣》雜誌所帶動的研究熱潮，累積豐碩成果，更是當時民俗研究

上數量最多、面向最廣的臺籍研究者。這些成績，讓他在歷經戰後社會的不穩定後，可以持續延伸下去。而在史料、文物整理方面，除參與清代方志的整理編輯外，更對於碑碣史料的採集與保存頗具貢獻；臺南古都碑碣文物數量眾多，散處各地，究竟有多少件數，從來沒有做過正確的統計數字，直到1941年石暘睢與莊松林做全面調查記錄，共計採錄208件清代古碑之基本資料，並將其分類整理，撰寫〈臺南古碑記〉一文，是最早完整紀錄臺南碑碣文獻的專文。莊松林從日治時期的1940年代開始，一直到戰後的三十餘年時間，親自走訪寒村、古廟，孜孜不倦地探索民俗文化、蒐集遺蹟文物，爬梳考證文獻，進而積累豐沛巨碩的成果，讓他成為臺灣民俗界的代表性人物。

本書從莊松林的家世生平寫起，到他充滿激情的年少時期，歷經殖民時代與戰後黨國政權的壓抑，基於對於土地的情感與熱愛，在民俗、歷史研究中找到宣洩的出口。也因為莊松林自身對於研究的嚴謹，使得他成為戰後臺南文史圈的領袖之一，並將這些人集結成一個團體，更與各領域、各國的學者專家有著密切的往來與認同，成為民俗、歷史、文物研究的代表性人物。最後以他的開創與標竿作為結尾，是深根臺灣、臺南歷史與民俗研究的典範。當代做研究的我們實在十分幸運，有已經整理好的史料檔案，甚至有一個個充沛的資料庫，交通道路完善發達，與莊松林相比，實在輕鬆許多。在客觀條件下，實在比莊松林時代的前輩們輕鬆許多。謹此向莊松林暨臺南文史前輩等諸前賢的付出，表達後學晚輩敬佩不忘之意。

作者

第一章

前言

　　2015年10月24日，臺南市政府文化局與南瀛國際人文社會科學研究中心，共同舉行「臺南研究先驅叢書出版暨研究計畫第一次籌備會議」，會議由文化研究科涂淑玲科長主持，參與討論的學者以南瀛國際人文社會科學研究中心委員為主軸。[1]會議首先訂定了對於「臺南研究先驅」的定義：

> 以臺南地區（日治時期臺南州）為研究範圍，在學術研究史上，曾經對臺南研究有所貢獻，且有其延續性，並留下一定質量的研究者。

　　同時提出了臺南研究先驅之名單，如國分直一、石暘睢、莊松林、盧嘉興、黃典權、黃清淵、吳新榮、陳春木、謝碧連、連景初、許丙丁、林勇等十餘人，要尋求適合學者來為這些「臺南研究先驅」撰寫系列研究專書。透過爬梳臺南文史前輩的研究積累及知識貢獻，來讓臺南研究的知識體系史加厚實，並將其卓越的成果與精神傳給日後的研究後進與每一世代

1　會議主持：涂淑玲科長（文化研究科）。與會討論：林玉茹、戴文鋒、劉益昌、葉春榮、賀安娟、陳恒安、陳文松、溫勝智（兼會議記錄）、謝仕淵（國立臺灣歷史博物館）。

的臺南人，同時替臺南研究進行過去的回顧與未來的開展。以《海盜·香火·古港口：臺南研究先驅黃典權紀念專書》作為臺南研究先驅系列叢書的第一本於2017年出版，第二本為2021年出版的《國分直一與臺南：不是灣生的灣生》。[2]南瀛國際人文社會科學研究中心成立於2003年4月，在屆滿20周年的同時，又有石暘睢、莊松林二位臺南研究先驅的專書面世，可說是意義非凡。本書以臺灣民俗學家莊松林（筆名朱鋒）為研究對象，由後學多人共筆而成。

　　無獨有偶地，國立臺灣大學臺大出版中心也幾乎在同時，進行「臺灣研究先行者」專書出版計畫。委請黃英哲教授（日本愛知大學現代中國學部暨大學院中國研究科教授兼研究科科長）與梅家玲教授（國立臺灣大學中國文學系特聘教授）共同規劃、主編，推出「臺灣研究先行者系列」叢書。其叢書於2014年率先出版《伊能嘉矩：臺灣歷史民族誌的展開》、《島田謹二：華麗島文學的體驗與解讀》二書，並累積出版了6冊。[3]叢書主編黃英哲、梅家玲教授於〈序言〉中指出：「企畫『臺灣研究先行者系列』，出發點固然是鉤沉發微，回顧臺灣研究的歷史；但終極目的卻是意圖立足現在，繼往開來。」臺大的「臺灣研究先行者」之立意與「臺南研究先驅」相似，可見一北一南，關懷臺灣本土研究的戰後出生世代，同樣是想要了解前輩們走過在地研究的足跡，進一步體會在尚未進入數位化與資訊化的時代，前輩們如何以挖掘史料、考

2　黃典權著，丁煌、何培夫編，《海盜·香火·古港口：臺南研究先驅黃典權紀念專書》，臺南市政府文化局、臺北：蔚藍文化，2017。劉益昌，《國分直一與臺南：不是灣生的灣生》，臺南市政府文化局、臺北市：蔚藍文化，2021。

3　陳偉智，《伊能嘉矩：臺灣歷史民族誌的展開》，國立臺灣大學出版中心，2014。橋本恭子，《島田謹二：華麗島文學的體驗與解讀》，國立臺灣大學出版中心，2014。吳永華，《早田文藏：臺灣植物大命名時代》，國立臺灣大學出版中心，2016。吳豪人，《殖民地的法學者：「現代」樂園的漫遊者群像》，國立臺灣大學出版中心，2017。邱士杰，《戰後台灣經濟的左翼分析：劉進慶思想評傳》，國立臺灣大學出版中心，2022。鄭力軒，《不待黃昏的貓頭鷹：陳紹馨的學術生命與臺灣研究》，國立臺灣大學出版中心，2022。

據文獻、田野踏查與細膩推敲等方法深化研究的量能。

　　莊松林（1910-1974），其筆名「朱鋒」更為臺南文獻歷史界、臺灣民俗文化界所知詳，日治時期這位青年曾是一位激進熱血的社會運動者，而後從事民間文學採錄、書寫並轉向臺灣民俗研究與歷史文獻整理與考據工作，數十年如一日。其著作從日治時期延續至戰後，累積文史、民俗深厚之功力，在臺灣民俗議題與研究的田地上不僅是拓墾先鋒，更是一位臺灣民俗研究的深耕者。

一、臺灣民俗學史上不可或缺的存在

　　日治時期在臺灣社會政治運動史上，莊松林曾經是一位前衛激進、意氣昂揚、充滿鬥志的青年；積極投入當時社會思潮與抗日運動，與「體解如來無畏法，願同弱少鬥強權」的臺灣革命僧林秋梧（1903-1934）、左翼「赤崁勞働青年會」、興文齋書局創辦人的林占鰲、林宣鰲兄弟密切往來，更與有志者一同創辦旬刊《赤道》。他們這一群具有挑戰威權和既定成俗的「衝組」，因為志趣相投，透過《反普特刊》集結發聲。我們看到這群文化人，把現代性的文化觀及啟蒙心態更加銳化，不只反殖民、反封建，而以大無畏的精神批判數百年的普度浪費積習，勇於為弱勢族群橫刀而立。[4]

　　昭和10年（1935）李獻璋為籌編《臺灣民間文學集》而找上了莊松林，而昭和11年（1936）莊氏擔任臺灣新文學社臺南支社地方版的徵稿編輯，同時一連發表了多篇文學作品，如民間故事、短篇小說、童話故事等，而莊氏於此時所寫的文章亦有多篇收錄於昭和11年

4　葉瓊霞，〈教育啟蒙反浪費：《反普特刊》反什麼？〉，《臺灣教會公報》，第3492期，2019/1/28-2/3。

（1936）李獻璋編輯出版發行的《臺灣民間文學集》。此時的莊松林是一位以傳說故事作為民間文學書寫素材的文藝青年。

　　但如是作為一位左翼社會運動者、民間文學家，提起「朱鋒」的歷史定位，他絕對是「臺灣民俗學」史上不可或缺的存在，這是許多同輩與後輩學人對他開創領航「臺灣民俗學」研究風氣的第一印象。如艋舺出身的同輩文學作家與歷史文獻家王詩琅（1908-1984），稱朱鋒為「臺灣民俗學的拓荒者」，而從事文史研究及方志撰著、著作豐碩的知名歷史學家毛一波（1901-1996），稱譽他是「在臺灣最有歷史的民俗學家」。戰後來臺的民俗學家婁子匡（1907-2005），在編輯《國立北京大學中國民俗學會民俗叢書》第二輯叢書（第一、二輯共40冊）時，將朱鋒過去刊登的作品集結成冊，書名《南臺灣民俗》，於1971年由臺北市東方文化書局刊行。這本民俗專書的刊行，正足以顯示臺灣民俗學界負有盛名的「朱鋒」，不僅被中國民俗學界視為臺灣最具代表性的人物，並躋身當時以「外省籍」為主的「中國民俗研究」界。

　　「臺灣民俗學的拓荒者」之外，王詩琅亦稱譽莊松林為「臺灣文獻工作的先覺者」。在王氏心目中，莊松林是民俗、文獻兼擅。王、莊二人認識甚早，都曾是社會運動者、文學青年，中年以後都投入民俗、文獻研究工作，生命軌跡十分相似。在昭和10年（1935）「始政四十週年博覽會」開幕後，臺北吳逸生、朱點人、廖毓文、陳君玉、徐瓊二、彰化賴和、楊守愚、嘉義張文正、徐玉書、張慶堂、臺南朱鋒等一群愛好臺灣新文學的文藝青年，均先赴臺北萬華王詩琅的住處集合然後再前往餐廳聚餐。依照王詩琅的了解，莊松林的文學寫作在昭和16年（1941）《民俗臺灣》創刊後就發生了轉變，這時莊松林親自告訴王詩琅說，他的興趣已由文學轉到民俗方面了。戰後，身為臺南市文獻委員、臺南市文史協會成員，讓莊松林的研究領域又從臺灣民俗學擴而大之，展開成為臺灣歷史、鄉土文化的研究者，對於文獻史料的隻字片紙

視若珍寶,其對歷史、文獻與民俗的關懷與熱衷是盡人皆知的。[5]

民國63年(1974)莊松林辭世,治喪委員會撰文稱:「先生交遊甚廣,賦性謙恭,暮年猶手不釋卷,其深思好學之精神足以示範。至於培植臺灣文史後起之秀,尤不遺餘力。」為了追憶感念莊松林,主編毛一波將《臺灣風物》25卷2期(1975年6月)策劃為「悼念民俗學家莊松林先生特輯」,足以表示當時臺灣文史各界對於這位夙負盛名的前輩在臺灣民俗研究量能上之肯定。

總而言之,他一生在臺灣民俗學、歷史文獻考究的田園裡努力勤耕外,更跨越戰前戰後,對於臺灣民俗研究的薪火傳承和深化是一位關鍵人物。所以莊松林不僅是臺南研究的先驅,更可說是臺灣民俗學史上不可或缺的存在。

二、深耕臺南研究的民間學者

臺灣歷史發展過程中臺南一直占有重要的地位,清朝時期的《臺灣府志》、《臺灣縣志》、《安平縣雜記》都是以臺南作為志書記錄書寫的範圍與對象。日治時期,更有許多臺南在地的文化人陸續投入研究工作。戰後這些研究工作者仍然秉持對文史研究的熱誠,形成一群被後人稱為「文獻前輩」、「文獻家」的民間學者,如石暘睢、莊松林、林勇、連景初、顏興、賴建銘、沈榮、江家錦、韓石爐、盧嘉興、許丙丁等多位前輩,在不同領域各有所長,雖不以學術論文書寫為主,卻是深闇歷史文獻,歷年書寫不輟、田野踏查不停。更成為臺南市文獻委員會、臺南縣文獻委員會與臺南市文史協會的催生者與核心成員。

這一群民間學者有許多共通特點。一則皆是出生、成長於日治時

5　王詩琅,〈從文學到民俗:悼莊松林先生〉(《臺灣風物》,25卷2期,1975),頁54-57。

期，能流利使用日語。二則同是來自民間，非任教於大學院校的學者，對於文史研究的訓練也非來自學院派、學術圈，而是一群深闇臺南歷史文獻典故的同好，相互討論、切磋、實作，在不同的民俗文化、文學領域、文獻考據持續深耕，終而成為該領域的佼佼者。三是這些民間學者們，在大中國的框架之下，小心翼翼地順著當時的政治氣氛，進行臺南、臺灣的鄉土文化研究，他們看似與當時黨國體系有相當程度的連結，有多位民間學者擔任公職或民代者，如林勇（安平區區長）、沈榮（市議員、律師）、顏興（市議員）、盧嘉興（臺灣製鹽總廠課長）、許丙丁（市議員）、林條均（公所秘書）等，莊松林自身則是任職於國民黨臺南市黨部。然則回到戒嚴時代的歷史時空便不難理解，當時豈真有臺灣研究的空間？研究者必須謹慎地順應著當時的政治氣氛，將臺灣放置在整個大中國、漢族文化框架之中，保護自身與臺灣研究。第四是與學術圈、學者互動深刻。以莊松林為例，他與國外宗教學、民俗學、歷史學等學界的互動往來，國際交流並不亞於學院內的學者。例如美國傅瑞德（Morton Herbert Fried，1923-1986）、法國施博爾（Esther Schipper、施舟人，1934-2021）、日本前嶋信次（1903-1983）、國分直一（1908-2005）、窪德忠（1913-2010）、池田敏雄（1916-1981）、鈴木滿男（1926-2004）等人，都曾與莊氏等人相互切磋，強化了莊松林等人的文史研究能量與質感，在同時期的臺灣研究上能與國際學術界如此緊密互動者實屬罕見。

戰後深耕臺南研究的民間學者中，莊松林占有一席之地，也可說是代表之一。從日治時期開始的研究，累積了豐厚、多元的民俗、歷史研究成果（詳見附表二）。通曉日語，能與日治時期的學者互通有無，更帶領著戰後來臺的外籍學者進行研究，為臺南研究拓展內涵。

三、本書章節簡介

本書透過不同的章節呈現莊松林的一生與貢獻，除了大家熟知的民俗領域之外，也加入較少討論的社會運動事跡、戰後的黨工人生與莊松林之人際往來。本書一共分成七大章，介紹如下：

第一章〈前言〉為全書引言。

第二章〈家世與生平〉針對莊松林家族史加以整理，開臺祖莊旺苔於道光年間隨著班兵來臺，而後未返回原籍，並以臺灣府城大西門外的五條港南勢街作為落腳處，從事商業買賣而成為一位「生理人」，展現莊家郊商買辦的身份，也凸顯莊松林為商紳之後的家族特性。

第三章〈激進到溫和〉則是以1940年為界，將莊松林一生分成前後兩期。30歲之前是他深具左翼思想與積極參與行動時期，因民族意識強烈、勇於碰撞日本統治當局、熱衷於社會運動而屢遭日本統治當局關切。1941年31歲之後，隨著二戰加遽，一個失去社會運動與抗日舞臺的時代，金關丈夫《民俗臺灣》創刊恰是一場及時雨，讓莊松林開始將精力、腦力轉到溫和的民俗研究，並積極於《民俗臺灣》撰稿投文，為臺灣民俗文化留下文字紀錄，也為他往後持續的民俗研究功力紮好馬步基礎。到了戰後，在李翼中（1896-1969）介紹下加入國民黨，讓他從一位日治時期的社會運動者到戰後變成終身黨工的人生歷程。

第四章〈社群與文友〉展現其從左翼少年逐漸轉為文史青年的歷程。將莊松林一生的民俗工作歷程與社群、文友網絡呈現出來，讓讀者了解更多不為人知的一面。

第五章〈碑匾中尋史〉，則聚焦莊松林不侷限於書籍文獻當中的史料，若覺得有遺漏誤謬之處，便會進行實地踏查，而臺南地區保存數量豐厚的碑匾文物，成為他調查的對象，並以研究結果來糾正過往的錯誤與補足遺漏。成為以碑匾研究地方歷史的先行者之一。

　　第六章〈標竿與領航〉，探討莊松林如何成為民俗學大家，以及其在臺灣民俗議題的立竿作用與開創性。並同時整理其生平年表與著作一覽，試圖展現更全方面的莊松林與讀者分享。

　　第七章〈結語〉，以「深耕臺灣民俗的文化人」作為整本書結語所下的標題，強調莊松林在臺灣民俗研究領域上具有開風氣之先的開拓角色，並且勤於研讀各項史料、田野調查細膩扎實，除了在自己原有的臺灣民俗園地裡深耕不輟，也精擅於各項歷史文物調查、歷史考據工作，因此無論在臺灣民俗研究、歷史文獻考據均占有一席之地。

第二章

家世與生平

　　莊松林，明治43年（1910）1月26日（農曆12月16日）上午9時30分生於臺南廳臺南街牛磨後（今臺南市中西區正興街）。

　　莊家祖籍福建省泉州府晉江縣青陽，即今福建省晉江市青陽鎮，古稱「五店市」。遷臺始祖莊旺苔，[1] 為青陽莊家20世祖，即莊松林曾祖父，生於嘉慶5年（1800）6月13日，卒於咸豐3年（1853）6月初4日，享年54歲。莊旺苔之所以會來臺灣，根據莊松林手抄〈家乘資料〉的記載，莊旺苔於道光年間（1821～1850）原籍從軍，奉調臺灣鎮標行伍而渡臺，離營後留臺經商，居於臺灣府臺灣縣城西南勢街。[2] 南勢街位於清朝時期五條港之南勢港南岸，此地素為南北貨集散地，商況熱絡，商賈雲集。

一、從軍渡海開臺祖

　　康熙23年（1684）設臺灣鎮總官兵，官署位於臺灣府城鎮北坊（今

1　莊松林家族開臺祖名為「莊旺苔」，一般坊間多引用鄭喜夫〈莊松林先生年譜〉一文，可能當時誤寫成「莊汪苔」，以至於有誤，特此說明。感謝經莊明正老師協助校正，並以莊家鬮分書為證。

2　轉引自鄭喜夫，〈莊松林先生年譜〉（《臺灣風物：悼念民俗學家莊松林先生特輯》，25卷2期，1975），頁5。另據朱子文（朱鋒之子莊明正）〈莊松林先生生平事蹟〉（《臺南文化》，新55期，2003）一文的記載，遷臺始祖莊汪苔於1850年代航海來臺營商，並未提及從軍而來臺之事；關於青陽莊家遷臺待後續再進一步考證。

公園路臺南市公車轉運站），統領臺灣鎮標左、中、右三營，[3]而後兼轄臺灣北路協、臺灣水師協、臺灣城守營與臺灣南路營等營。道光年間，在臺班兵「收營後每私自請假，別出生理，並不在伙房汛地。此種蓋去十之三，又伴當、四行等人去十之一，其餘僅十之六而已。」[4]莊旺苔或許在此時空背景，戍守期滿後未返回原籍而留在臺灣，並選擇當時臺灣府城大西門外的南勢街作為落腳處，由軍職改從事商業買賣而成為一位「生理人」。南勢街位於昔日府城五條港之南勢港南岸，向東可延伸到水仙宮南側，即今臺南市中西區仁愛街至民權路三段143巷間之民權路；南勢街與頂、下南濠街在五條港商況興盛時期，車水馬龍，物流頻繁。莊旺苔在南勢街經商，而後娶賴氏水娘，生二子，長子莊汝襟，次子莊清燦（清倩），成為南勢街青陽莊家的開臺祖。

莊松林的祖父莊汝襟，乳名「湖」，一名「青江」；生於道光22年（1842）5月初5日，卒於明治39年（1906）3月26日，享年65歲。娶龔氏金娘、鄭氏添娘；育有4子6女；其中長子莊捷升、次子莊梅川（梅邨、竹友）為龔氏所生，三子莊淵泉、四子莊桂為鄭氏所生。

咸豐8年到10年（1858-1860）間，清朝先後與英、法、美、俄等西方列強簽訂天津條約與北京條約，在列強要求下開放臺灣南北的雞籠（基隆）、滬尾（淡水）、安平、打狗（高雄）等4處通商口岸，此後海關、洋行、領事進駐4港，取代傳統經營兩岸貿易的郊商。臺灣特產的茶葉、糖、樟腦成為出口商品的大宗，對外貿易再度回到以國際貿易為主軸的型態，臺灣的社會經濟也因開港通商而產生巨幅變動。[5]

3　不著撰者，《清會典臺灣事例》（臺北市：臺灣銀行經濟研究室〔以下略稱臺銀本〕，1966），事例（二），頁113。

4　姚瑩，《中復堂選集目錄》（臺北市：臺銀本，1960），〈東溟文集〉卷四，頁14。

5　林滿紅，《四百年來的兩岸分合：一個經濟史的回顧》（臺北市：自立晚報，1994），頁29-30。

臺灣開港通商之後，同治元年（1862）英國首先在滬尾設副領事館，安平及打狗領事館在同治4年（1865）同時設立，雞籠的副領事館則至同治8年（1869）正式設立。領事職在保護派遣國僑民與商業利益，並享有外人裁判權，領事的派駐與開辦即表示臺灣開港的正式實施。[6]掌理船舶出入與徵稅業務的海關也在開港後陸續設立，安平海關在同治4年（1865）1月1日開設。[7]領事館與海關正式開設之後，各國外商也相繼在四處通商口岸設置洋行，作為經營貿易、拓展商務的業務機構。同治4年（1865）1月安平正式開港後，洋商陸續於安平設分行，其商館通常鄰近安平海關。

當時在安平港活動的洋行計有17家，較著名且有跡可尋者為素有安平五大洋行之稱的英商德記、英商和記、英商怡記、美商唻記與德商東興等洋行。[8]這些洋行貿易額相當可觀，輸入安平的貨品有鴉片、煙草、石油、棉毛織物、藥品及日用雜貨，從安平輸出的貨品主要有砂糖、樟腦、龍眼、姜黃、苧麻、米、鹽等。外國商人輸入的物品以鴉片為大宗，輸出則以砂糖為主，鴉片與砂糖兩項貨品佔南臺灣貿易額高達約5分之4的比重。[9]

二、南勢街郊商買辦

莊汝襟與莊清燦兩兄弟棄儒從商，刻苦經營，曾為英商「怡記洋行」買辦，專辦蔗糖、樟腦、布匹與華洋百貨之進出口。英商怡記洋行

6　葉振輝，《清季臺灣開埠之研究》（臺北市：作者發行，1985），頁119。

7　薛化元總編輯，《臺灣貿易史》（臺北市：外貿協會，2008），頁106。

8　林勇，《臺灣城懷古集》（臺南市：大明印刷局，1960），頁63。

9　臨時臺灣舊慣調查會，《調查經濟資料報告·下卷》（東京市：臨時臺灣舊慣調查會，1905），頁135。

舊址為地籍圖的安平段998號，今安平區古堡街117號民宅北側空地；英商Adam W. Bain於同治6年（1867）設立，代理樟腦、砂糖、煤油，以及包攬電線工程與保險代理為主要業務，明治44年（1911）結束營業。所謂「買辦」即是受外國商人委託買賣貨物，收取報酬的商人。[10]買辦在當時安平通商口岸具有雙重角色，即是洋商代表，又是自己商號店鋪的經營者，他們多居住在府城傳統郊商的聚集地——大西門外的五條港商圈區。

買辦因常與外商接觸，熟悉市場行情，遂由受僱於外商轉而自行創業致富，如日治初期素有安平地方首富之稱的盧經堂（1858～1926），早年曾任職英商洋行，而後自行創業成立「豐源」商號，並代理英商煤油公司，進口蠟燭、煤油買賣而致富，日治初期創建安平大厝「盧經堂厝」（安平路802號）；而許藏春（1853～1919）也曾為東興洋行買辦，後在北勢街（今臺南市中西區神農街）創業開設「景祥號」，擁有「金永福號」、「金陞美號」、「協慶號」、「金永發號」等四艘商船，從事砂糖、茶葉等買賣。安平口岸的買辦商人，除了多聚集在五條港經營商店外，也因具有深厚的商業網路與資金，因此成為洋行合作的理想對象。[11]莊氏兄弟在府城五條港的南勢街經商，而後成為英商怡記洋行買辦，並創立「錦順記」商號，為府城郊商之一。[12]安平洋行想借重五條港商人的商業網絡，五條港商人也想成為洋商買辦的「商務代理人制」，這是開港後郊商與洋商合作以達到雙方互惠的路徑模式。

莊氏兄弟經商有成，並熱心公益事業，臺南傳世碑碣之同治4年

---

10 陳金田譯，《臨時臺灣舊慣調查會第一部調查第三回報告書臺灣私法・第三卷》（南投市：臺灣省文獻委員會，1983），頁342。

11 李佩蓁，〈安平口岸的華洋商人及其合作關係：以買辦制度為中心（1865～1900）〉（國立成功大學歷史研究所碩士論文，2011），頁41。

12 鄭喜夫，〈莊松林先生年譜〉，頁5。

（1865）「重修安瀾橋石碑記」、[13]光緒7年（1881）「重修樂安橋崇福宮並起後落碑記」[14]皆可見商號「錦順記」協助重建安瀾橋與樂安橋的捐題紀錄。「安瀾橋」在接官亭石坊附近，跨越南河港，「樂安橋」是橫仔街（今中西區民族路與神農街之間的忠孝街）跨越佛頭港的橋梁，安瀾橋與樂安橋為府城五條港　帶南北往來的交通要津，「錦順記」位於五條港南勢街，因地緣關係所以對地方的公共建設不遺餘力。

三、樂善好施一保正

莊家開臺祖原居住在府城五條港之南勢街，明治36年（1903）莊汝襐時年62歲，奉母命敦請族叔集兒孫於一堂，並請一、二知交及戚屬等共鑒，將所有產業均分，拈鬮交付子姪等四房，此時莊家已定居在牛磨後街。[15]「牛磨後」與「大糖埕」是現今正興街與國華街一帶的舊地名，兩地地名由來都與糖廍有密切的關係；大糖埕往昔糖行雲集，因製糖技術簡陋，糖品易潮濕流汁，所以糖行都會將糖晶搬到人埕上曝曬，此一曝曬糖晶的地方遂被稱為「大糖埕」；緊鄰大糖埕的牛磨後就是以牛隻拖曳石磨壓搾蔗汁的糖廍所在地。[16]昔日五條港的安海港有松仔腳港、外新港與蕃薯港等3支流的港汊，其中的蕃薯港就在正興街和海安路對面的巷內，東行經大糖埕、牛磨後直往保西宮，為蔗糖與蕃薯簽輸出的專用港。

父莊淵泉，字「資深」，生於光緒12年（1886）9月13日，卒於民國44年（1955）8月1日，享年70歲。娶陳氏月娘，繼娶史氏里娘、羅

13 原碑存立臺南市大南門碑林。收錄於何培夫編，《臺灣地區現存碑碣圖誌·臺南市》（臺北市：國立中央圖書館臺灣分館，1992），頁386。

14 原碑存立臺南市赤嵌樓。收錄於何培夫編，《臺灣地區現存碑碣圖誌·臺南市》，頁131。

15 朱子文（莊明正），〈莊松林先生生平事蹟〉（《文史薈刊》，復刊6期，2003），頁134。

16 石暘睢，〈西區拾遺〉（《臺南文化》，3卷4期，1954），頁33-37。

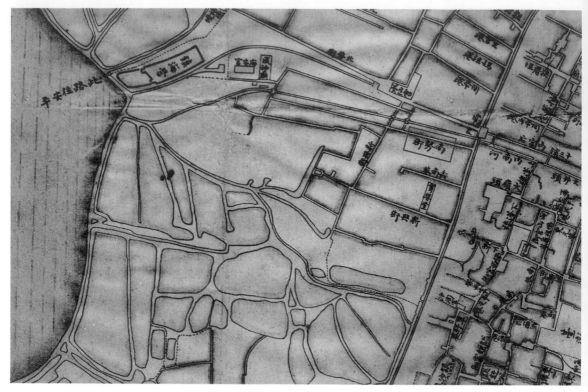

圖 2-1：莊家開臺祖原住南勢街

來源：1875 年《臺灣府城街道圖》。曾國棟先生提供。

氏密娘，育4子3女，其中長子莊松林為陳氏月娘所生，次子莊錦、三子莊茂林、四子莊漢水均為羅氏密娘所生，3位夫人各生1女。[17]莊松林母親陳氏月娘為臺灣縣鎮北坊新港墘人，城西民營造船廠陳慈之三女。清康熙末、雍正初年，府城渡頭已由大井頭西移南河港安瀾橋附近，稱為「鎮渡頭」，在道光年間臺江陸浮後，府城渡口再向西北遷移，改由府城最靠海邊的兌悅門城門邊的硓𥑮石渡口（位在新港墘河道上，今信義街南側）與安平對渡。[18]新港墘港道為五條港之一，是五條港中最晚出現且最晚淤塞的港道。泉州府晉江縣籍陳姓人士於五條港的硓𥑮石渡

17　鄭喜夫，〈莊松林先生年譜〉，頁5。

18　請參戴文鋒、曾國棟，《「安平晚渡」、「沙鯤漁火」與「鹿耳春潮」三景之歷史場域調查研究計畫期末報告書》，臺南市政府文化局，2021。

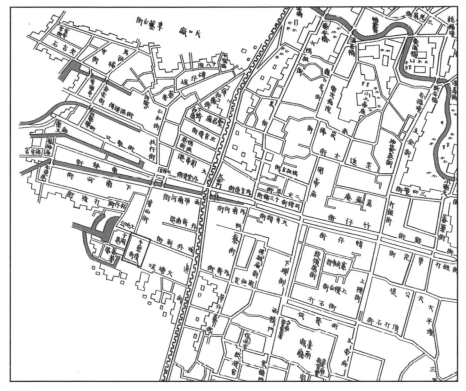

圖 2-2：莊家遷居牛磨後街
來源：1900 年《臺南城圖》。曾國棟先生提供。

旁興建船廠，俗稱「廠仔」（臺語小廠之意），陳家船廠舊址在今臺南市中西區民族路三段176巷與信義街一帶，時人稱為「廠仔內」，陳家船廠與位於南廠保安宮西側的吳家船廠合稱「南北小廠」，[19]是清領時期府城重要的民營造船廠。

　　莊淵泉自幼好學，受業於臺南宿儒、暨鄰居清朝秀才邱學海（1854-1928），攻讀經籍，深知禮義，秉性簡樸，溫柔謙遜。邱學海，字「及梯」、「雲程」，號「簪花館主」，是日治時期臺南古典詩社「南社」成員之一，昭和 3 年（1928）12 月 15 日過世，享壽 75 歲。[20]

19　臺南市文獻委員會，〈採訪記：西區採訪初錄〉（《臺南文化》，3卷4期，1954），頁62-75。

20　施懿琳、王雅儀、謝宜珊主編，《日治時期南社詩選‧壹‧文獻卷》（臺南市：臺南市政府文化局，2018），頁42。《臺灣日日新報》，1928年12月20日，第4版。

　　光緒21年（1895）乙未之役後，日人統治臺灣，莊淵泉開始學習日語，而後歷任臺南郵便局、保甲局第三區役場、臺南製酒株式會社、臺灣漁業株式會社等職員。莊淵泉待人處世以忠誠為本，尤重信義，克己待人，樂善好施，扶傾濟弱，不遺餘力；明治39年（1906）年底，澎湖望安島因乾旱農作歉收，當地居民陷入飢荒困境，當時年僅20歲的莊淵泉得知情形後，立即捐金2圓，請報社代為轉送，以表對同胞情誼。[21]當時《臺灣日日新報》特以「奇特なる本島人」為標題，稱讚莊淵泉為「義人」，其報導文如下：

　　　　澎湖為臺灣之一小島。饑饉荐臻。凡屬我同胞聞之。皆為酸鼻。有臺南市牛磨後街莊淵泉者。年纔弱冠。即知義舉。曾購第二次彩票四六六三〇番一號。後有友人分購三小札。得金一圓五十錢。時適聞澎湖之慘狀。尚未有人施半粟之恩者。彼即再加五十錢。湊足二圓。寄交我社轉送。以為窮民救助義捐金之倡。只表同情。那求有應。[22]

　　莊淵泉倡捐助澎湖望安饑民的義行引起回響，包括他的二哥莊友竹（梅川），以及臺南市民陳進陞、謝榮東、邱珊洲、高珓、莊廷瑞、許老昌、周糞等人共同集資10圓，請報社轉送，義行事蹟廣受佳評。[23]又有來自中國福建泉州府深滬鄉人蔡獅旅居臺南謀生，不幸罹病，無處安身而病倒於南勢街，莊淵泉見而心生憐憫，乃集資將其送往新樓醫院醫

21 〈同胞急難〉，《漢文臺灣日日新報》，1906年12月22日，第5版。

22 〈奇特なる本島人〉，《臺灣日日新報》，1906年12月22日，第5版。（原文為日文，由本研究譯成華文）

23 〈臺南雜俎／開一生路〉，《臺灣日日新報》，1907年02月07日，第4版。

治。[24]明治43年（1910）日本內地發生水災，《臺灣日日新報》社發起捐款賑災活動，莊淵泉當時任職臺南製酒株式會社翻譯，得知消息後立即響應捐款。[25]

除了義行公益外，莊淵泉也熱心於宗教活動，如分別擔任松仔腳港南保興宮、外新街神安廟的管理人。[26]更是看西街南河街福德爺會之爐下信徒，並參與該神明會財產的紛爭清算調節。[27]亦受邀參與臺南大天后宮鎮南媽遶境會議，贊同舉行媽祖祭典與遶境。[28]另外在大南門墓地事件中，莊淵泉也與黃欣（1885-1947，實業家、西區區長、總督府評議會會員）、吳森玉（1881-？，醫生、保正、協議員）、康再成（1886-？，展南藥行行主）等人向市尹古澤勝之（1894-1943）陳情，以表民情。[29]

莊淵泉的義行深受里民敬重推崇，大正7年（1918）10月25日南勢街派出所轄屬4個保進行保正改選，於水仙宮投票，莊淵泉當選保正，並被聘為防疫組合委員。[30]大正9年（1920）市區改止，實施町制，莊淵泉連任港町保正。大正12年（1923）被聘為臺南市方面委員會委員，昭和3年（1928）受聘為臺南市町委員；[31]日治時期任職保正與方面委員長達20餘年。由於莊淵泉深孚眾望，日人借重其力推動地方事

24 〈南瀛鯉信／見義勇為〉，《臺灣日日新報》，1908年12月29日，第4版。
25 〈天南雁音／首倡義捐〉，《臺灣日月新報》，1910年09月06日，第4版。
26 相良吉哉，《臺南州祠廟名鑑》（臺南市：臺灣日日新報社臺南支局，1915），頁30。二廟後因市街改正遷移，與牛磨後檨林宮合併為今四安境牛磨後神興宮。
27 〈臺南市港町土地公會／對管理人爭執〉，《臺灣日日新報》，1931年11月04日，第4版。
28 〈臺南鎮南媽遶境會議／按近日招集各團〉，《臺灣日日新報》，1931年04月14日，第4版。
29 〈桶盤淺州仔墳墓地／給退職者乘間圖利／臺南各宗親會將訪州當局〉，《臺灣日日新報》，1934年05月06日，第4版。〈州仔墓地續報／關係者組會選委員活動交涉／佐川某態度依然強硬〉，《臺灣日日新報》，1934年05月09日，第4版。
30 〈赤崁特訊／保正解選〉，《臺灣日日新報》，1918年10月30日，第6版。
31 〈臺南市町委員莊淵泉氏宣堂鄭氏〉，《臺灣日日新報》，1928年1月16日，第4版。

務；期間為民服務，排難解紛，作官民之橋梁，貢獻良多。戰後，雖未擔任地方公職，仍舊熱心公益，朝夕閱讀報章，關心時事，有所感觸每每秉公建言，供有關單位施政參考。[32]

四、牛磨後無產青年

明治36年（1903），莊松林祖父莊汝襟從南勢街搬遷到相距不到1公里的牛磨後街，明治43年（1910）莊松林出生於牛磨後街時，祖父與祖母龔氏金娘皆已過世，祖母鄭氏添娘（莊淵泉生母）56歲，父親莊淵泉25歲，母親陳月24歲。及長至3歲，母親陳月於明治45年（1912）5月29日（陰曆4月13日）病卒，享年26歲。陳月過世後，莊松林賴祖母鄭氏扶養長大；因從小就跟母親永離，沒有受著母愛的溫暖而成為孤寂沉默寡言的孩子。[33]

莊松林有3位弟弟及1位妹妹，3位弟弟均是由莊淵泉的第三任妻子羅密所生。二弟莊錦，大正13年（1924）2月16日生，臺南州立臺南二中畢業，曾任臺南市協進國民學校教師；三弟莊茂林，昭和3年（1928）8月30日生，臺灣省立臺南工業專科學校（今國立成功大學）畢業，[34]曾任水上電臺機務站長；四弟莊漢水，昭和9年（1934）7月17日生，省立臺南二中畢業。[35]

莊松林7歲跟隨秀才邱學海識字，接受傳統漢學教育；9歲進入

---

32 鄭喜夫，〈莊松林先生年譜〉，頁5。

33 雪村，〈憶故友思往事〉(《臺灣風物：悼念民俗學家莊松林先生特輯》，25卷2期，1975)，頁58。

34 國立成功大學創設於昭和6年（1931），名為「臺灣總督府臺南高等工業學校」。1946年國民政府改制為「臺灣省立臺南工業專科學校」，同年底升格為「臺灣省立工學院」。因此，莊茂林應該是畢業於1946年。

35 鄭喜夫，〈莊松林先生年譜〉，頁8-12。

上圖 2-3：莊松林故居正興街 33 號，現
已改建為西門淺草青春新天地
來源：曾國棟先生拍攝
下圖 2-4：集美中學時代之莊松林
來源：莊明正先生提供

「臺南第二公學校」（1898年9月30日設立，稍晚於今「南大附小」的「臺南（第一）公學校」，後因所在地為「寶町」而改為「寶公學校」，即今立人國小）；15歲公學校畢業後考入臺南商業補習學校（今臺南高商）；17歲畢業，為準備內渡廈門升學，乃就石雪滄處補習中國語文。昭和2年（1927）6月離臺渡廈，9月插班廈門集美中學。昭和4年（1929）曾為廈門《民鐘日報》副刊「蓬島晨鐘」撰述有關抗日之文章；同年6月集美中學畢業後返臺，原擬赴上海投考大學，後日警以其思想與行動「不穩」為由，不准再發給護照，決議留在臺南，自此更積極投入抗日社會運動。[36]

自廈門返臺之後，莊松林先後加入「臺南文化劇團」、「臺南赤崁勞慟青年會」、「臺灣工友總聯盟」、「臺灣民眾黨」等團體，從事文化、政治、社會等不同性質之反日運動；昭和7年（1932）起，被臺南州知事依「臺灣浮浪者取締規則」中「凡本島人無一定居所與生業，經地方長官認為有妨害公安或敗壞風俗之虞者，得予以誡告，令其定居就業」之條文限制住居。被禁止出國以後的莊松林只能留居臺南就業，期間埋頭從事新文學、世界語、臺灣民俗之研究，及採集各種臺灣文獻資料與進行實地戶外踏查工作；又曾組「臺南市藝術俱樂部」，附設「臺灣舊文獻整理委員會」；與顏水龍等創設「臺灣生活工藝研究所」，從事臺灣民藝之研究。[37]可見年輕時期莊松林興趣廣泛，除了熱衷政治、社會運動外，對於文學、藝文、語言、民俗、工藝等方面都展現出積極攝取的態度與熱忱。

戰後，民國34年（1945）12月，經中國國民黨臺灣省執行委員會主任委員李翼中之介紹加入中國國民黨；自民國35年（1946）3月起，至民國52年（1963）1月止，歷任國民黨臺南市黨部幹事、秘書、

---

36 鄭喜夫，〈莊松林先生年譜〉，頁7-9。
37 鄭喜夫，〈莊松林先生年譜〉，頁10-15。

圖 2-5：莊松林女兒於相館合影（左長女明美、右次女正美、中三女文美）
出處：莊明正先生提供

委員、組長、視導及臺南市民眾服務處幹事等職，從事黨工生涯達17年。[38]

　　昭和16年（1941），時莊松林32歲，與夫人陳秀結婚，陳秀是當時高雄州岡山郡湖內庄新庄仔人（今高雄市茄萣區保定里新庄仔），[39]時年21歲。婚後生1子6女；長女、次女、三女分別出生於昭和17年（1942）、昭和18年（1943）、昭和20年（1945），而三女則在茄萣新庄仔外婆家出生，因當時逢美國軍機頻頻轟炸臺南，莊松林將妻女「疏開」（soo-khai，疏散）回婆家。長子、四女、五女、六女則分別於民國36年（1947）、民國39年（1950）、民國40年（1951）、民國42年（1953）。長子莊明正畢業於臺灣省立高雄師範學院（今國

38　鄭喜夫，〈莊松林先生年譜〉，頁16-26。

39　光緒3年（1877）居住在下茄萣金鑾宮附近居民往東遷居至此，為新形成的庄頭稱為「新庄仔」。日治時期，今茄萣區隸屬湖內庄，因此「新庄仔」也是在湖內庄。戰後，湖內庄改制為「湖內鄉」，此時「新庄仔」亦屬「湖內鄉」，直到民國39年（1950）湖內鄉一分為二，茄萣地區才獨立成「茄萣鄉」。

立高雄師範大學），而後於臺南縣立下營國中（今臺南市立下營國民中學）擔任英文課教師，[40]也曾於永康、文賢國中服務，秉承父志成為「臺南市文史協會」一員，並任協會理事長、顧問等職。

　　莊松林晚年患有高血壓，自民國60年（1971）起在家休息療養。民國63年（1974）12月11日夜，不慎跌倒而致臥床不能自起。13日住進已故的昔日同志韓石泉的韓內科醫院，由韓石泉之子韓良誠醫師救治，基督教看西街教會長老王寶全、多年好友黃天橫皆趕來探視。14日漸不能言語，15日上午病情益趨惡化，漸失去意識，家族請看西街教會王南傑牧師為其施洗，下午6時55分安詳仙逝，享年65歲。17日大殮，19日中國國民黨臺灣省臺南市委員會主任王述親（1989年至1992年擔任臺灣省黨部主任委員）發起組成「莊松林先生治喪委員會」，王述親任主任委員，臺南市長張麗堂（1935～）及律師出身的臺南市議會第八屆議長（任期1973-1977年）王奕棋（1932-2010）為副主任委員，另有60位委員。30日下午假看西街教會舉行追思禮拜，隨即發引安葬於臺南市基督教公墓。[41]

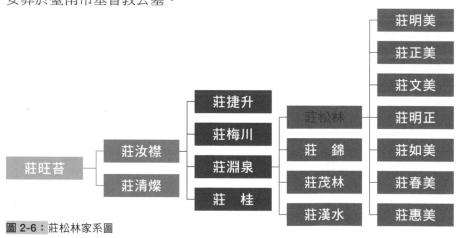

圖 2-6：莊松林家系圖

---

40 鄭喜夫，〈莊松林先生年譜〉，頁14-20。

41 黃天橫，〈文獻導師莊松林與我〉（《文史薈刊》，復刊8期，2006），頁15。

第三章

激進到溫和

　　從青年到壯年的一段時間，恰好是莊松林人生從激進轉到溫和的一段人生，從社會鬥士的衝撞到臺灣民俗文化的耕耘。明治43年（1910）出生的莊松林，其思想與生命歷程有兩個截然不同的階段，分水嶺大約是1940年前後。前一階段是從出生1910年至1939年的30歲（依「臺灣歲」算法，以下同）以前；後一階段則是1940年至1974年的31歲以後到65歲過世為止。

　　前一階段左翼思想與積極參與行動時期，大約在其17歲至30歲之間（1926年至1939年）的13年間；特別是以1926年至1932年的6年間參與各種活動、批判性格濃烈的寫作風格，最能展現他對於社會運動的熱情與激烈。雖歷經殖民政府的打壓與控管，但他徹底反迷信、反階級的思想不僅為他的青年人生刻下左翼光譜，也點滴地延續至後半生的民俗研究中。

　　綜觀其一生，撰文時除了使用本來姓名莊松林以外，也以CH、KK、峰君、嚴純昆、清道夫、S.S.、彬彬、So-Ŝjo-Lin、朱鋒、朱烽、進二、文史、尚未央、康道樂、牛八庄、赤嵌樓客、[1]己酉生、[2]赤嵌生、豬

1　莊松林曾使用赤嵌樓客、赤嵌生之筆名；石暘睢（1898-1964）則使用過赤崁生、赤崁主人、赤崁老人之筆名。

2　莊松林生於明治43年（1910）1月26日，當日為農曆1909年12月16日，屬於己酉年。「己酉生」可能是以生年「己酉」為筆名。

0
3
9

八戒、嚴光森、圓通子等21種筆名發表著作。這21種筆名中，CH、KK、峰君、嚴純昆、清道夫、S.S.、彬彬、So-Ŝjo-Lin、康道樂、猪八、文史等11個筆名僅使用過一次。CH、KK的筆名，出現在昭和5年（1930）《反普特刊》的2篇文章〈我們的反普運動〉、〈誰之過〉。峰君、嚴純昆、清道夫這3個筆名，出現在昭和5年（1930）10月《赤道》創刊號〈女同志〉一文，以及11月《赤道》第2號的〈到酒樓去〉、〈垃圾箱〉。以上5種筆名都是他21歲時所使用，以後便不再出現。S.S.、So-Ŝjo-Lin是莊氏學習世界語所使用的筆名，很明顯可知是莊氏漢名的世界語翻譯或縮寫，也僅使用過1次。「彬彬」這一筆名僅出現在昭和8年（1933）《臺灣新民報》，題名〈五樓的戀愛〉，是他23歲翻譯西加羅米原作時所用。「文史」這一筆名，僅出現於戰後《臺灣風物》中〈臺南歸園沿革〉一文。而「圓通子」則是因民國58（1969）於臺北圓通寺附近整理總督府公文檔案，故稱。

　　昭和11年（1936）27歲時使用進二、尚未央、康道樂，這3種筆名出現在篇名為〈鹿角還狗舅〉、〈老鷄母〉（短篇小說、該卷被禁）、〈失業〉的作品上，發表在昭和11年（1936）與昭和12年（1937）楊貴（楊逵）擔任發行人兼編輯的《臺灣新文學》，以後也未再出現。

　　值得一提的是「朱鋒」這一筆名，最早見於昭和9年（1934）《臺灣新民報》，一篇名為〈大家起來慶祝柴門霍夫誕辰〉的文章。昭和11年（1936）曾一度將筆名改為「朱烽」，並在《臺灣新文學》發表〈鴨母王〉、〈林道乾〉2篇故事。具有理想性格的莊松林，曾在臺南世界語協會不定期刊物"La Verda Inaulo"上發表過文章，因此當波蘭籍猶太人柴門霍夫（1859-1917）誕辰時，他特別為文呼籲大家來慶祝。柴門霍夫認為因為各國語言不同，導致彼此無法充分交流，是偏見形成的主要原因，後來終於研究出一種「人造語言」，而成為「世界語」的創始人。以後「朱鋒」這一筆名的使用機率幾乎達八、九成，超

過百篇的文章以此署名，無論是民俗刊物如日治晚期《民俗臺灣》，或是戰後《臺灣風物》、《臺南文化》、《南瀛文獻》或其他報章雜誌，「朱鋒」已經是臺灣民俗學界無人不曉的名字，甚至被部分後輩晚生誤認為「朱鋒」是其真實姓名，可見「朱鋒」在臺灣民俗學界聲名響亮。

根據莊松林之子莊明正老師表示，筆名朱鋒，朱可能源自於朱、莊、嚴三姓同宗，是對宗族文化意識的一種溯源，同時朱也是紅色。烽是示警烽火，鋒指兵器銳利之處，也指帶頭者。這幾個意義交疊出一幅示警、啟蒙的先鋒形象，與他對自己的期許若合符節。

戰後，莊松林入黨成為國民黨的一員，透過黨工的收入，養活一家大小，也因為待在黨部工作，民國37年（1948）國民黨臺南市黨部為慶祝第三屆臺灣光復節，舉辦「臺南市歷史文物展覽會」，該展覽會委由莊松林負責，成為他回歸臺灣歷史文物、民俗研究領域的契機。

一、左翼文青

臺灣興起近代政治運動與文化運動，恰好在大正民主（大正デモクラシー）風潮時期，[3]大正10年（1921）成立了臺灣文化協會的民族主義文化啟蒙團體，昭和2年（1927）臺灣文化協會分裂後，也出現了更加激進的左翼運動組織如臺灣民眾黨、臺灣農民組合、臺灣工友總聯盟等。

大正10年（1921）10月17日，臺灣文化協會於大稻埕天主教道明

---

3 關於日本的「大正民主風潮」，其起迄年代學者主張各有不同。有主張1912年到1926年「大正在位」的15年期間者；有主張從1912年一直延續到1931年滿洲（九一八）事變這20年間者，亦有主張始於1905年日俄戰爭結束，至1931滿洲事變期間者。不管年代如何界定，這個時期民主風潮的核心是：日本國內經歷了大正政變、米騷動、爭取普選（1925年日本通過普選法，開始實施普選）等民主運動。

會所創辦的「靜修高等女學校」（今臺北市私立靜修高級中學）舉行創立大會。主要成員為資產階級與知識份子為核心的民族主義文化啟蒙團體，推舉林獻堂（1881-1956）為總理。文協著重於民族啟迪與對臺灣總督府施政的批判，標榜「以助長臺灣文化為目的」，受到民眾很大的迴響。在眾多文協活動中，以「臺灣議會設置請願運動」最為人所知（1927年分裂後，議會設置請願運動主導轉由「臺灣地方自治聯盟」為主體）。另外推出的演講會、演劇頗受歡迎，因當時臺灣文盲仍多，以紙本宣傳效果不佳，公開演講可以直接面對群眾；同時以《臺灣民報》做為宣傳工具。

1908至1925年間於林圯埔（今竹山鎮）、[4]斗六、嘉義山區一帶，因強行將此地竹林地收歸為國有地，竹林禁止採伐，竹農受迫蓋章領收補助金，使得依靠山林生活的竹農與地主的生計陷入困境，導致一連串的農民抗爭活動，一般以「竹林事件」為統稱。其中，以1912年劉乾率領群眾攻擊林圯埔頂林駐在所（今竹山鎮頂林里），並殺害日本巡查2名及臺灣巡查補1名的「林圯埔事件」最為有名。而在平原地區的蔗農也有抗爭，大正13年（1924）因林本源製糖會社位於北斗郡溪州庄的溪洲工場（今彰化縣溪州鄉溪州糖廠），甘蔗收購價格低於鄰近的其他會社工場，引發該廠原料區域內二林等庄的蔗農向官方抗爭陳情，後在北斗郡守的周旋下，製糖會社以每甲5円的補助金回應農民的抗爭。次年（1925），日本統治臺灣「始政三十年記念」的同年，臺灣文化協會理事李應章醫師（1897-1954）成立「二林蔗農組合」，反對廠方以先採收甘蔗、後議價方式，以及由廠方單方面過磅的強硬作法，欲爭取更多利益與收購條件，鼓舞其他地區的蔗農挺身抗議不公平待遇，開

---

4 「林圯埔」之「圯」字從古至今版本不下8種，本研究參照陳哲三之研究成果，寫為「林圯埔」。請參閱陳哲三，〈竹山古名「林圯埔」考辨：以史志、古文書為中心〉《逢甲人文社會學報》，26期，2013），頁71-93。

啟了全島各地陸續發生蔗農抗議事件，農民運動可說是遍地開花，臺南亦成為農民運動活躍場域之一。大正15年（1926）6月28日，簡吉（1903-1951）與各地代表十人於鳳山正式成立「臺灣農民組合」，並由簡吉擔任中央委員長。這一年，莊松林17歲。

（一）從參與演劇到投身社運

臺南左翼運動蓬勃發展時，莊松林正於臺南商業補習學校（今國立臺南高級商業職業學校）就讀，正是青春熱血的成長期。在臺南市區有文化協會會員盧丙丁、王受祿、韓石泉、黃金火、吳海水、林秋梧、林占鰲、林宣鰲等在臺南市積極推展文化啟蒙運動；鄉村則有農民組合最有力量的支部，如曾文支部、下營支部。在這樣的社會之下，莊松林深受與中國五四運動精神這股思潮的影響，促使他積極參與民族運動相關活動，開啟了生命歷程中最激烈的社運時期。

大正15年（1926）除了是「臺灣農民組合」成立的年代外，喜歡閱讀的莊松林，由於特別喜愛上海所出版的新書，同年他在臺南的「興文齋書局」[5]結識林占鰲、林宣鰲兄弟。「興文齋」為當時臺南知識份子與文化思潮匯集之地，由林占鰲所創立，旨在振興漢文化與對抗日本的殖民教育。這一年可說是莊松林人生很重要的一年，除了結識林占鰲、林宣鰲兄弟之外，以興文齋為平臺更陸續與當時重要的文化人與研究者相會相識。該年底加入由王受祿（1893-1977）、黃金火（1895-1987）、韓石泉（1897-1963）成立之「臺南文化劇團」；王、黃、韓三人皆是臺灣文化協會臺南支部成員，[6]並透過地方人脈，於祀典武廟大殿排練，開始文化啟迪之工作。參與「臺南文化劇團」讓莊松林對

5　舊址為今臺南市中西區民權路二段275號。

6　莊松林，〈憶舊：追念韓石泉先生〉，收入林占鰲，《韓石泉先生逝世三週年紀念專輯》（臺南市：韓石泉先生逝世三週年紀念專輯編印委員會，1966），頁73-74。

於左派文化運動有了實際的經驗，從文化劇（新劇）切入，[7]從今日語言來說，可說是十分地「文青」。

加入劇團後的4個月（1927年3月），18歲的莊松林站上了位在王宮港街的臺南市南座劇場（1908-1928，位於西門圓環附近），參與臺南文化劇團的第一回公演，根據當時《臺灣民報》的報導，文化劇演出十分成功，並與安平青年共演，演出劇碼有〈戀愛之勝利〉、〈非自由之自由〉、〈薄命之花〉、〈憨大老〉等劇，每晚觀眾爆滿，並感動人心，其中更穿插音樂演奏與獨唱。[8]王受祿（1893-1977）、韓石泉（1897-1963）、盧丙丁（1901-1935）等人皆曾粉墨登場，[9]雖然現今已經不知道莊松林擔任那一角色，但在年少的莊氏心中，一定是難能可貴的生命經驗。而根據莊松林的回憶，臺南文化劇團團員有黃金火、王受祿、林占鰲、林宣鰲、王德發、王再添、黃江福、蘇謀明、陳華、莊松林、郭炳輝、陳明來、郭成家、郭琴堂、蔡嘉培、蔡榮宗、柯炎山、陳麗水、陳耀奎、盧丙丁、陳天順、陳桂松、侯北海、李興山、盧英士、吳顧財等27人參加第一次公演；梁加升、陳少莊、曾銘池、張亨寅、薛應得等5人參加第二次公演，陳本禮參加高雄義演；合計一共有33人。[10]

昭和3年（1928），臺灣總督府為紀念昭和天皇登基，計畫將大南門外約19甲的公墓廢除，改建綜合運動場，臺南仕紳盧丙丁、洪石

7　文化劇，也稱為新劇、臺灣新劇。是臺灣20世紀初興起的近代話劇，由知識份子所推動，以1926年至1927年為鼎盛時期，並受到來自日本、中國話劇圈的影響。後因新劇內容常有政治訴求，受到當局打壓，而逐漸式微。楊渡，《日據時期臺灣新劇運動（1923-1936）》（臺北市：時報文化，1994）。

8　〈臺南文化劇大成功〉，《臺灣民報》第154號，1927年4月24日。莊松林自編，《莊松林年表》記3月28日起二日，鄭喜夫於〈莊松林先生年譜〉記為3月26、27日二日。

9　莊松林，〈憶舊：追念韓石泉先生〉，頁74；另見吳密察總編輯，《文化協會在臺南展覽專刊》（臺南市：國立臺灣歷史博物館，2007），頁23。

10　莊松林，〈憶舊：追念韓石泉先生〉，頁73-74。

圖 3-1：南座
來源：國家圖書館提供

臺南文化劇大成功

　臺南及安平的青年所組織的劇團開開第一回的試演於南座、安平的人們在早却有一番的公開演劇了、但是兩部合作是這回為始、自三月二十八日起三日間、今次公開的戲題是「戀愛之勝利」「非自由之自由」「戀火老」等、當夜的表演堪算是近來的大成功、劇的內容也好、表演也好、如演「薄命之花」的時、劇中的主人翁已演者情迫思切、戲中的演者情迫思切、戲中的大哭了、滿座流淚者不計其數、多自哭了、滿座流淚者不計其數、演劇中間又揮了數次的南都諸女士的奏樂和獨唱、觀覽者皆滿足而歸、新竹班看了也受了多大的與味、為欲表些敬意、他們也在南座繼續公開一夜、臺南的出演人們也生出多大與趣、與安平的人們協力組織一個臺南文化劇團、已準備正式請給照、不久將有第二次的合演的好戲出現了。

圖 3-2：《臺灣民報》對於臺南文化劇首演大成功的報導
來源：中央研究院臺灣史研究所提供

圖 3-3：臺南文化劇也曾以野臺形式演出

圖 3-4：1927 年臺南文化劇第二回演藝紀念合照時莊松林已赴廈門讀書

圖 3-3、3-4 來源：莊明正先生提供

柱、莊孟侯等強力反對並四處演說，並召集各界群起反對抗議，迫使總督府最後計畫暫時中止，但參與主要成員亦被逮捕拘禁，此即「大南門外（廢）墓地整理事件」。[11]同時發生由上海留學的臺灣學生組織的地下組織「中國學生臺灣學生會反帝同盟」，受到當局拘捕逼供，許多學生犧牲性命於此時。依據雪村（陳華）的回憶，當時在臺南監獄受刑死亡的學生屍首，家屬不敢前往認領，唯有莊松林與陳華出面認領埋葬的2、3具屍首，在警察的嚴格監視之下，簡單埋葬，僅以清香、紙錢為他們送終。[12]

　　而在演完文化劇後的6月，擔任保正、方面委員及市町委員的父親莊淵泉擔心莊松林若持續深入參與文化運動恐惹出事端，設法為他申請護照出境，安排離開臺南到廈門去。9月插班廈門集美師範學校中學部就讀。位於廈門的集美學校為歷史名校，1918年由新加坡華僑領袖陳嘉庚（1874-1961）所創辦，其下包含師範、中學、商科、農林、女師、小學等不同學制；日治時期許多臺灣青年赴該校就讀，甚至成立集美學校臺灣留學生會，莊松林於昭和13年（1928）曾擔任中學部新生招待員，可見十分活耀。[13]

　　身在廈門的莊松林無法親自參與「大南門外（廢）墓地整理事件」，想必十分激動。昭和4年（1929）開始透過撰文，投書報紙來表達他對日本政府的不滿；為廈門《民鐘日報》副刊「蓬島晨鐘」撰述抗

---

11 「大南門外（廢）墓地整理事件」為本文針對1928年官方欲對大南門外墓地進行整頓的歷史事件的稱呼，在當時的媒體報導及今日學術研究上並無專指的名詞，可見到不同的名稱，如「大南門廢墓園事件」、「大南門廢墓事件」、「南門外廢墓地事件」、「臺南基地事件」、「臺南墓地遷移事件」、「臺南市墓地轉移問題」等。「（廢）」是指本文並不認為所有的墓為廢墓，故如此表述之。

12 雪村，〈憶故友思往事〉，頁58-59。

13 〈廈門集美學校／臺灣留學生會／送別畢業會友〉，《臺灣民報》第216號，版5，1928年7月8日。

廈門集美學校
臺灣留學生會
送別畢業會友

廈門集美學校臺灣留學生
會、於去月二十四日假廈門集美
師範學校講堂開春季々末大會、
並歡送畢業會友、是日出席者
有師範、中學、商科、農林、
女師、小學各部會員、計六十
餘名、其開會的秩序如下、：一、
推荐王文德君為主席、詹啟明
君為記錄、二、向總理遺像行三
鞠躬禮、三、主席恭讀總理遺
囑、四、主席致詞、五、歡迎畢
業會友訓、六、畢業會友致詞、
別辭、七、各股職員報告本季
經過狀況、八、討論向校董交
涉優待新生案、關於此案、

1.交涉員報告交涉經過狀況
2.還舉左記十名備為來季新
生招待員。

師範：詹啟明君
中學：楊志雄君莊松林君
林舜卿君楊再勝君
齒科：王文德君林樹駒君
女師：邱瓊雲潘湘英莊棻
波三女士
以後有會員演說及茶飯後、
在鄭成功故學攝影記念、然後
散會。

圖3-5：莊松林擔任集美學校中學部招待員之報導
來源：中央研究院臺灣史研究所提供

圖3-7：與集美中學同學合影（前排左二為莊松林）

圖3-6：與集美中學同學合影（中為莊松林）
圖3-6、3-7來源：莊明正先生提供

日文章，[14]逐漸轉變成為「憤青」。

（二）踏上社運前線

　　莊氏赴廈門的期間，「臺灣民眾黨」（1927）、「臺灣工友總聯盟」（1928）、「赤崁勞働青年會」（1928）先後成立，臺灣社會運動進一步蓬勃發展。[15]臺灣民眾黨並在臺南成立支部，並成為該黨最大的支部。在臺灣民眾黨臺南支部的指導下，社運組織蓬勃，如「赤崁勞働青年會」、「臺灣工友總聯盟臺南區」（下含機械工會、木材工會、土木工會、印刷工會、店員工會、理髮工會、線香工會、臺南勞工會、安平勞工會）、安平讀書會與文化劇壇等，相關組織龐大。[16]昭和3年（1928）發生大南門外（廢）墓地整理事件、安平製鹽株式會社罷工、高雄淺野水泥會社工人罷工等，帶來許多騷動，臺南社會一片反對當局聲浪。在廈門求學的莊松林，也透過在臺南同志友人的聯繫下，了解、感受到臺南社會運動的蓬勃和波動。民國55年（1966）臺南興文齋書局所編印《韓石泉先生逝世三周年紀念專輯》，莊松林在〈憶舊：追念韓石泉先生〉一文中，詳細記錄當時臺灣民眾黨臺南支部之活動，並羅列「臺灣民眾黨臺南支部暨所屬團體工作概況表」，可推想當時社運盛況。[17]

　　昭和4年（1929）6月，莊松林從集美中學畢業，回到臺南。原本想赴上海投考大學，卻被臺南的警察以思想及行動「不穩」為理由，不予核發護照。既無法到中國繼續深造，便決意留在臺南從事社會運動，

14　鄭喜夫，〈莊松林先生年譜〉，頁9。

15　李筱峰，〈從社會運動者到民俗學家：莊松林的一生〉（《臺灣文藝》106期，1987），頁146。

16　陳祈伍，《激越與戰慄：臺南地區的文化發展——以龍瑛宗、葉石濤、吳新榮、莊松林為例（1937-1949）》（中國文化大學史學系博士論文，2011），頁334。

17　莊松林，〈憶舊：追念韓石泉先生〉，頁74-78。

圖 3-8：赤崁勞働青年會、臺灣民眾黨臺南支部、臺南勞工會等左翼團體
來源：莊明正先生提供

而這一留莊松林便再也沒到過中國了。決心從事社會文化運動的莊松林，參與赤崁勞働青年會、臺灣工友總聯盟，並很快地將目光轉至一般被認為守舊、傳統、落伍的民俗慣習上。莊松林、林宣鰲、林占鰲、林秋梧、朱點人、廖毓文（廖漢臣）等人，更將相關文字編印成《反普特刊》，委由林占鰲兄弟位於臺南本町（民權路）的興文齋書局發行。他們舉起「反對中元普度」之旗幟，並喊出：

　　　　絕對地反對普度，打倒一切的迷信！

　　臺灣自有文獻紀錄以來，「南人尚鬼，臺灣尤甚」的民間普度活動就是一項普遍與盛大的民俗祭典存在，尤其是全國第一個（2008）通過「重要民俗」文化資產的「雞籠中元祭」，其規模盛大堪稱全臺首

屈一指。由於清咸豐年間「漳泉械鬥」的歷史背景深化了該項民俗活動的歷史意涵，也擴大了基隆中元祭典的規模，從老大公廟開龕門、豎燈篙、主普壇開燈、迎斗燈、點斗燈、迎水燈、放水燈、普度法會、跳鍾馗、關龕門，整整一個月，北管、花車熱鬧助陣，猶如一場大型嘉年華會，琳瑯滿目的普度祭品「看桌」與「看牲」更是吸睛。然而如今被視為民俗文化資產的普度活動在昭和4年（1929）卻是受到具有高度戰略意識的反對。這實與「文化啟蒙」的時代氛圍有關，葉瓊霞〈《反普特刊》反甚麼？〉一文就指出：

> 《反普特刊》作者群十分多元，各篇反普論述的批判點也做了巧妙的區隔，顯見編輯群具有高度戰略意識。份量最重的卷首文〈我們為什麼要參加勞青的反普運動〉作者林秋梧，原為文化協會辯士，1927年於開元寺出家，法號證峰，1930年3月甫自日本駒澤大學畢業返臺，以出家僧眾的身分加入臺灣民眾黨、臺灣工友總聯盟、赤崁勞働青年會。〈我們婦女對於普度應取的態度〉出自臺南的溫卿女士之手，是全書唯一女性作者，編輯並以此預告臺南婦女青年會將重新出發。最後，更重要的是網羅三篇反映迷信現象的文藝創作：文苗（朱點人）〈城隍爺惱了〉、廖毓文〈一種的詐取〉、及KK（莊松林）的獨幕劇〈誰之過〉，這三篇創作繼承了文化協會以降，臺灣文化人以貼近民眾的方式進行文化啟蒙的實踐路線(諸如新劇、演講、電影巡迴等)，也讓《反普特刊》不只是運動文宣，而具有大眾文化刊物的性質。[18]

「反普」被視為一種「文化啟蒙的實踐」。為了消滅「迷信」，同

---

18 葉瓊霞，〈《反普特刊》反甚麼？〉，《臺灣教會公報》週刊，3492期，2019/01/28-02/03。

年8月3日莊松林發表了〈反對普度宣言〉，由赤崁勞働青年會印行，並透過舉辦演講會來表達立場，地點在祀典武廟佛祖廳。該文也投書於《臺灣民報》237期。這一年，莊松林亦在興文齋書局結識石暘睢、連橫等人。

昭和5年（1930）1月，莊松林應臺灣民眾黨宜蘭支部書記陳天順之邀，出任宜蘭農民協會書記，並加入該黨，參與各項活動。3月25日時便將戶籍遷至臺北州宜蘭郡宜蘭街（今宜蘭縣宜蘭市）。莊氏亦參與宜蘭農協活動，本預定於5月1日召開第3次會員大會，宜蘭警察課卻在4月29日檢束陳天順、莊松林，[19]更因草擬反對日警無理解散農友會大會控告書，被控以「違反臺灣出版規則」起訴，二審判處罰鍰40日圓。這是莊松林首次參與政治文化、抗日運動，[20]雖以失敗收場，卻沒有澆熄他的熱情。農協會員大會因工作受阻，無法順利推行，他只好離開宜蘭南下。

被罰完錢返回臺南的莊松林，運勢並不順遂，緊接著又受到當局監禁。5月1日，赤崁勞働青年會會員袁添財前往臺南州廳前，將兩邊水泥柱以瀝青塗寫「打倒日本帝國主義」的標語，並於出入口門邊「臺南州廳」木牌添寫「野犬官巢」字樣。警察發覺後，迅速逮捕抗議相關人員以及無辜臺南市民約百餘人，莊松林因有宜蘭的罰鍰紀錄而無端受牽連，被監禁約一週。

活動屢屢受挫的莊松林，卻越挫越勇，持續進行運動。9月4日赤崁勞働青年會出版《反普特刊》，收集除了莊松林外，還有林宣鰲、

---

19 〈宜蘭勞農聯席委員會委員發言被中止〉，《臺灣民報》309：6，1930/04/09。蔣朝根，〈宜蘭精神的塑造者：1920年代蔣渭水與宜蘭的社會運動〉（《宜蘭文獻》，63期，2003），頁86-109。

20 陳祈伍，《激越與戰慄：臺南地區的文化發展──以龍瑛宗、葉石濤、吳新榮、莊松林為例（1937-1949）》，頁334。

林秋梧、林鐵濤、蔡元培、湯慶榮、溫卿女士、岩笑生、韓石麟、旭、劣民（林占鰲）、文苗、毓文、雪峰逸嵐、魂花等人之文章。《反普特刊》編輯與發行人為林宣鰲，同時也發表文章，並由其經營的興文齋書局來發行，發送廣告文宣打廣告。莊松林在《反普特刊》中，以筆名KK、CH分別發表獨幕劇本〈誰之過〉、文章〈我們的反普運動〉2篇作品。在〈我們的反普運動〉中莊氏指出，反普最核心的意念為站在無神論的基礎上，反對壓迫無產階級，推翻資本主義社會，認為普度是封建遺物、不科學的迷信與謊話：

> 若些具有科學知識的兄弟、那一箇都很容易証明普度是一種迷信、那裡面所說的鬼魔、從科學的立場上看起來、完全是套荒唐無稽的謊話、值不得人家之一信、所以我們莫怪思想落後的兄弟、每仟為了這一樁事──普度──白費了莫大的金錢和光陰、不但獲不到系毫的效果、反使自己的生活日益陷貧乏的苦境、且也要遲鈍了自家的階級意識、因此我們很痛感着現在若不緊快起來設法、從無產者的腦海裡抽出這種的惡觀念、灌注些新興的科學思想、則我們的解放運動很難得前進、所以為運動的前途之計、對普度開始鬥爭並不是徒勞、實在是不可欠缺的任務。[21]

〈誰之過〉則是莊松林首次的文學創作，描述一個因宗教迷信，而導致孩兒夭折，適得其害的旨趣。以上2部作品都有強烈、鮮明的唯物主義、反宗教思想、反資本主義與社會主義。[22]莊氏強調自身並沒有要消滅宗教，只是堅決反對不理性的迷信陋習。然而民國39年（1950）

---

21 CH，〈我們的反普運動〉《反普特刊》，1930），頁34-42。
22 李筱峰，〈從社會運動者到民俗學家：莊松林的一生〉《臺灣文藝》，106期，1987），頁146-147。

投稿於《中華日報》的〈臺南的普度〉一文文末，雖然直言他的立場依舊是將普度視為一種迷信，但加入了節約浪費的概念：

> 普度終於月底結束了，論七月為一年中生意最不佳，而把有用錢財花費於迷信最多的月份，為什麼民間要做這樣虧本的生意呢？一方面為過去日政府的放任政策，另一方面因為本省人尚鬼觀念太過根深蒂固。目前科學昌明，普度已無存在餘地，尤其是在戰時生活運動中，應廢止一切迷信，節約浪費，改善生活，提高民族復興的意識，來完成反共抗俄的時代大任務。[23]

　　雖然此時莊松林反普度思想一如年輕時期，但語氣似乎已經不再如「絕對地反對普度，打倒一切的迷信！」激越，也不再把普度視為封建遺物，不再把反對普度視為無產階級的一種覺醒，更不再有「對普度鬥爭是不可欠缺的任務」的鬥爭思想。相對於年少時的一無反顧、理直氣壯地要反迷信，戰後對於普度概念的改變，可能是在歷經皇民化運動、對於自身臺灣民俗的深刻研究，意識到民俗的文化價值，僅從鋪張、浪費、科學角度認為普度無須存在，可說是對於普度民俗看法的轉變。文末用了「提高民族復興的意識」、「完成反共抗俄時代大任務」，反映了黨國時代文章體例用語。

　　在《反普特刊》編輯期間的昭和5年（1930）8月，「臺灣地方自治聯盟」成立。臺灣地方自治聯盟為臺灣民眾黨因路線不同所分裂出的右翼團體，因立場過於溫和，而反遭臺灣民眾黨、左翼聯盟的排擠。激進的莊松林也站在抨擊的行列之中，隨即加入「撲滅地方自治聯盟臺南

23　朱鋒，〈臺南的普度〉，《中華日報》，706期，1950/09/01。此篇後來亦刊載於1970年《臺灣風物》20卷2期、1971年《南臺灣民俗》、2005年《文史薈刊》復刊7輯。

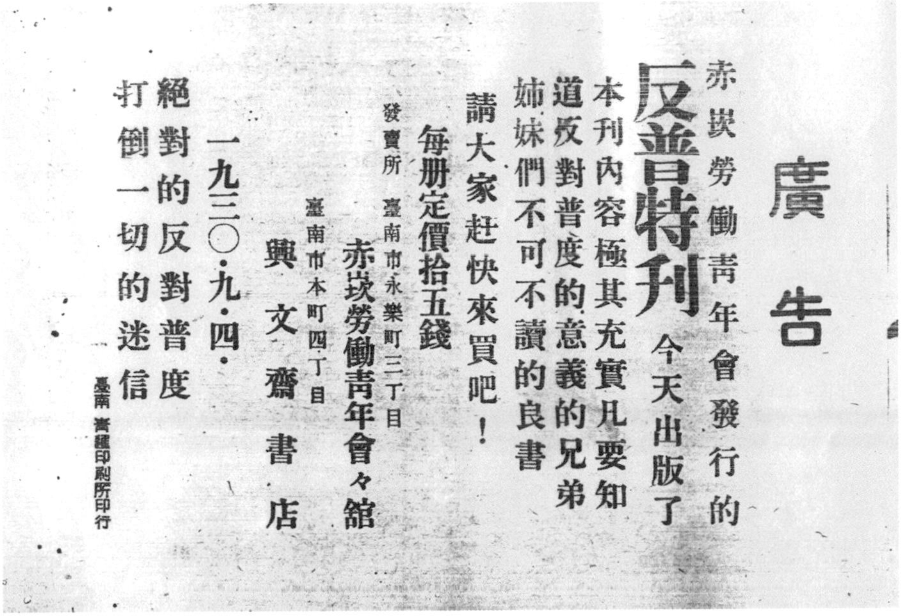

廣告

赤崁勞働青年會發行的

反普特刊　今天出版了

本刊內容極其充實凡要知道反對普度的意義的兄弟姉妹們不可不讀的良書

請大家趕快來買吧！

每冊定價拾五錢

發賣所　臺南市永樂町三丁目　赤崁勞働青年會々館

臺南市本町四丁目　興文齋書店

一九三○・九・四・

絕對的反對普度

打倒一切的迷信

臺南　實賢印刷所印行

圖3-9：《反普特刊》出版廣告

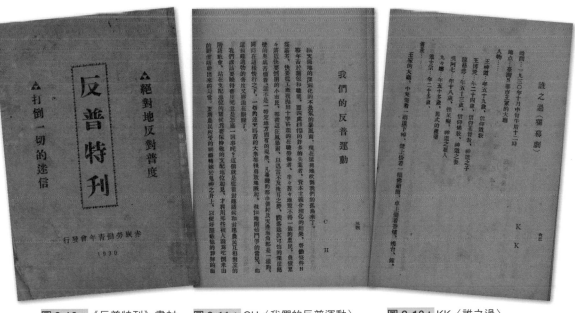

圖3-10：《反普特刊》書封　圖3-11：CH〈我們的反普運動〉　圖3-12：KK〈誰之過〉

圖3-9～3-12來源：莊明正先生提供

勞動團體同盟會」，8月23日該會在今臺南市祀典武廟觀音殿主辦「臺南民眾講座」。莊松林在講座演講會上發表「我們為什麼要粉碎欺騙無產大眾的資本家地主的地方自治聯盟」，鼓吹民眾反對資本家地主的地方自治聯盟，並進行激烈的攻擊。9月19日藉由旁聽臺灣地方自治聯盟臺南支部於臺南公會堂舉辦之成立紀念大演說會，於會場散發傳單，倡言反對地方自治聯盟，結果被警察檢束一夜。

雖然一再被檢束，但莊松林的熱情與腳步並未因此暫停下來。10月25日與同樣有左翼理念的朋友梁加升（1900-1969）、盧丙丁（1901-1935）、林占鰲（1901-1979，林宗正牧師之父）、林宣鰲、林秋梧（1903-1934）、趙啟明（趙櫪馬，約1913-1938）、陳天順、鄭明等人創辦旬刊《赤道》，為中、日文併用的旬刊雜誌，也就是每個月逢五發行，內容包含論說、小說、新詩、評論等。報社社址設立於興文齋樓上，以莊松林與林秋梧對於報務最為投入。林秋梧任編輯與發行人，莊松林任廣告人，將《赤道》刊物定調為「我們的大眾文藝小報」。從創刊號發行前印製傳單打廣告，可見到他的用心。於創刊號中也發表〈女同志〉一文。《赤道》因大半被查封，更僅出6期，便宣告中止，目前留存第2期與第4期。《赤道》發行這一年的9月9日臺南地區首份藝文性刊物《三六九小報》也問世，由趙雲石、連橫等舊文壇文人所主持；形成2個世代各自發行了藝文刊物，一個左翼批判，一個傳統通俗。

進入昭和6年（1931），22歲的莊松林腳步依舊沒停下來。這一年5月1日於臺南民眾講座「一九三一年五一節紀念大演講會」，莊氏講述「五一節是國際勞動者一齊起來ＸＸ的日子」。7月12日草擬、謄寫，油印發行「反對設立籼市代行會社聲明書」，並不顧被禁而發送，再次被以違反臺灣出版規則起訴，被判處罰鍰40日圓。7月28日為反對設立臺南籼市代行會社，假臺南民眾講座合辦之第一次大講演會，莊氏講題為「我們對籼市代行會社暨米穀商聯合會應該取什麼態度呢？」並

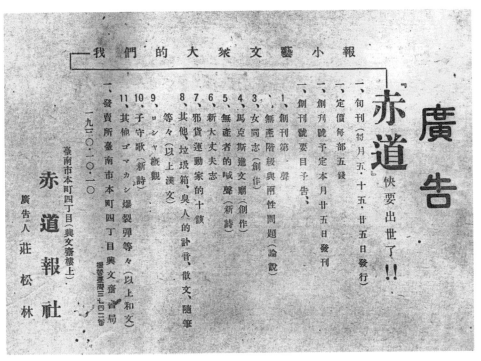

圖 3-13：「《赤道》快要出世了!!」的廣告

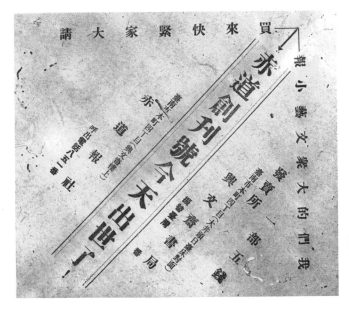

圖 3-14：「《赤道》創刊號今天出世了！」的廣告

圖 3-13、3-14 來源：莊明正先生提供

圖 3-15：《赤道》創刊號封面
來源：中央研究院臺灣史研究所提供

印發傳單。而參加7月28日大講演會講演者及參與磋商相關人員，均於8月12日受到臺南警察署司法主任傳訊。11月15日以筆名「嚴純昆」於《赤道》第2號發表〈到酒樓去〉，卻在預定發行前被沒收查禁。

　　當時臺南的勞工社會運動之活動，幾乎都由赤崁勞働青年會、赤道報社、臺灣工友總聯盟臺南區聯合舉辦，並時常以慶祝勞動節為理由，如昭和7年（1932）的5月1日勞動節，便以茶會形式，號召勞工參與，進行對談。[24]

---

24 〈赤崁勞働青年會／決開茶會祝勞動節／希望多數參加〉，《臺灣民報》，425號，版3，1928/05/01。

圖 3-16：「一九三一年五一節紀念大演講會」海報
出處：莊明正提供

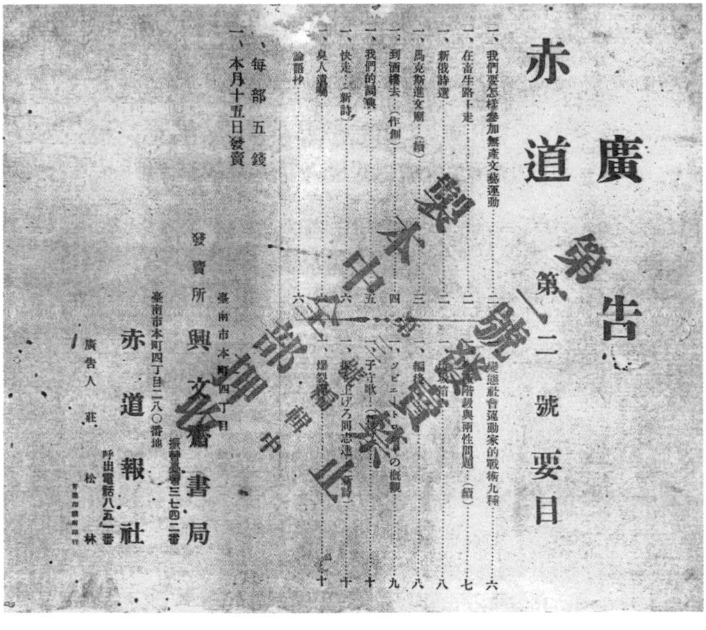

圖 3-17：《赤道》第二期遭受當局所禁
出處：莊明正先生提供

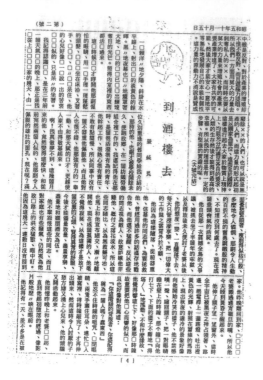

圖 3-18：1931 年莊松林於《赤道》第 2 號以筆名嚴純昆發表之〈到酒樓去〉

來源：莊明正先生提供

　　源自北港媽祖南下臺郡進香之「臺南迎媽祖」，大天后宮於大正4年（1915）新雕「鎮南媽」聖像，開啟了府城迎媽祖之濫觴。而夾帶著民俗信仰與商業行為的遶境活動，也受到莊松林等當時的左翼青年之反對。昭和7年（1932）《臺灣新民報》便報導莊松林、林宣鰲等十餘人，認為「迎媽祖是屬於迷信累得細民多開費用」，決定以講演會、宣傳單等方法來反對迎媽祖之事。[25]

　　5月2日莊松林編輯發行「暴露《臺灣新民報》日刊發行」第1回懸賞徵答傳單，提出6則問題，並將投票所設於赤道報社。莊松林積極參與社會運動，屢屢發表激烈言論。上述紀錄皆可見到莊松林在這些社會運動中的敢言發聲與積極投入。

　　不過當莊松林如火如荼地參與激進左傾的社會運動時，第9任臺南州知事今川淵（1886-卒年不詳）以其有「危害公安之虞」，終以「臺

---

25 〈臺南市有志／計畫反對迎媽祖／方法尚未決定〉，《臺灣民報》，416號，版3，1928/04/22。

圖 3-19：1932 年《臺灣新民報》報導莊
松林等人計劃反對迎媽祖
來源：中央研究院臺灣史研究所提供

灣浮浪者取締規則」第1條之規定來戒告莊松林，並於昭和7年7月9日
指派臺南警察署長小山政太郎親自遞交「就業戒告書」。「臺灣浮浪者
取締規則」是臺灣總督府於明治39年（1906）頒布之法，其中第1條規
定：凡本島之無一定居所與生業，經地方長官認為有妨礙公安或敗壞風
俗之虞者，得以戒告，令其定居就業。[26]收到戒告書的莊松林，被規定
要在7日內到當局認定的公司就業，迫於無奈下莊松林便到興鐵工廠擔
任外務員。直到10年後的昭和17年（1942）才收到第14任臺南州知事
宮末廣大的「戒告解除命令書」。可見日治時期思想行動左傾的莊松
林，其一舉一動都被日警當局嚴加看管，長達10年之久。

　　莊氏被戒告之事，當時也經由媒體報導披露，《臺灣日日新報》於
昭和7年（1932）7月14日以〈戒告思想漢／命速就職〉為標題，報導
臺南第二中學（今臺南一中）肄業生林添旺「中毒於外來思想」及「抱
有危險之思想」，故當局常監視其行動；而臺南市港町保正之子莊松林
等數人因「俱關於思想犯云」，當日立即被召令到臺南警察署，由小山

---

26 〈律令〉，《臺灣總督府府報》，第1927號，1906/03/13。

戒告思想漢
命速就職

臺南市壽町二丁目林添旺年二十一。曾肄業於臺南第二中學。本島青年有爲之士。因血氣未定。中毒於外來思想。深自期許。至四年生。遽告退學渡華到處奔波。迄無所就。經年始歸。雖極力謀職。苦於無門。且當局以其抱有危險之思想。常監視其行動。故林雖遷善有心。竟有懷莫白。會客月州警務部施行巡查採用試驗。林冀當道或能見憐。遂往應試。因身元不清。未得如願。方深自悲觀。詎意去九日。臺南警署。更召之往。由小山署長交與就業戒告書。令須於七日中。從速就職。丁茲謀生計絀覓職爲難之秋。安得於最短期中。便有去處。是以頗自追悔。聞當日被戒告者。尚有港町莊保正之子莊松林外數名。俱關於思想犯云。

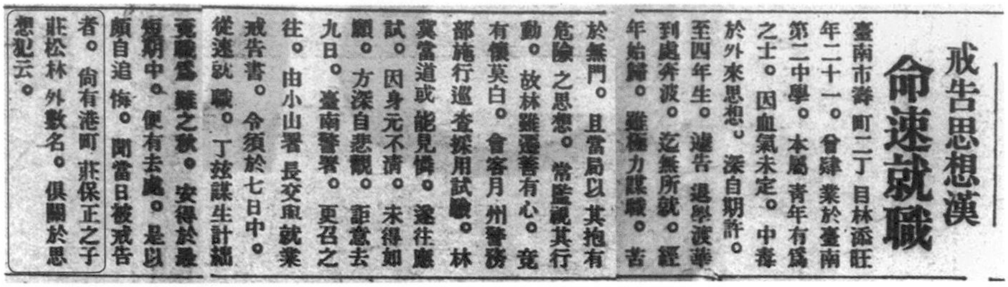

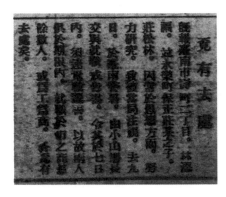

圖 3-20：1932 年莊松林受到戒告之報導

來源：〈戒告思想漢／命速就職〉，《臺灣日日新報》，版 4，1932 年 7 月 14 日。

覔有去處

臺南市壽町二丁目。林添旺。港町保正莊某之子。莊松林。因曾於思想方面。努力研究。致爲當局注視。去九日。於臺南警署。由小山署長交與就業戒告書。令其於七日內。須速覓職遷善。以故兩人俱於期限內。就職於[illegible]。[illegible]餘數人。或爲工爲商。[illegible]有去處矣。

圖 3-21：1932 年莊松林受到戒告就職之報導

來源：〈覔有去處〉，《臺灣日日新報》，版 12，1932 年 7 月 21 日。

政太郎署長交予「就業戒告書」。[27]

因參與社會運動過程中，由於表現積極，言行激烈，時常受到警察的監視。在收到戒告書前，莊松林亦時常進出警察留置場（拘留所），曾被警察拘禁達20餘次。陳華（雪村）曾書寫與莊松林時常被拘留於留置場，而將留置場暱稱為「第二家庭」，已經成為日警拘禁常客。依照陳華的描述，莊松林體型雖瘦小，食量卻頗大，同在拘留所內的監犯人吃不下去的糙米飯，莊氏都能連吃3、4份，所以同志大夥都叫他「飯桶」，而有「飯桶」的綽號。[28]雖被政府當局強迫就業，社運的心

27 〈戒告思想漢／命速就職〉，《臺灣日日新報》，版4，1932/07/14。〈覔有去處〉，《臺灣日日新報》，版12，1932/07/21。

28 雪村，〈憶故友思往事〉，頁58-59。

就業戒告書

臺南州臺南市港町二丁目二〇六番地

莊松林

明治四十三年一月二十六日生

右ハ公安ヲ害スルノ虞アルヲ以テ臺灣浮浪者取締規則第一條ニ依リ就業ヲ戒告ス

但本日ヨリ七日内ニ職業ノ種類及就業ノ場所ヲ定メ當廳ニ願出許可ヲ受クヘシ

昭和七年七月九日

臺南州知事 今川淵

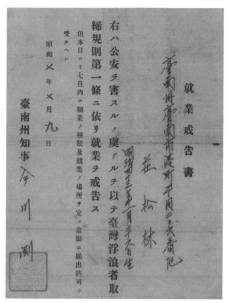

圖 3-22：1932 年臺南州知事今川淵給予莊松林就業戒告書

戒告解除命令書

本籍 臺南市港町一丁目二〇六番地

住所 臺南市西門町四丁目一三七番地

莊松林

明治四十三年一月二十六日生

右ハ改悛ノ情顯著ナルモノト認メ臺灣浮浪取締規則施行細則第五條ニ依リ就業ノ戒告ヲ解除ス

昭和十七年十月三十一日

臺南州知事 宮木

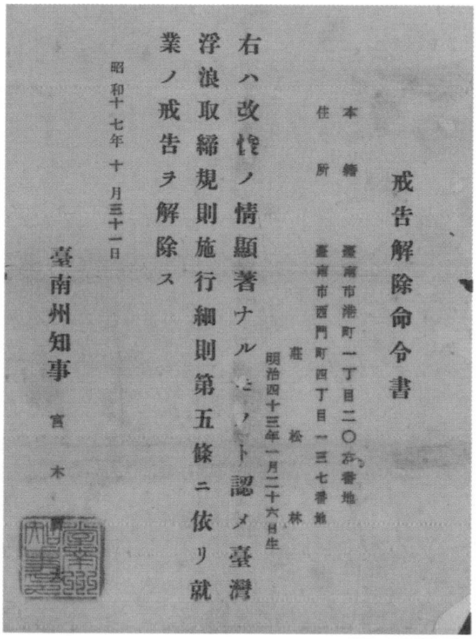

圖 3-23：1942 年臺南州知事宮末廣大給予莊松林戒告解除命令書

圖 3-22、3-23 來源：莊明正先生提供

卻沒有停下來，與林秋梧等人決議改組《赤道報》，籌劃改刊名為《廢兵》並出刊。

（三）轉成文藝青年

被強迫就業後的24歲莊松林，可能受到來自政府、家庭的壓力，開始轉向研究新文學、世界語、臺灣民俗，並從事臺灣文獻資料之採集及實地踏查工作。[29]昭和8年（1933）11月26、28、30日、12月2日於《臺灣新民報》刊載莊松林以筆名「彬彬」所翻譯的西加羅米《五樓的戀愛》，可說是從左翼青年轉向文藝青年的開始。

29 鄭喜夫，〈莊松林先生年譜〉，頁11。

　　莊松林雖看似轉向文藝青年，安分守己。但從日本吹來的世界語（Esperanto、エスペラソト）風潮，早已因社會運動與連溫卿（1894-1957）結識，而滲透到莊松林的心中。[30]昭和6年（1931），莊松林開始參加臺南世界語學會的講習會，並加入會員。世界語，也稱「希望語」，是由波蘭猶太裔眼科醫生柴門霍夫（L. L. Zamenhof，1859-1917）於1887年所創構的語言，其定位為國際輔助語言。世界語的學習可以說是文化運動，透過語言，追求跨民族的平等自由，帶有無政府主義之理想與色彩。

　　日治時期臺灣的世界語組織有「臺北エスペラント会」（會員25人），以及王雨卿（1907-1938）主持的「啓南綠友會（Keinan Esperantisita Societo）」（會員10人）。王雨卿為臺灣博物學先驅，在臺南主導世界語的學習，莊松林與當時其他青年一同於王雨卿麾下學習。學習世界語一年（1932）的莊松林便以「S. S.」之名，於"Informo de F.E.S"（臺灣世界語學會通訊）第2期發表〈エスペラントをかく視る〉（我如此看世界語）。[31]投入學習3年後，25歲的莊松林於1934年7月19日，便用世界語創作童話"La Malsaĝa Tigro"（恚虎），署名So-Ŝjo-Lin，發表於由王雨卿昭和8年（1933）創刊編輯的不定期刊物"La Verda Insulo"（綠の島）第2卷第2號。[32]12月16、19、21日還於《臺灣新民報》連載〈大家起來慶祝柴門霍夫誕辰〉一文。昭和10年（1935）時，莊松林也曾與「臺南エスペラント會」成員王雨卿、重栖度哉、呂聰田等人聯名向"Verda Mondo"（綠世界）

30　呂美親，〈1930年代臺灣普羅世界語運動於文化的面向：以莊松林的世界語書寫及民間文學參與為考察對象〉期末報告（科技部補助專題研究計畫，2018-2019），頁9-11。

31　S. S.（莊松林），〈エスペラントをかく視る〉（Informo de F.E.S，第2號，1932），頁13-15。

32　So-Ŝjo-Lin（莊松林），〈La Malsaĝa Tigro〉（La Verda Insulo，第2號，1934），頁10-12。之後莊松林有以白話文書寫發表，第二版〈恚虎〉於1937年發表於《臺灣新文學》2卷3號。第三版與第二版相同，1971年發表於《臺灣風物》21卷2期。

雜誌寄出祝電。該年參加臺南市世界語學會的第二次講習會，莊氏與王雨卿、王夫人佐伯操（街庄協議員佐伯留雄之女）等成員們拍了張合影，成為世界語在臺南發展的雪泥鴻爪。

在極短的時間內可見到他對世界語的掌握與積極熱誠。雖然世界語標榜跨民族平等、自由、無政府主義。但根據呂美親的研究，在莊松林的世界語相關書寫中，仍可見到帶有左翼、馬克思主義思想，並將此語言視為解放普羅階級的武器，是在一連串的政治運動受挫後，認為世界語可用在文化實踐方面，因此投入世界語學習。[33]雖無資料顯示他是否為「啓南綠友會」的成員，但從他的積極參與，呂美親認為莊氏應是成員之一。[34]而黃子萍認為莊松林的世界語童話是1930年代臺灣作家的鄉土文學論戰後的產物，此後的「民間童話」系列都有著強烈政治諷刺與反殖民思想之隱喻。[35]

昭和9年（1934）這一年，莊松林學習世界語雖有所成，但大抵也是他的左翼運動逐漸走向尾聲的年代，因為這一年10月10日，在社會運動上的重要夥伴林秋梧病逝，原本想要重新發行的刊物《廢兵》，宣告胎死腹中。[36]11月24日發表〈謹弔林秋梧君〉，以紀念好友。昭和10年（1935）3月莊松林協助籌備臺南エスペラント会主辦的柴門霍夫主題活動、世界語展覽會，以及參加該會5月的第二回講習會後，莊氏逐漸投入文學、民俗領域，而此時也是臺灣世界語運動逐漸停擺。淡出

33 呂美親，〈1930年代臺灣普羅世界語運動於文化的面向：以莊松林的世界語書寫及民間文學參與為考察對象〉期末報告，頁11。

34 呂美親，〈1930年代臺灣普羅世界語運動於文化的面向：以莊松林的世界語書寫及民間文學參與為考察對象〉期末報告，頁13。

35 黃子萍，《日治時期童話創作中的「鄉土」建構（1909-1940）》（國立政治大學臺灣文學研究所碩士學位論文，2021），頁14。

36 莊松林曾表示，更有歷史背景因素，九一八事變後，殖民政府開始藉故逮捕、壓迫、解散左、右翼團體。請參朱鋒，〈不堪回首話當年〉（《臺北文物》，3卷3期，1954），頁65-68。

圖3-24：1935年臺南世界語第二次講習會合影（後排由左至右為呂聰田、莊松林、富永曠野、黃耀輝、梁永祿、陳江山，前排由左至右為福壽充三、佐伯操〔王雨卿夫人〕、王雨卿、重栖度哉、新原直典）
來源：莊明正先生提供

世界語的莊松林，開始撰寫臺南民間故事，因李獻璋來訪欲將其作品收錄於李氏籌編之《臺灣民間文學集》。同年，始政40周年博覽會（10月10日至11月28日），他北上參加，並與來自彰化、嘉義及艋舺的文學愛好者聚會歡談。會談後，12月28日一同創刊《臺灣新文學》雜誌，並出任臺灣新文學社營業部成員。

　　昭和11年（1936）臺灣新文學社成立臺南支社，由莊松林、趙啟明奔走籌備。[37]同年9月5日莊氏更擔任臺灣新文學社臺南支社地方版的徵稿編輯。這一年莊松林一連發表了多篇文章，如民間故事〈鴨母

37　莊永清，〈日治時代臺南新文學史料的歷史考察〉（《文學臺南：臺南文學特展圖誌》，2012），頁123-141。

王〉、〈林道乾〉、〈林投姐〉、〈賣鹽順仔〉、〈郭公侯抗租〉、〈和尚春仔〉等，短篇小說〈老雞母〉與童話〈鹿角還狗舅〉。其中〈鴨母王〉、〈林投姐〉、〈賣鹽順仔〉、〈郭公侯抗租〉等4篇故事，收錄於李獻璋編輯之《臺灣民間文學集》，於昭和11年6月13日發行。而《臺灣新文學》雖然看似以文學、文藝為主軸，但依舊隱含了左翼思想，昭和12年（1937）6月15日，日本當局下令廢止停刊。在發行的一年半多內，一共出版15期及新文學月刊2期。

民間文學研究者林培雅曾指出，1960年代以來民俗學家對於民間文學的採集雖故事情節清楚表達，而敘述方式卻是由撰寫者自己發揮，認為已經遠離民間文學原始口傳的面貌，已經被改編改寫甚至重新創作，略過了情境與講唱者的特色。[38]莊松林的民間故事書寫也有這樣的情形，莊氏曾表示自身了解故事寫作的體裁與寫法，並說他的民間故事書寫法是「介於民間故事與歷史小說的中間體裁」，[39]可見這樣的手法是他經過思考、實踐後的成果。民間文學研究者胡萬川也指出臺灣民間文學的整理有別於中國是由學界投入，臺灣則是由文藝界所發起，因無足夠的資本來投入，故很自然地用最適合一般人閱讀的方式傳遞。[40]而王美惠也表示莊松林參與民間故事的編寫是順應新文學本土論潮流的時代產物，[41]故莊氏的體裁是反映時代特色。

他在〈不堪回首話當年〉一文中回憶：

我們重視文獻，老實說是受了三六九報的影響至巨，因為早

---

38 林培雅，〈近四十年來臺灣民間文學的調查、研究狀況〉（《臺灣文學研究學報》，3期，2006），頁33-52。

39 朱鋒，〈不堪回首話當年〉，頁65-68。

40 胡萬川，《民間文學的理論與實際》（新竹市：國立清華大學，2004），頁219-220。

41 王美惠，〈莊松林的文學歷程及其精神（1930-1937）〉（《文史薈刊》，復刊8輯，2006），頁16-52。

已發現其重要性，這並不是為了日後做修誌編史之用，是要由舊文獻中找尋材料，做為文藝或編劇的題材，以新的寫法來寫些作品的，這樣一來，可以避免日警查禁，也可以新闢發揚歷史文化的路徑。[42]

綜合以上論述，莊松林民間故事的書寫，有意識地採取文學性的手法，有其迴避現實政治干預的考量，也呼應左翼思想中，為普羅大眾服務，降低閱讀門檻、迅速普及傳播的理念。

昭和11年10月莊松林與趙櫪馬、黃漂舟（本名黃耀磷）、鄭明（筆名廢人）、董祐峰、徐阿壬、張慶堂、林占鰲、曹永和、陳華等人成立「臺南藝術俱樂部」，可以說是左翼行動的再嘗試。[43]臺南藝術俱樂部分文藝、演劇二部，並附設「臺灣文獻整理委員會」，莊松林便於此進行臺灣相關文獻的蒐集與整理。莊松林在〈不堪回首話當年〉一文中提到，會附屬設置「臺灣文獻整理委員會」是因為受到了《三六九小報》之影響，但並非是要修撰誌書、編年史，而是期望能從舊文獻中找到題材，來做為文藝或編劇之用，除了可以免去警察的查禁外，也可以發揚臺灣歷史文化。[44]昭和12年（1937）6月5日莊松林向父親莊淵泉領取8百日圓，於臺南市西門町四丁目138番地（今臺南西市場內、西門路二段政大書城對面），獨自經營「永安公司玩具部」。同時將「臺南藝術俱樂部」附設之「臺灣舊文獻整理委員會」集會地點設置於此，並自備經費向日本京都彙文堂書店購買舊文獻。自此從文學轉向民俗領域。

42　朱鋒，〈不堪回首話當年〉，《臺北文物》，3卷3期，《新文學、新劇運動專號》，頁67。

43　莊松林，〈懷念石暘睢先生〉（《南瀛文獻》10卷1期，1965），頁41-46。

44　朱鋒，〈不堪回首話當年〉，頁65-68。

　　昭和11年12月22日福建省政府諮議、創造社[45]創始成員，被譽為亞洲現代主義文學先驅的中國小說家郁達夫（1896-1945）應邀來臺訪問。當時左傾讀物《洪水報》、《赤道》也轉載不少創造社作家之作，可見臺灣文人對於相關作品是熟悉的。而郁達夫出身創造社，他的到來引發臺灣文壇的騷動，不少文人與之相見、交流，期待他勇往直前的精神，能為臺灣文壇帶來刺激。[46]12月29日郁達夫下榻臺南鐵道飯店，莊松林與郭水潭、林占鰲等前往拜訪，進行文學交流。莊松林向郁達夫提出：

　　　　沒有偉大人物的出現的民族，是世界上最可憐的生物之群，有了偉大的人物而不知擁護、愛戴、崇仰的國家是沒有希望的奴隸之邦，因魯迅之一死，使人們自覺了民族的尚有可為，也因魯迅之一死，使人家看出了中國還是奴隸性很濃厚的半絕望國家。[47]

　　表現出莊松林左翼色彩中，把中國現代文學精神與對於祖國期待合在一起。[48]隔日上午，郁達夫離開臺南前，與莊氏、林占鰲兄弟、趙啟明、曹壽河及日特務2人合影留念。可見莊松林雖然沒有站在臺灣社會運動最前線，但還是被政府當局所注視與跟監。與郁達夫會面的過程，於次年（1937）以發表〈會郁達夫記〉呈現。

45　創造社於1921年7月在上海成立。由郭沫若、成仿吾、郁達夫、鄭伯奇發起組織，是中國新文學史上著名的文學團體。

46　許俊雅，〈《洪水報》、《赤道》對中國文學作品的轉載：兼論創造社在日治臺灣文壇〉《臺灣文學研究學報》，14期，2012），頁169-218。

47　尚未央，〈會與郁達夫〉（《臺灣新文學》2卷2期，1937），頁60-65。

48　陳祈伍，《激越與戰慄：臺南地區的文化發展　　以龍瑛宗、葉石濤、吳新榮、莊松林為例（1937-1949）》，頁346。

　　昭和12年（1937）4月21日莊松林在興文齋與時任州立臺南第一中學校（今國立臺南第二高級中學）歷史科主任教諭的前嶋信次（1903-1983）結識。莊氏向他介紹李獻璋（1914-1999）編著《臺灣民間文學集》，也向他談起《陶村詩稿》（陳肇興，1831-1866?，號陶村，任白沙書院山長），兩人暢談臺灣文史。1975年莊氏辭世，前嶋氏〈哀悼朱鋒莊松林先生〉一文，前嶋氏翻閱著37年前的日記，回憶了2人在興文齋認識、交談的這段往事。

　　同年7月7日，日本人發動盧溝橋事件，展開戰爭。在此前後，臺南州知事川村直岡（1892-1963）因顧忌莊氏，本打算以〈臺灣浮浪者取締規則〉拘禁外島，但最後未執行。這可能與父親莊淵泉為地方官員有關係，且這期間莊松林並未參與第一線的社會運動。12月19日父親莊淵泉當選臺南市港町第一區會副會長。昭和14年（1939）30歲的莊松林與演劇同好陳華書擬之「演劇同好者集合趣意書」中、日文兩種，因響應者無幾，未能組成。莊松林可能欲透過戲劇傳達其對於社會平等的關懷，這應該是莊氏對於左翼運動最後的努力了，其後就全心轉入民俗研究領域之中。學者李筱峰教授認為，莊松林的轉向與其說是從社會運動的行列退出，無寧說此時臺灣的各種社會運動已隨著中日關係的緊張，日本當局施加壓力而漸趨式微。[49]

　　莊松林在日治後期雖由政治走向文化，但其反日事蹟直到二次世界大戰後的民國50年代仍備受推崇；當時的《民聲日報》為慶祝臺灣光復二十周年，撰寫特稿〈拚個你死我活：臺胞忠義事蹟〉的專題報導，臺南莊松林、嘉義黃蘭馨、[50]高雄張慶安[51]等人被稱讚為：

49　李筱峰，〈從社會運動者到民俗學家：莊松林的一生〉，頁152。

都是在日據時代與日警拼得奄奄一息，仍念念不忘把倭寇趕出去的代表人物。[52]

報導中也敘述了莊松林少年時曾經透過各類關係赴廈門集美中學讀書，受到革命思潮的陶冶，後來回臺繼承祖業從商，並以商業作為護身符，廣結愛國志士，計有袁添財、林占鰲等共同追隨蔡培火、蔣渭水等臺灣抗日革命老前輩，加入臺灣抗日陣線，組織臺灣民眾黨，成立勞動青年會、工友總會等團體，表面上與日本人虛與委蛇，實際上則在從事抗日運動，使日人摸不著頭緒，廣播革命的種籽等抗日事蹟。[53]

二、來往的社運人士

相對承平的大正民主期間，如果說是莊松林的吸取新知與養分的時期，進入昭和時期，便是他對於社會運動的前線參與。除了受到當時臺南社會文化運動領袖（韓石泉、黃金火、王受祿）的提攜與栽培外，

---

50 黃蘭聲，祖籍福建，大正初年來臺，卜居嘉義。臺北師範學校畢業，出任公學校訓導。當時他聯絡多位愛國志士組織中華會館，以團結互助之精神提倡華僑教育，並傳授漢文為主旨。1937年中日戰爭爆發，領導僑胞從事抗日工作，以期策應國軍攻臺並多方蒐集日方情報，秘密提供給中華民國參考。不幸事機不密，被日警逮捕入獄，經多次酷刑拷打之苦，最後被判處無期徒刑，直到二戰後，始獲自由之身；1951年經內政部明令褒揚。參閱楊維禎纂修，《嘉義縣志‧卷十二人物志》（嘉義縣太保市：嘉義縣政府，2009），頁109-110。

51 張慶安，1910年生，高雄小港人，日本早稻田大學畢業。1941年被日人徵召當兵，經訓練編隊後分派駐防廣東、廣西一帶，1942年調往海南島之日軍任賀、鹽田部隊，1943年2月與國軍在海南島打游擊的王高爵取得聯絡，暗中密謀，擊殺日軍海南島最高指揮官海軍中將任賀起次郎，造成日軍之潰敗。張慶安向國軍投誠，同時也有許多臺籍日軍跟隨投誠，造成海南島陣前起義的壯舉，1956年榮獲總統頒給二等海陸軍獎章一座。參閱〈拚個你死我活：臺胞忠義事蹟〉，《民聲日報》，版5，1965/10/28。

52 〈拚個你死我活：臺胞忠義事蹟〉，《民聲日報》，版5，1965/10/28。

53 〈拚個你死我活：臺胞忠義事蹟〉，《民聲日報》，版5，1965/10/28。

圖 3-25：1965 年莊松林抗日事蹟介紹與報導

來源：〈拚個你死我活：臺胞忠義事蹟〉，《民聲日報》，版5，1965年10月28日。國立公共資訊圖書館提供。

與同儕的相互碰撞與扶持，更是為他的人生刻劃了熱血青春。以下試圖整理、介紹莊松林在參與社會運動時的相關人物，可以見到他們彼此的關聯。

（一）醫療類

1. 王受祿（1893-1977）：臺南人，德國弗萊堡大學醫學博士，是臺灣史上第1位留學德國的醫學博士和史上第2位醫學博士（第1位是杜聰明）。父親王鍾山是臺南府城儒人，日治初期於家宅開館授徒，並任臺南第一公學校（今國立臺南大學附小）漢文科老師。妻子謝琴為紳商謝群我之長女。王受祿曾任臺灣總督府臺南病院（今衛生署臺南醫院）首位臺籍外科醫官補。大正6年（1917）辭職臺南醫院，於白金町（今忠義路二段）開設回生醫院。積極參與社會運動，與黃金火、韓石泉於大正15年（1926）成立臺南文化劇團。昭和2年（1927）文協分裂後，加入臺灣民眾黨，任該黨中央常務委員、臺南支部委員會常務委員兼主任，致力推動文化啟蒙運動，支援農工抗爭運動，更擔任第10次臺灣議會請願代表，赴日請願。王受祿與韓石泉、蔡培火被尊稱為

「文協臺南鐵三角」。昭和4年（1929）因長子逝世，次年（1930）由高進元牧師受洗為基督長老教會信徒，從此專心以醫術服務社會，積極參與福音工作，逐漸遠離政治活動。[54]2016年被臺南市政府列為臺南市歷史名人（醫療類）。

2. 黃金火（1895-1987）：臺南籍外科醫師。生於南廠，從小家境貧苦，透過苦讀，最後於臺灣總督府醫學校外科畢業，大正11年（1922）先自行開業，後與韓石泉創設「共和醫院」，負責外科。曾參與六三法撤廢運動，大正12年（1923）治警事件時，亦曾被警察逮捕。身兼臺南文化劇團編劇、導演與演員，其經營劇團信念為使用方言、服飾舞臺裝飾現代化、有提醒教化之劇情、演員要有教養；希望透過新劇，來啟迪民智，推展文化運動。文化劇同時帶動了1930年代臺灣流行歌曲的發展，黃金火亦參與填詞，如由林氏好演唱的〈春怨〉，便由其填詞。[55]昭和10年（1935）黃金火還當選臺南市議員，並擔任臺南市醫師會副會長，次年（1936）與董祐峯成立「南薰リードバンド（南薰簧樂團）」，並擔任會長。[56]二次世界大戰期間，因協助赤崁勞働青年會成員陳天順偷渡，被日警拘禁91日並嚴刑拷打，獲釋後便不再過問政治。[57]2016年被列入臺南市歷史名人（醫療類）。

3. 韓石泉（1897-1963）：臺南柱仔行街人，號「南陽」，熊本醫科大學醫學博士。身分有內科醫師、政治家、社會活動家。家族為臺南儒紳家族，日治時期後轉為醫學家族。曾任職於日本紅十字社臺灣支部醫院、臺灣總督府臺南病院，後大正11年（1922）與黃金火開

54 鄭佩雯，《臺南歷史名人誌（醫療及技術類）‧白袍與工程帽：先行者的身影》（臺南市：臺南市政府文化局、秀威資訊，2021），頁80-90。

55 施慶安，《日治時期唱片業與臺語流行歌研究》（國立政治大學歷史研究所碩士論文，2012），頁77-79。

56 莊永清，〈日治時代臺南新文學史料的歷史考察〉，頁123-141。

57 鄭佩雯，《臺南歷史名人誌（醫療及技術類）‧白袍與工程帽：先行者的身影》，頁91-104。

設「共和醫院」，擔任內科醫師。昭和3年（1928）自行開設韓內科醫院。日治時期長時間參與社會運動，如擔任臺灣文化協會理事、臺灣民眾黨中央委員、臺灣民眾黨臺南支部常務委員。因是臺南社運活躍分子，在大正12年（1923）治警事件時，亦遭到逮捕。戰後，韓石泉曾被聘為自治指導員，協助國府接收工作，後擔任國民黨臺南市黨部指導員。二二八事件時，也擔任二二八事件處理委員會臺南市分會主委。民國35年（1946）當選臺灣省參議會第1屆參議員。也曾任臺南市私立光華女子中學（今臺南市私立光華高級中學）校長與董事長、中華民國紅十字會臺南市分會分隊長、臺南市第二信用合作社理事主席等。晚年淡出，不再參與政治、社會活動。著作包括1930年《死滅ヨリ新生へ》、1932年《十三年來我的醫生生活》、1962年《診療隨想》、1965年《六十回憶》。[58]2016年韓石泉被列為臺南市歷史名人（醫療類）。

（二）宗教類

1. 梁加升（1898-1969）：出生於臺南市寶町，法名「心覺」，字「拓荒」、「少滄」，筆名「霜梧」。公學校畢業後先赴廈門求學，後又轉往日本就讀早稻田大學經濟科。回臺後積極參與政治運動、社會運動，臺灣文化協會、臺灣工友總聯盟等運動團體都有他的身影，並擔任過臺灣民眾黨臺南支部書記、中央執行委員等要職。入《臺灣新民報》報社任職，並參與《赤道報》的編輯與發行。因為熱心社會運動，

---

58 韓石泉，《由死滅到新生》，自印出版，1930；韓石泉，《診療隨想》，自印出版，1962。林占鰲，《韓石泉先生逝世三周年紀念專輯》，韓石泉先生逝世三週年紀念專輯編印委員會，1966。李筱峰，〈徘迴在診療室與街頭的醫師：韓石泉〉《臺灣近代名人誌（一）》，臺北市：自立晚報，1987），頁133-147。韓石泉，《六十回憶：韓石泉醫師自傳》，新北市：望春風，2009。莊永明，《韓石泉醫師的生命故事》，臺北市：遠流，2005。鄭佩雯，《臺南歷史名人誌（醫療及技術類）‧白袍與工程帽：先行者的身影》，頁123-145。

數次被拘捕、囚禁，是日警拘押的常客之一。二戰後，1945年11月所搭乘船隻於珠江口誤觸水雷而遭擊沉，同船百餘人均喪命，自己幸運被龍穴島漁民救起，乃感悟生命無常。開始信仰佛教，擔任中國佛教會臺灣省分會常務理事，並加入中國國民黨，當選首屆執行委員，也擔任中華民國紅十字會臺南市支會常務理事兼幹事。1955年，梁加升三子梁培鋏（梁培瑛）因涉及白色恐怖案件而遭槍決，心灰意冷，於大崗山超峰寺由第二任住持開照老和尚為其剃度為僧，逐漸淡出群眾。1960年於臺南永康創立「小東山妙心寺」，於此傳法直至圓寂，並讓該寺成為南部重要佛學資料中心。1963年逝世前，曾接受政府表揚為「抗日志士」。[59]

2. 林秋梧（1903-1934）：臺南人，別名「林證峰」，筆名「守俄」、「坎人」、「林洲鰲」。[60]曾參與詩社桐侶社、南社及臺灣文化協會，與蔣渭水亦有往來。就讀臺北師範學校期間，因參與抗日學運，被校方勒令退學，後轉往廈門集美中學校執教，並求學於廈門大學哲學系。參與社會運動的林秋梧，昭和2年（1927）於開元寺剃度為僧，投禮住持得圓和尚為師，法號「證峰」。因反對帝國主義、殖民主義和資本主義，而有了「革命僧」、「革命和尚」之稱。後留學東京駒澤大學就讀，昭和5年（1930）學成回臺，並受命任南部臨濟宗佛教講習會講師、開元寺講師兼書記、南瀛佛教會講師。除了倡導佛教改革外，並積

---

59 伍麗滿，〈釋心覺生平事蹟析論〉，《妙心全球資訊網》：http://www.mst.org.tw/magazine/magazinep/bodhi/101-%E9%87%8B%E5%BF%83%E8%A6%BA%E7%94%9F%E5%B9%B3%E4%BA%8B%E8%B9%9F.htm。楊宮妹（釋如微），《臺灣佛教僧團的現代轉型：臺南地區開元寺與妙心寺之比較研究》（南華大學宗教研究所碩士論文，2005），頁59-60、131-134。莊永清，〈臺南市日治時代新文學社團與新文學作家初探〉《文史薈刊》，復刊8輯，2006），頁53-98。

60 坊間有誤傳林秋梧另名「林宣鰲」實則有誤，可能起因為中央研究院主題計畫（2017-2019）「日治臺灣哲學與實存運動」資料庫（https://phi.project.sinica.edu.tw/）之誤植，後人又無查證，導致有誤，特此說明。

極參與臺南地區的左翼運動，推動文化啟迪工作。如與莊松林皆投書《反普特刊》，提倡宗教改革，反對普度運動；林氏更身兼《赤道報》發行人與編輯。當時年少的莊、林二人可說是社運夥伴，而1934年林秋梧因肺結核逝世，莊松林對於社會運動的熱情也逐漸轉向民俗文化之上。林秋梧一生著作先後發表於《中道》、《赤道報》、《臺灣新民報》、《南瀛佛教》等雜誌刊物。[61]莊、林之間的情誼，在林秋梧逝世時寫〈謹弔林秋梧君〉於靈前披讀弔辭，[62]可見交情。林秋梧於32歲因肺結核病逝世，結束短暫而輝煌的一生，留下許多發人省思的思想與課題。林氏一生可參照其外甥、同時也是著名臺灣史學家與政治評論家李筱峰之歷史傳記著作《臺灣革命僧：林秋梧》。[63]

（三）學術類

1. 連溫卿（1894-1957）：臺北市人，別名連嘴，以「溫‧連」、「陳規懷」、「Lepisomo（蠹魚）」、「L、S. Ren」為筆名。雖僅有公學校畢業，但卻靠著自修獲取新知，並成為日治時期臺灣社會運動一分子與世界語的推手。大正2年（1913）加入「日本世界語協會臺灣支部」會員，1918年成為該會之機關刊物《Verda Ombro》（綠蔭）主編，成為臺灣世界語運動的主力份子，甚至將世界語作為其無產階級的武器。大正12年（1923）開始與蔣渭水等人進行社會運動，乃至參與臺灣文化協會的創立。大正13年（1924）訪日返臺後發表〈將來之臺灣話〉一文，開始傳播山川均勞農派共產主義思想，而被稱為「臺灣之山川主義者」。昭和2年（1927）臺灣文化協會分裂，身為左派領導

---

61 張俊均，〈鐵蹄下的遊魂：臺灣的社會運動者林秋梧〉《史化》，8期，1977），頁68-75。林銘章，〈林秋梧（1903-1934）〉《傳記文學》，94期，2009），頁134-139。莊永清，〈臺南市日治時代新文學社團與新文學作家初探〉，頁53-98。

62 鄭普淨，〈故證峰大師追悼錄〉《南瀛佛教》，12卷12號，1934），頁30。

63 李筱峰，《臺灣革命僧：林秋梧》，臺北市：望春風文化事業股份有限公司，1991。

人之一的他，開始主導新文協之工農階級路線。後因新文協分裂，昭和4年（1929）新文協第三次全島大會上，連氏被扣上「落伍的左翼社會民主主義者」、「分裂、投機、地盤主義者」、「山川均反革命勞農派的私生子」之帽，受到批鬥而開除會籍。此後退出社會政治活動，轉入民俗研究，曾在《民俗臺灣》、《臺北文物》等刊物上發表文章。晚年窮愁潦倒，抑鬱而終。[64]遺著《臺北市志初稿：社會志‧政治運動篇》，經張炎憲、翁佳音編校後，改題為《臺灣政治運動史》出版。[65]呂美親認為莊松林投入世界語的學習，是在參與臺灣文化協會與臺灣勞工總聯盟時，受連溫卿之影響。[66]

　　2. 林占鰲（1901-1979）：祖籍晉江的臺南人。公學校就讀時曾受到老師蔡培火（1889-1983）影響，加入臺灣文化協會，參與社會運動。曾短暫滯留廈門欲入空門而無所得。回臺南之後決定與其弟林宣鰲開書店，取名「興文齋」，以文化抗日，宣傳新思潮，增強民族意識。莊松林因經常出入興文齋書局購買新書，而結識林占鰲，志趣相投而起投入文化與社會運動。昭和5年（1930）林占鰲、莊松林、林秋梧、韓石爐等人皆一同投入破除舊思，反對普度。林占鰲以「劣民」為筆名，寫了〈迷信的由來〉，又以「舊民」為筆名，寫了〈談天說地〉、〈特刊鳴（防陋室銘）〉兩篇文章來參與。《反普特刊》由林宣鰲編輯，興文齋印行出版。[67]同年興文齋書局創辦《赤道報》，邀林秋梧擔

64　張炎憲，〈社會民主主義者：連溫卿〉（《臺灣近代名人誌》，冊4，1987），頁103。陳美容，〈臺灣第一代溫和左派社會運動家：連溫卿〉（《臺北人物誌》，冊1，臺北市政府，2000），頁30。呂美親，〈日本統治下における臺湾エスペラント運動研究〉（日本：一橋大學言語社會科博士論文，2016），頁31。

65　連溫卿著，張炎憲、翁佳音編校，《臺灣政治運動史》，臺北縣：稻鄉出版社，1988。

66　呂美親，《1930年代臺灣普羅世界語運動於文化的面向：以莊松林的世界語書寫及民間文學參與為考察對象期末報告書》（科技部補助專題研究計畫，2019），頁9-11。

67　林宣鰲，《反普特刊：打倒一切的迷信／絕對地反對普度》（臺南市：赤崁勞働青年會，1930），頁48、72、73。

任《赤道報》編輯與發行。曾提出「五不主義」，[68]而被尊稱為「臺灣甘地」。林氏於35歲時由王受祿醫師施洗為基督教徒。戰後成為國民黨的一員，並積極投入辦學，參與光華女中的接收，陸續創辦了「崑山中學」（1961）、「崑山工專」（1965，今崑山科技大學），並協助蔡培火創辦「淡水工商管理專科學校」（1965，今真理大學），因而被稱為「現代武訓」，同時也參與社會服務工作，如紅十字會、防癆協會等。[69]

　　3. 韓石爐（1903-1976）：本名「韓石麟」，晚年號「耿光」，為韓石泉之弟。畢業臺南第二公學校、廈門集美中學、上海暨南大學教育學系，以語文、文史、教育為研究領域，日治時期曾任集美女子師範學校教師、《臺灣新民報》編輯、高雄州商工獎勵館附設貿易實務人員養成所講師。戰後任臺南市立初級中學（今臺南市立大成國民中學）第一任校長、臺南家專（今臺南應用科技大學）教師。因日治時期曾受高雄州商工獎勵館附設貿易實務人員養成所之聘，擔任「中國語文」講師，以日文編寫《國語發音入門》作為教材；陳奮雄認為韓石爐為臺灣推行注音符號之先聲。擔任臺南市立圖書館館長時，保存大量日治時期書刊，且為臺南市文史協會的創始會員之一，並曾任整理組長，著有《韓石爐文存》、《臺南市鄉土教材》等書，另發表文章於《臺南文化》，共有12篇。[70]而在1930年《反普特刊》中，亦以韓石麟之名發表〈非

68　不穿日本和服、不講日本話、不讀日本書、不改用日式名字、不經售日文書刊。

69　夏文學，〈從臺灣甘地到現代武訓：林占鰲長老〉，《新使者雜誌》，21期，1993。左美雲，《臺南歷史名人誌（學術教育類）：千里之行──那些弦歌不輟的故事》（臺南市政府文化局、秀威資訊，2021），頁150-164。莊永清，〈臺南市日治時代新文學社團與新文學作家初探〉，頁53-98。

70　沈芳如，〈《臺南文化》與戰後臺南「府城」集體記憶的建構（1951-2001）〉（國立臺灣師範大學歷史研究所碩士論文，2008），頁54-55。陳奮雄，《臺南市文獻半世紀》（臺南市文獻委員會，2003），頁307-313。

鬼〉一文，可見曾投身文化運動。

4. 王雨卿（1907-1938）：臺南關帝港街人，筆名「曄星」，為臺灣人第一位博物學家，臺灣世界語先驅。在臺南師範學校（今國立臺南大學）擔任工友時，開始擔任博物科助理，1931年通過臺灣人公學校乙種本科正教員資格，1933年通過文部省中學教職員檢定，取得生理衛生科及動物科之教員資格；因深入研究博物學，在昆蟲、甲殼、鳥、哺乳類等領域有豐富考察成果；也參與臺南共勵會演劇部，主持世界語的啓南綠友會等活動，更於1933年擔任世界語雜誌"La Verda Insulo"（綠の島）編輯與發行人，並將「啓南綠友會」會址設置於臺南師範學校博物室；除了王雨卿外，當時引領臺南世界語運動的還有林師喜、陳景西，同是臺南師範出身。[71] 王雨卿曾任教長老中學（今私立長榮高級中學）、長老女子中學（今長榮女子高級中學）、臺南師範學校，1938年因肺病不幸逝世。[72] 妻子佐伯操為安平公學校職員，街庄協議員佐伯留雄之女；其夫妻合葬於南山公墓。

5. 林宣鼇（生卒年不詳）：臺南人，林占鼇之弟，與林占鼇共同經營興文齋書局。亦為臺南社會運動活躍份子，曾參與《反普特刊》、《赤道報》等刊物之創辦。[73]

（四）文化藝術類

1. 盧丙丁（1901-1935）：臺南人，筆名「守民」。日治時期臺灣文化協會辯士、工人運動領袖（臺南勞工會、臺南機械工友會負責人）、作家、作詞人、教育家。曾擔任內庄公學校（今大內國小）教

---

71 呂美親，〈日本統治下における臺湾エスペラント運動研究〉，頁97-100。
72 朱耀沂，《臺灣昆蟲學史話（1684-1945）》（國立臺灣大學出版中心，2013），頁367-368。
　　蘇峰楠，〈歡迎光臨臺南夜總會〉（《觀‧臺灣》，40期，2019），頁26-29。
73 莊永清，〈臺南市日治時代新文學社團與新文學作家初探〉，頁53-98。

圖 3-26：1929 年盧丙丁印有自身影像的書籤給「商霖（松林）兄」惠存

來源：莊明正先生提供

論與訓導，以及六甲公學校林鳳營分教場（今林鳳國小）與六甲公學校（今六甲國小）訓導。同時也為歌曲〈悲歡小夜曲〉、〈織女〉、〈離別詩〉、〈落花流水〉、〈月下搖船〉、〈紗窗內〉等名曲填詞，其妻林氏好為日治時期著名歌手。[74]因為從事社會運動，於1932年間遭逮捕送入新莊樂生療養院後失去音訊。[75]盧丙丁是臺灣文化協會、臺灣民眾黨在臺南的重要成員，同時也參加文化劇公演；盧氏也參與莊松林、林秋梧、趙啟明、林占鰲、林宣鰲等人創辦之旬刊《赤道報》，推動文化啟迪。莊松林曾至廈門集美中學就讀，昭和4年（1929）畢業後返臺，與積極參與左翼文化運動的盧丙丁相識，1929年11月21日盧丙丁至廈門鼓浪嶼時，贈送一張印有「守民」影像的書籤給「商霖（松林）兄」惠存。

2. 陳華（1911-？）：筆名「雪村」。家族父執輩為世交，陳華與莊松林為臺南第二公學校（今立人國小）同一年級不同班的學友。第二公學校畢業後到廈門求學，大正14年（1925）回臺後就被限制無

---

74 施慶安，〈日治時期唱片業與臺語流行歌研究〉，頁77-79。

75 黃信彰，《工運‧歌聲‧反殖民：盧丙丁與林氏好的年代》，臺北市政府文化局，2010。

法再返廈門，開始參與臺灣社會運動。陳華與莊松林年少時同為社運夥伴，一同參與文化劇演出、赤崁勞働青年會、臺南藝術俱樂部等社會活動。因參與社會運動受到警察的監視，兩人時常進入警察留置場（拘留所），並詼諧地將留置場稱為第二家庭。昭和14年（1939）與莊松林書擬之「演劇同好者集合趣意書」，卻因響應者無幾，未能組成。戰後也曾與莊松林、石暘睢、國分直一、盧嘉興、董祐峯等人一起進行臺南市的文物調查。莊松林過世後，撰寫〈憶故友思往事〉一文，詳述其與莊松林生前種種，以表思念。[76]

3. **趙啟明**（約1913-1938）：臺南人，文學家，筆名「趙櫪馬」、「櫪馬」、「馬木歷」、「李爺里」、「黎巴都」、「蘭谷」，為日治時期活躍的文化運動者，也曾經任職臺北市太平レコード會社。與莊松林之淵源是1930年一起創辦《赤道報》，1936年一起成立「臺南藝術俱樂部」。曾於《三六九小報》、《先發部隊》、《臺灣新文學》發表作品，包含白話文小說、隨筆、歌詞。是〈大家來吃酒〉、〈水鄉之夜〉、〈青春行進曲〉、〈愛的勝利〉、〈四季閏怨〉、〈南國的春宵〉、〈月下愁〉、〈希望的出帆〉、〈恨不當初〉、〈月夜孤單〉、〈啼笑姻緣〉、〈為情一路〉、〈鴛鴦夢〉、〈懷鄉〉、〈待情人〉、〈暝深深〉、〈舊都小夜曲〉、〈寡婦哀歌〉、〈元宵幽情曲〉、〈女車掌的悲曲〉等多首流行歌曲的填詞人；文學作品有〈黑暗的人生〉、〈私奔〉、〈西北雨〉、〈一個年少的寡婦〉、〈戀愛的背景〉、〈文廟的一幕〉等，另有隨筆〈談談最近的文藝批評〉。[77]

---

76 雪村出生年不詳，但雪村〈憶故友思往事〉（頁58-59）提及：他與莊松林同事「臺南第二公學校」（今立人國校）同年級不同班，兩家頗有交情，自幼就認識，莊松林大雪村一歲。因此暫定其生年為1911年。

77 莊永清，〈臺南市日治時代新文學社團與新文學作家初探〉，頁53-98。施慶安，〈日治時期唱片業與臺語流行歌研究〉，頁77-79。〈文學現代性—世界同步走〉，國立臺灣文學館，https://tainan.nmtl.gov.tw/archive?uid=5。《先發部隊》，文化部臺灣大百科全書，https://

4. 董祐峯（1913-1943）：臺南人，本名董金富，1936年與莊松林、趙啟明等人成立臺南藝術俱樂部，同年與黃金火成立「南薰リードバンド」，任其主事。其文章、新詩、劇本作品可見於《臺灣新民報》、《臺灣文藝》、《臺灣新聞》等。[78]曾與莊松林、石暘睢、國分直一、盧嘉興、陳華等人一起進行臺南市的歷史文物調查，發掘明鄭李茂春墓、洪夫人墓。

5. 陳天順：參與日治時期的社會運動，如臺灣文化協會、臺灣民眾黨宜蘭支部書記、臺灣民眾黨中央農工委員會委員、臺灣工友總聯盟書記、臺灣工友總聯盟臺南區主任，並參與《赤道報》的創刊；戰後曾經擔任國民大會代表。[79]

6. 鄭明：筆名「廢人」、「明」，文學家、導演。日治時期曾參與《赤道報》報社、臺南藝術俱樂部。並曾於臺南共勵會演藝部執導戲劇作品，也參與演出。曾發表民間故事、戲曲、短篇小說。[80]

7. 徐阿壬：臺南人，日治時期與莊松林等人組織臺南藝術俱樂部。曾於《臺灣新文學》發表新詩、民間故事。[81]

8. 張慶堂：新化人，筆名唐得慶，與莊松林、趙啟明等人組織臺南藝術俱樂部，曾於《臺灣新文學》、《臺灣文藝》發表小說4篇、新詩1首。戰後棄文從農，回歸平淡。文學作品被收錄於《光復前臺灣文學全集》、《薄命》、《陳虛谷·張慶堂·林越峯合集》等書。[82]

---

nrch.culture.tw/twpedia.aspx?id=2179。其填詞作品可於「臺灣音聲100年」網站搜尋到，https://audio.nmth.gov.tw/audio。

78　莊永清，〈臺南市日治時代新文學社團與新文學作家初探〉，頁53-98。莊永清，〈日治時代臺南新文學史料的歷史考察〉，頁123-141。

79　莊永清〈臺南市日治時代新文學社團與新文學作家初探〉，頁53-98。

80　莊永清〈臺南市日治時代新文學社團與新文學作家初探〉，頁53-98。

81　莊永清〈臺南市日治時代新文學社團與新文學作家初探〉，頁53-98。

82　莊永清〈臺南市日治時代新文學社團與新文學作家初探〉，頁53-98。

9. **黃耀礡**：後改名黃漂舟，日治時期與莊松林等人組織臺南藝術俱樂部，曾於《臺灣新文學》發表新詩、民謠與童謠。[83]

10. **林鐵濤**：生平不詳，曾發表文章於《反普特刊》、《臺灣新民報》、《洪水報》。

11. **湯慶榮**：生平不詳，曾參與民眾黨宜蘭支部之活動，並有〈普度之感想〉一文收錄於《反普特刊》。

有部分人士，僅知其筆名，本名與生平暫時未蒐得，如溫卿女士、岩笑生、旭、文苗、雪峰逸嵐、魂花（以上均參與《反普特刊》）。有賴日後更多資料的出土。

三、戰後的黨員之路

1945年第二次世界大戰進入最後的階段，戰線從歐洲戰區逐漸轉移至太平洋戰區，1945年1月盟軍戰機便開始空襲臺灣。3月1日、3月12日、3月20日、4月3日、4月7日、4月11日等日臺南更是飽受多次的空襲。其中3月1日更被稱為「臺南大空襲」，市區遭受嚴重轟炸，其中臺南州廳幾乎接近全毀。7月3日臺南市開始疏開。時任孔廟管理員的方燿墭更將孔廟重要文物、樂器，以牛車運往玉井、和順寮等地，避免受到戰火波及。莊松林也於該年將妻小疏散至郊區，自己獨自留於市區，一有警報便往安平附近魚塭避難。

8月15日，日本裕仁天皇宣布中止戰爭之詔書，二戰正式落幕。9月1日中國國民政府公布「臺灣省行政長官公署組織條例」，以臺灣省行政長官公署為最高行政機關，並在重慶成立臺灣省警備總司令部。10月24日臺灣省行政長官陳儀由上海飛抵臺北，次日於臺北公會堂舉

83　莊永清〈臺南市日治時代新文學社團與新文學作家初探〉，頁53-98。

行臺灣地區受降典禮。開啟至2000年由中國國民黨統治時期（國民黨執政時期），臺灣進入歷史的新頁。

（一）加入國民黨

　　戰爭結束的1945年12月，莊松林在中國國民黨臺灣省黨部[84]訪問團李翼中（1896-1969）介紹下入黨。徵諸莊松林在日治時代種種抗日言行，可以發現他的抗爭思想裡除了階級意識，還涵蘊著強烈的漢族意識。因為面對巨大的日本殖民帝國體制，臺灣青年在精神上以漢族文化武裝自己，對岸「祖國」成為嚮慕期待的象徵。而1945年二次大戰結束，臺灣人從「戰敗國」瞬間變為「戰勝國」，這對長久以來抵抗日本政權的抗日份子來說，「回歸祖國」當然值得歡呼，莊松林在這時期入黨的心情不難理解。當時國民黨內部有各派系，例如軍統系、CC系、政學系、三青團等等，各自進入臺灣的時間不一，臺灣人對於這些派系間的差異理解不深，隨之而來的政治社會大動盪更是無人能預知。

　　源於他長期對寫作及報導方面的興趣，他在1946年1月1日創刊的《人民導報》，擔任臺南區記者。也因有《人民導報》臺南區記者身分，於5月20日在臺南公會堂，成立「臺南記者公會」時，莊松林被選為候補理事。[85]《人民導報》因為批評國民政府與報導二二八事件，被視為左派刊物，隔年（1947年）3月便遭到國民黨政府停刊，相關成員幾乎不是逃亡就是被處以勞役甚或死刑。如領導王添灯（1901-1947，新北新店人）、總編輯宋斐如（1903-1947，臺南仁德二行人）遇害死

84　前身源自1941年翁俊明主持成立「中國國民黨臺灣黨部籌備處」。1943年國民黨中央組織部正式成立「直屬臺灣黨部」，設置於漳州市。1945年在國民黨第六屆中央執行委員會常務委員會第十次會議決定將其改稱「臺灣省黨部」。2000年因國民黨組織改造，撤銷臺灣省黨部，黨務工作移交中央組工會。

85　〈臺南記者公會／今日舉行成立大會〉，《中華日報》，1946／05／20。

亡；總主筆陳文彬（本名陳清金，高雄燕巢人，1904-1982）、編輯記者蘇新（1907-1981，臺南佳里人）則是逃亡中國；而臺南地區支局長商滿生（1903-1981，臺南市人，曾任光華女中校長）也在二二八事件中被捕入獄。光復不到兩年，臺灣社會情勢已有翻天覆地的大變化。

二二八事件期間，各地有不少自衛隊相繼成立，莊松林曾擔任二二八事件臺南市西區自衛隊募捐委員，當時已經是國民黨員，也並不是就得到人身安全的保障。在《保密局臺灣站二二八史料彙編（一）》中有份檔案，他的名字出現在民國36年（1947）4月9日保密局線民的內部報告中。這類線民舉發的報告當時數量極多，而且不需什麼佐證資料，該報告提到：「市黨部幹事莊松林有奸嫌」。[86]可見二二八事件期間，他還是受到監視舉報，此時保護他的無法確知是黨員身份或者其他有力人士（如李翼中），但若無此身份，可想而知更難從特務舉報中輕易過關。爾後「二二八事件處理委員會臺南市分會」成立，韓石泉（1897-1963）任主任委員、黃百祿、莊孟侯任副主任委員，湯德章（1907-1947）任治安組組長，透過人脈協商，讓臺南市區氣氛平靜下來，但在3月11日增援軍隊進入市區以後，湯德章於民生綠園（今湯德章紀念公園）遭公開槍決，卻為不平靜的社會投下震撼彈。

莊松林此後人生供職於國民黨臺南市黨部，歷任幹事、指導員、委員、組長、視導等不同職務，從入黨擔任黨工到退休，任黨職長達17年之久，黨工的月俸便是戰後莊松林一生的主要收入來源。也因早期多為國民黨掌政，莊松林也有幾度兼任臺南市政府之工作。

臺灣省行政長官公署與警備總司令部合組臺灣省接收委員會，於

---

86 A_02_0006，〈件名六：黃仁里致電林振藩報告／臺南市謝汝川、胡金鍾、黃清根等激勵人民暴動（民國36年4月9日）〉，許雪姬主編《保密局臺灣站二二八史料彙編（一）》（臺北市：中央研究院臺灣史研究所，2015），頁299。

民國34年（1945）11月開始運作，逐步接收日治時期遺留於臺灣的產業。莊松林入黨的隔年（1946）3月，便出任中國國民黨臺灣省黨部第二黨務督導區臺南縣市指導員辦事處幹事，出席日產處理委員會暨日產標售分會聯席會。會出席這樣的委員會，推測是莊松林有流利的雙語能力，能協助處理日產的接收。協助接收日產相關工作，於黃天橫的回憶中也呈現出來，莊松林奉命到黃家創立的「臺灣農產製粉公司（前身為臺灣農產製粉株式會社）」進行監理，負責檢驗每日所開出的傳票，並在此時與黃天橫開始往來，而兩人的父親也是舊識。[87]

　　從民國34年（1945）入黨後便中斷自身最熱愛的民俗研究。可能因為要熟悉黨務工作，而暫時放下。直到民國37年（1948）10月23至25日國民黨臺南市黨部為慶祝第三屆臺灣光復節，假臺南市市議會舉辦「臺南市歷史文物展覽會」。展覽會由莊松林負責籌辦，並邀請石暘睢協助相關工作。至此才在得以兼顧工作（黨務）之下，重新恢復臺灣民俗研究。

　　民國39年（1950）3月1日，蔣中正恢復中華民國總統之職務。這一年臺南市執行委員會發出訓令將莊松林調任監察委員幹事。1950年開始為期2年的「改造委員會」，由國民黨推行之黨務革新、加強紀律、思想肅整、幹部訓練、社會調查、基層照顧、對陸工作等各項工作，並著重破除派系勢力，以建立蔣中正為中心的統治體制。這樣的改造工作穩定國民黨政府推行的經濟政策及對於臺灣的統治。改造工作在政府、國軍與社會中建立黨小組，規定每個黨員都必須有其歸屬的黨小組，故從民國40年（1951）3月所發的職員證可以見到莊氏42歲時為第五組之組長；而這一年被聘任該會之農人運動委員會委員。民國42年（1953）公布了《臺灣省戒嚴期間新聞紙雜誌圖書管制辦法》，是箝

87　陳美蓉、何鳳嬌，《固園黃家：黃天橫先生訪談錄》（新北市：國史館，2011），頁207。

圖 3-27：1948 年莊松林當選國民黨臺南市執行委員證明書
來源：莊明正先生提供

制臺灣言論自由的重要法條。而在此之前的民國41年（1952）便對於書報、雜誌、歌曲進行「檢查」；莊松林可能因為精通中、日文，故被派執行臺南市的日文書刊檢查工作。

（二）服務民眾

民國35年（1946）3月國民黨會議通過加強民眾運動案，要求各級黨部籌設「民眾服務處」，藉以鞏固國民黨在民眾中的組織與領導。至1953年開始大規模設立「民眾服務站」，每一鄉鎮以設立一個民眾服務站為原則。民眾服務站除了是國民黨的下轄組織外，亦開設職業補習班，來加強民眾就職能力。從老照片可知，莊氏在入黨擔任黨工後，便參與「民眾服務處」之工作。民國42年（1953）改「民眾服務站」

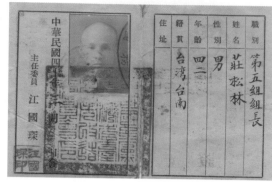

圖 3-28：1951 年莊松林之臺南市改造委員會職員證正反面

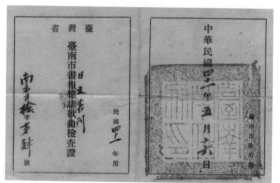

圖 3-29：1952 年莊松林臺南市日文書刊檢查證正反面

時，在該年6月20日莊松林受聘擔任臺南市西區民眾服務站理事，可說深受地方黨部之器重，更因工作表現「頗佳」，予於嘉獎。由他所實際從事的工作內容看來，他一直關懷與回應者著基層民眾的需求，耕耘著社會教育、職業補習等項目，在第一線服務民眾，這或許可視為年輕時期左翼無產社會運動理想的一種延續。

　　民國52年（1963），莊松林奉准退休。莊松林晚年患有高血壓，民國63年（1974）12月11日夜，不慎跌倒以致臥不起。13日住進已故的昔日同志韓石泉的韓內科醫院，摯友黃天橫趕來探視並陪伴家人，15日上午病情益趨惡化，漸失去意識，由看西街教會王南傑牧師

念紀業結期九第班習補計會設附處務服眾民市南台

班習補業職眾民設附處務服眾民市南台

上圖 3-30：莊松林（前排右一）於臺南市民眾服務處附設會計補習班第九期結業紀念

下圖 3-31：莊松林（前坐左三）於臺南市民眾服務處第七期國語應用文班結業典禮

圖 3-28～3-31 來源：莊明正先生提供

上圖 3-32：莊松林（前排右二）於臺南市民眾服務處、臺南市婦女會民眾職業補習班第一期結業典禮

下圖 3-33：1955 年臺南市民眾服務處附設民眾職業補習班第七期國語應用文班結業典禮

圖 3-32、3-33 來源：莊明正先生提供

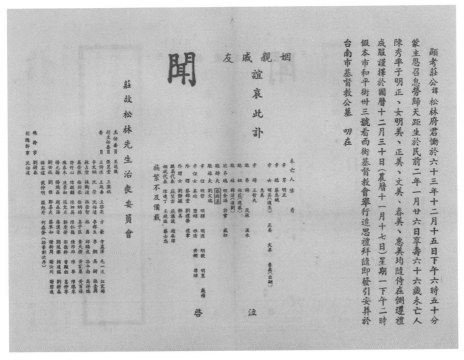

圖 3-34：1974 年莊松林訃聞

來源：莊明正先生提供

（1934-）為其施洗[88]，下午莊松林逝世，並發出訃聞。邀請中國國民黨臺灣省臺南市委員會主任王述親擔任「治喪委員會」主任委員。30日下午假看西街教會舉行追思禮拜，隨即發引安葬於臺南市基督教公墓。[89]

88　王南傑牧師 1934 年出生於臺南，1959 年畢業於臺南神學院。曾在臺南市長榮中學擔任校牧，也在嘉義西門教會牧會。1971 年轉到臺南市看西街教會牧會，1974 年於看西街教會為莊松林施洗。1975 年轉到當時南臺灣最大的教會太平境馬雅各紀念教會牧會。

89　黃天橫，〈文獻導師莊松林與我〉《文史薈刊》，復刊 8 期，2006），頁 15。

第四章

社群與文友

　　社群，是一群同好因興趣志向相同而聚集交往所集結的一個群體。
1939年之前，莊松林是行動派的左翼文藝青年，他與一群志同道合的朋
友，加入臺灣文化協會、臺灣農民組合、臺灣民眾黨、臺灣工友總聯盟等
全島性左翼運動組織，參與演劇、從事社運，尤其是與左翼刊物《反普特
刊》、《赤道報》的梁加升、盧丙丁、林占鰲、林宣鰲、林秋梧、趙啟
明（趙櫪馬）等人往來密切，與左翼同仁之間似乎是一個革命情感的群
體。1940年以後，尤其是1941年12月7日本發動太平洋戰爭之後，整
體局勢與環境動盪，讓他逐漸脫離左翼行動者的角色，而加入昭和16年
（1941）7月創刊《民俗臺灣》（月刊）寫作者的行列，發表許多重要民
俗文章，並成為該刊物重要的撰稿人之一。

　　而在莊松林與一群左派青年們組成社群之前，臺南地區早已經有不同
的文史研究團體，各自匯集了當時不同思想、不同愛好、不同族群，但共
同關注臺南文史的一群人。雖彼此身處不同的社群（如傳統漢學文人、新
時代知識分子、學術背景的日籍官員與教師等），卻又相互影響、交融，
並促成為臺灣戰後第一個登記立案的文史團體「臺南市文史協會」，也將
臺南的歷代研究承襲至今，成為今日「臺南學」的重要養分。

　　戰後初期，莊松林加入中國國民黨。因黨務或一些俗務纏身，而中輟
持續數十年之臺灣民俗研究。至民國37年（1948）10月底中國國民黨臺

南市黨部舉辦「臺南市歷史文物展覽會」，利用慶祝光復節，莊松林邀集石暘睢一起協助籌辦與會場布置等工作時，才又重新回到了臺灣民俗文化研究工作。在跨入40歲時（1949）重啟了臺灣民俗研究，開啟了人生後25年的民俗研究光陰。

　　而莊松林除了自身的努力與觀察外，也時常與同好一起進行文史、民俗與文物的田野調查，累積了不少臺灣民俗界與文史界的文友與社群，更有許多同行、後輩與之交往，其成果也受到官方、學界與同行之肯定。

一、官方與學界的認同

　　莊松林除了將自己的調查、研究成果，書寫文章發表於報紙刊物之外，也參與了戰後臺南縣、市第一批地方志書的編撰工作，更獲得學術單位邀請擔任「叢書編纂委員會」委員，可見其臺灣文史、民俗之研究能力與過往成績獲得官方、學界雙重之認同與肯定。

（一）官方志書的書寫

　　民國45年（1956）受到臺南市政府之邀，聘為《臺南市志稿》特約編纂，並與林條均（1907-1963）同著《臺南市志稿・住民志・禮俗篇》，與石暘睢合撰《臺南市志稿・人物志・先烈篇》，以及撰寫《臺南市志稿・人物志・乙未前後人物傳（外人）》。民國46年（1957）《臺南縣志稿》出版，莊松林撰寫了〈人民志・第三篇語言篇〉與〈人民志・第四篇風俗篇〉，並與郭水潭、賴建銘共著《臺南縣志稿・文化志》，與石暘睢、江家錦、盧嘉興、吳新榮共同編撰《臺南縣志稿・古碑志》。臺南縣、市的志書，莊松林都有不少篇幅的參與及撰寫，可見其於文史研究的長才與能力已獲得官方肯定。

另外在撰寫《臺南市志稿・人物志》時，莊松林亦整理了一份〈日據時代民族解放運動領導者名錄〉，這是一份日治時期參與者的一手回憶之作。根據陳祈伍之研究，推測其書寫年代為1961年，並認為沒將此資料納入〈人物志〉中之原因為部分人士在撰寫的當時還活著，而人物志的書寫向來有著「生不立傳（活人不立傳）」之志書編纂傳統；另外原因可能是與當時《臺南市志稿》編纂組長的隔閡，又或是眾人對日治時期歷史的不同評價有關。[1]這份手稿日後改寫成〈憶舊：追念韓石泉先生〉一文，收錄於《韓石泉先生逝世三周年紀念專輯》。該文針對日治時期左派運動進行梳理，側重於文化抗日與臺南地區活動情形，並列出「臺灣民眾黨臺南支部暨所屬團體工作概況表」，參與者一共26人之描寫。[2]

（二）學術單位的邀請

至民國56年（1967）8月，應聘為中國文化學院（今中國文化大學）「臺灣叢書編纂委員會」委員，當時委員還包括知名臺灣史學者臺大歷史系教授楊雲萍（1906-2000）。次年（1968），除了完成周璽《彰化縣志》、林豪《澎湖廳志》之校訂外，同時在《臺人考古人類學專刊》第5種所刊載的臺灣研究會討論紀錄中，亦收錄莊松林的〈臺南的民俗研究〉一文；以上的紀錄都在在顯示莊氏已經被視為臺灣或臺南民俗研究的重要專家。

1　陳祈伍，《激越與戰慄：臺南地區的文化發展——以龍瑛宗、葉石濤、吳新榮、莊松林為例（1937-1949）》，頁414-417。

2　莊松林，〈憶舊：追念韓石泉先生〉，頁73-81。

二、文史團體的集結與刊物的發行

　　莊松林被大家認同為臺灣民俗大家，除了不停的投入研究之外，還有主導、參與文史團體，以及不同刊物的編撰，造就其民俗研究的地位。

（一）臺南市文獻委員會與《臺南文化》

　　民國40年（1951），臺南文史界石暘睢、莊松林等人有感於「臺南市為明鄭時之東都、清代舊府治所在，為臺灣歷史的重鎮，遺存史料豐富，為適應實際研究需要」，必須結合臺南市文獻界同好之力量，以進一步發掘先民遺物與遺俗，以供學術研究與施政參考，進而於4月1日成立「臺南市史料編輯委員會」。[3] 同年7月，為呼應臺灣省政府要求各縣市成立文獻委員會之令，開會改組籌備組成「臺南市文獻委員會」，並下分總務、採集、編纂、整理四組，發行季刊《臺南文化》。第1屆主任委員由時任市長的葉廷珪（1905-1977）擔任，副主任委員為時任教育科長謝新周（任期民國40年10月至43年10月）[4]，委員則有顏興、林勇、林條均、許子文、石暘睢（兼採集組長）、林咏榮（兼編輯組長）、黃典權、許丙丁、高祥瑞、高崇煦、連景初、江家錦、賴建銘、黃天橫及莊松林。總幹事丘同德、整理組長韓石爐、總務組長謝碧連與組員韓成烈、李增儉等人。[5]

3　陳奮雄，《臺南市文獻半世紀》（臺南市文獻委員會，2003），頁3。

4　1955年謝新周調任「臺南市立中學（1968年改名臺南市立大成國民中學）」校長（1955-1972）。

5　謝碧連，〈別矣！市刊《臺南文化》〉（《臺南文獻》，2輯，2012），頁277-287。陳奮雄，〈臺南市文史協會沿革與《文史薈刊》編輯出版〉（《文史薈刊》，復刊11輯，2020），頁177-203。謝碧連與陳奮雄的文章中，皆記副主任委員為當時的教育科長謝新周，但是莊松林臺南市文獻委員聘書上的副主任委員為楊請。

當中，曾任安平區第二任區長（1947-1950）的林勇（1904-1992，字朝棟，號鶴亭），有兩本重要臺灣文史論著，分別是《臺灣城懷古集》、《臺灣城懷古續集》，這是他將發表在《臺南文化》上的文章內容加以整理，兩本書均分為上卷〈古堡史事〉及下卷〈臺灣研究〉，《臺灣城懷古集》於1960年委由興文齋書局印行，是臺南市文獻委員會成員中最早發行臺南文史專書者之一（盧嘉興《鹿耳門地理變遷考》1965年出版）。林勇第二本論著《臺灣城懷古續集》於1990年由臺南市政府出版。前書有蔡培火、卓高煊、李連春、王開運題字，原書手稿署名推薦人有石暘睢、江家錦、許丙丁、林斌、林條均、葉書田、陳新安、黃典權、連景初、謝碧連、黃天橫、賴建銘、韓石爐、顏興、莊松林等臺南文獻委員會、臺南市文史協會的文友。《臺灣城懷古續集》成書時，石暘睢、許丙丁、韓石爐、莊松林等文史友人均已辭世。

而影響臺南文史研究的重要刊物《臺南文化》，便是委由臺南市文獻委員會編輯發行，於委員會成立同年的1951年10月24日以季刊形式發行《臺南文化》創刊號。它是全臺灣地方文獻刊物最早創刊者，比1952年創刊的《臺北文獻》（原名《臺北文物》）與《高市文獻》、1953年創刊的《南瀛文獻》都還要早。莊松林於創刊號以朱鋒之筆名發表了〈鄭氏精神與臺南民俗〉一文。

（二）臺南縣文獻委員會與《南瀛文獻》

民國40年臺南市文獻委員會成立的次年（1952），臺南縣政府亦隨即成立「臺南縣文獻委員會」，並於隔年民國42年（1953）發行《南瀛文獻》創刊號，同樣是季刊形式發行，吳新榮出任主編一職。莊松林除了協助臺南縣文獻委員編印《南瀛文獻》外，更多以朱鋒之筆名發表研究文章，在其創刊號便發表〈「鯤鯓王」與「水守爺」〉，之後

1	2
3	

圖 4-1：1951 年莊松林臺南市文獻會委員聘書

來源：莊明正先生提供

圖 4-2：1951 年發行之《臺南文化》創刊號封面

圖 4-3：1953 年發行之《南瀛文獻》創刊號封面

圖 4-2、4-3 來源：臺南市政府文化局提供

筆耕不輟，一共有12篇文章。[6]

（三）臺南市文史協會與《文史薈刊》

鑒於臺南市文獻委員會能聘用的委員名額有限，無法全面廣納各界文史研究人才，且文獻委員若要外出田野調查，申請程序繁瑣，再加上市政經費短缺，《臺南文化》發行至第5卷第4期便告停刊。在這樣的背景下，為使文史研究工作能向下延續，莊松林等人提議成立一個民間文史研究團體，以接納各界文史研究者，來共同進行踏查、交流，並促進文史研究行動的自主性。[7]民國47年（1958）3月29日在臺南市立圖書館發起、成立「臺南市歷史文化協會」，莊松林與顏興、石暘睢、林斌、韓石爐、江家錦、賴建銘、許丙丁、盧嘉興等9人被推選為籌備委員。當時的發起人除了莊松林外，還有顏興、許丙丁、葉書田、張振樑、林斌、石暘睢、韓石爐、林條均、江家錦、賴建銘、盧嘉興、吳樹、黃天橫、連景初等一共15人。

因是為了研究工作的方便進行而成立，故第一屆「臺南市歷史文化協會」第一屆委員與臺南市「文獻委員會」委員重複性很高。根據發起

6　朱鋒，〈「鯤鯓王」與「水守爺」〉（《南瀛文獻》，1卷1期，1953），頁32-34。朱鋒，〈有關黃清淵先生二三事〉（《南瀛文獻》，1卷3、4期，1953），頁47-52。朱鋒，〈臺灣神誕表〉（《南瀛文獻》，2卷3、4期，1955），頁36-44。朱鋒、石暘睢、吳新榮、盧嘉興，〈南縣古碑零拾（一）〉（《南瀛文獻》，2卷3、4期，1955），頁124-130。朱鋒、石暘睢、吳新榮、盧嘉興、江家錦，〈南縣古碑零拾（二）〉（《南瀛文獻》，3卷1、2期，1955），頁103-132。朱鋒，〈南縣古碑零拾（三）〉（《南瀛文獻》，3卷3、4期，1956），頁77-91。朱鋒，〈南縣古碑零拾（四）〉（《南瀛文獻》，4卷上期，1956），頁42-57。朱鋒，〈南縣古碑零拾補遺〉（《南瀛文獻》，4卷下期，1958），頁81-83。朱鋒，〈南縣古碑零拾補遺（四）〉（《南瀛文獻》，8卷，1962），頁121-122。朱鋒，〈南縣古碑零拾補遺（五）〉（《南瀛文獻》，9卷，1964），頁46-56。莊松林，〈懷念石暘睢先生〉（《南瀛文獻》，10卷1期，1965），頁41-46。莊松林，〈石暘睢先生遺作目錄〉（《南瀛文獻》，10卷1期，1965），頁50-53。

7　陳奮雄，〈臺南市文史協會沿革與《文史薈刊》編輯出版〉（《文史薈刊》，復刊11輯，2020），頁177-203。

章程，載明創會任務與事業：

一、舉辦集體採訪，蒐集各種史料。

二、舉辦各種座談會、展覽會，並聘請學者名流演講。

三、與各學術單位交換文獻。

四、出版年刊或季刊及各項典籍。

　　且歡迎有志研究臺灣史地、民俗、考古、民藝、語言、掌故的各界人士，由會員二人介紹加入協會。

　　1個月後的民國47年（1958）4月26日再度假臺南市立圖書館召開籌備委員會，推選顏興為主任委員。6月5日召開第2次籌備委員會，訂定6月29日為成立大會日期。6月29日這一天，臺南市歷史文化協會

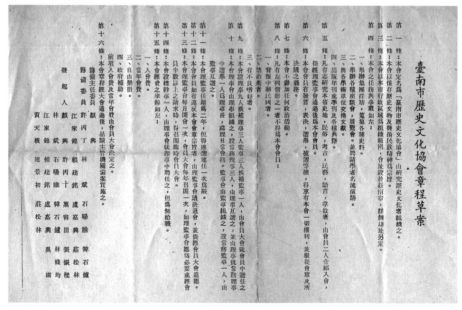

圖4-4：臺南市歷史文化協會章程草案

來源：臺南市文史協會提供

假位於赤崁樓文昌閣舉行成立大會,並將會名更改為「臺南市文史協會」,一共有31名會員出席,由顏興出任第1屆理事長。莊松林於會中報告籌備經過,並當選第1屆常務理事。因對於臺灣民俗研究工作的熱情與推動,臺南市文史協會的成立,為戰後臺灣登記立案中從事臺灣文史研究之最早的民間組織與團體。同年9月28日,臺南市文史協會舉行掛牌,協會會牌掛於臺南市赤崁街56號外牆,該址為當時石暘睢住家(現址為赤崁樓大士殿)。掛牌完成後,出席會員一同在會牌前合照。

民國47年(1958)協會成立這一年的7月14日,於協會委員林斌的宅第召開了協會刊物《文史薈刊》的編輯小組會議。《文史薈刊》以年刊形式發行,發行人為顏興。該刊物的發行十分具有劃時代的意義,在當時臺南市與臺南縣都已經有文獻刊物發行的狀況下,延續文史研究的香火,走出自己的一條路,希望透過《文史薈刊》的發行,「形成一塊學術研究的園地」。[8]《文史薈刊》的架構主要可分成研究文章、圖版、田野採集、圖畫影像等4部分。頗有延續《民俗臺灣》架構之風格,規格大小為長26公分、寬19公分。不過因經費短缺,《文史薈刊》僅發行2輯即停刊,十分可惜;直至民國85年(1996)5月19日重新出版復刊第1輯,至今已出版至復刊第11輯。

在《文史薈刊》發行的第1輯與第2輯中,莊松林皆以朱鋒、赤崁樓客之名發表。第1輯收錄與石暘睢、黃天橫合著的〈臺灣歷史人物印存〉。第2輯則收錄〈金門發現的南明碑碣二件〉、〈俚諺拾遺〉;一共3篇。[9]

戰後臺南縣、市雖有3個文史團體(臺南市文獻委員會、臺南縣

---

8 臺南市文史協會,〈發刊詞〉(《文史薈刊》,1輯,1959),無頁碼。

9 朱鋒、石暘睢、黃天橫,〈臺灣歷史人物印存〉(《文史薈刊》,1輯,1960),頁113-131。朱鋒,〈金門發現的南明碑碣二件〉(《文史薈刊》,2輯,1960),頁97-100。赤崁樓客,〈俚諺拾遺〉(《文史薈刊》,2輯,1960),頁82。

圖 4-7：1965 年 11 月 14 日臺南市文史協會第二屆理監事選舉中的莊松林
來源：莊明正先生提供

 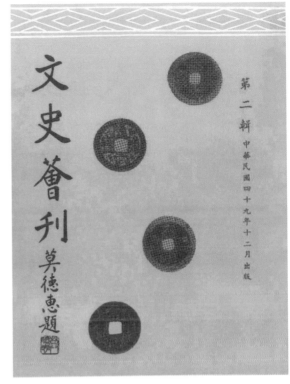

圖 4-8：1959 年發行之《文史薈刊》第 1 輯　　圖 4-9：1960 年發行之《文史薈刊》第 2 輯

圖 4-8、4-9 來源：臺南市文史協會提供

文獻委員會、臺南市文史協會）、3本刊物（《臺南文化》、《南瀛文
獻》、《文史薈刊》），但可以見到莊松林與許多臺灣文史前輩遊移於
臺南縣、市之間，與隸屬不同團體之文史前輩皆有往來，在臺灣民俗文
史研究上皆相互協助，讓後世研究者可見到前輩們的典範。

（四）走進全國民俗學界

　　莊松林除了地方性的民俗研究團體之外，亦參加全國性的文化研
究團體。民國41年（1952）9月29日，由顏興介紹加入「中國民俗學
會」，並於同年11月13日當選該學會第11屆理事。民國43年（1954）

10月，應中國文藝協會（文協）第五屆理事會之聘，擔任「民俗文藝委員會」常務理事；至民國45年（1956）成為該會會員。除了受到官方、學術界的關照，以及積極投入地方研究團體外，更出席參與全國性或其他縣市民俗、文史的調查與研討會，如民國45年參與臺灣省縣市文獻研討會。又於民國57年（1968）應聘為臺灣省文獻委員會文獻整理委員，協助整理臺灣總督府檔案，並二度參加臺灣省文獻工作研討會；可見其好學與熱衷於學術交流之心。

民國45年（1956）臺南市文獻委員會組團，莊松林、許丙丁、江家錦、盧嘉興、黃天橫、連景初、賴建銘（以上為委員）和市政府秘書謝碧連等7人越過烏山山脈進入近山地區——南化、甲仙進行為期2日的調查。在戰後，道路不佳與交通工具不便的時期，進入近山地區做田野調查，在當時也是鮮見。民國47年（1958）臺南市文獻委員會組澎湖歷史文物考察團，前往澎湖考察，由石暘睢任團長，團員有莊松林、連景初、江家錦、黃天橫、楊熾昌（以上為委員）、盧嘉興、王森林（攝影家）等人，在臺南扶輪社資助機票下，一群人浩浩蕩蕩於3月18日前往澎湖進行考察。[10]由此可見莊松林等人的研究足跡逐漸跨出臺南，視野與影響力開始擴散。尤其民國47年（1958）的澎湖行，更引發臺大歷史系楊雲萍教授認為臺灣史研究不能完全只依賴或專注於文獻史料，更應該從事戶外田野調查，於是隨後也率領學生前往澎湖進行歷史考察，可說是開啟臺灣歷史研究的學院派教授帶領本科系大學生、研究生進行校外田野歷史考察之先河。以上均可見到莊松林與臺南市文獻委員會對於文史研究的高遠見地。

民國60年（1971）臺灣社會面對退出聯合國與第一次石油危機等事件，開始反省過度西化問題，進而重塑對本土文化的認同，文學界、

---

10 朱子文，〈莊松林先生生平事蹟〉《臺南文化》，新55期，2003），頁9-18。

中國民俗學會
臺灣臺北市同安街九十七巷一號
THE CHINESE ASSOCIATION FOR FOIKLORE
1, LANE 97, T'UNG AN STREET.
TAIPEH, FORMOSA, CHINA.

當選通知書

本會第十一屆年會改選理事監事以執事舉辦通訊
為眾推崇已正式當選為本會第十一屆理事 特此
通知敬希
查照聲選為荷
此致
莊松林先生
附當選理監事名單一份
中國民俗學會
中華民國四十一年十一月十三日

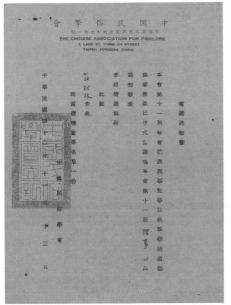

圖 4-10：1952 年莊松林當選中國民俗學會理事之當選通知書

中國文藝協會

中國文藝協會聘書

茲聘請
朱鋒先生為本會第五屆理事會
常務委員
此聘
中國文藝協會第五屆理事會
中華民國四十三年十一月 日

文聘字第　號

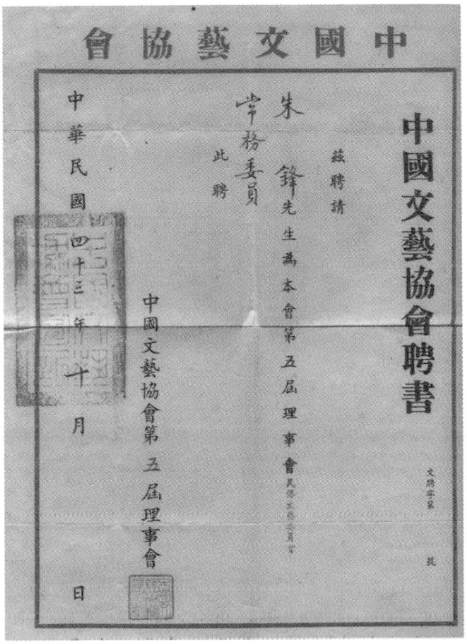

圖 4-11：1954 年莊松林任中國文藝學會常務委員聘書

中國文藝協會
會員證
No. 000657
入會年月：民國　年　月

團結奮鬥
創作研究
熱心會務
愛護會譽

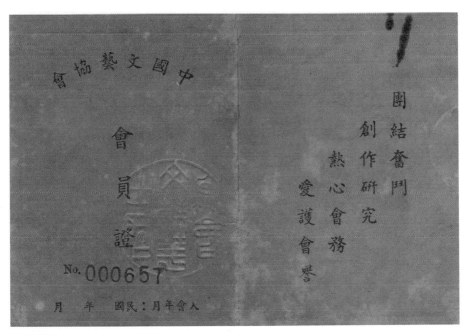

圖 4-12：莊松林中國文藝協會會員證（年代不詳）

圖 4-10 ～ 4-12 來源：莊明正先生提供

圖4-13：1961 年莊松林中國文藝協會會員證
來源：莊明正先生提供

美術界的鄉土文學運動、鄉土美術運動的興起與推展下，回歸對於土地的熱愛與關懷，民間藝術及民俗活動也隨之成為關注的熱點。此時中國民俗學會理事長婁子匡（1907-2005）[11]正在進行《國立北京大學中國民俗學會民俗叢書》第2輯的叢書編輯，將莊松林過去的刊登作品集結成冊，以其筆名朱鋒作為作者名，書名《南臺灣民俗》，於1971年由臺北市東方文化書局刊行。這本專書的發行讓莊松林擠身當時以「外省籍」為主的「中國民俗研究」界。在第1輯到第2輯叢書40本專書中（表4-1），除了吳漫沙（1912-2005）是出生於中國福建晉江縣，於1937年才移居臺灣的通俗文學作家以外，屬於臺籍者僅有2人：臺南的莊松林與臺北的林衡道。

二人一南一北，成為第2輯中的特殊之處。林衡道專書名為《北臺灣風物》，該書聚焦於社會風物介紹，而莊松林則是聚焦於民俗，尤其是南臺灣之各項民俗議題，由此可見莊松林已成為「中國民俗學會」中所認定的南臺灣、甚至是臺灣民俗研究者最重要的代表。而這本書也是作為莊松林的還曆（60歲）誌慶，在該書目次之前有2扉頁，前一扉頁寫有「朱鋒（莊松林）先生還曆紀念」，後一扉頁則是放上1張莊松林與婁子匡、林占鰲3人攝於臺南市朱寓的「還曆誌慶」照片。

---

11 婁子匡的出生年，眾説紛紜，且婁氏自身亦搞不清楚。而根據郭英三的研究與多方比對，且確認婁子匡之生肖屬羊，而確認出生年為1907年。本書採用郭英三的研究成果。郭英三，〈婁子匡先生及其民俗學論著之研究〉（國立中正大學中國文學所碩士論文，2009），頁6。

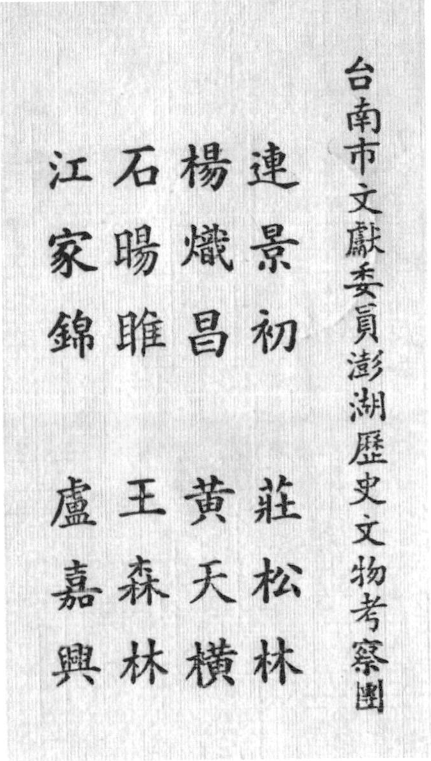

台南市文獻委員澎湖歷史文物考察團

連景初　莊松林
楊熾昌　黃天橫
石暘睢　王森林
江家錦
　　　盧嘉興

14
16 ⌐ 15

圖 4-14：1956 年甲仙行投宿於東興旅館（左起莊松林、賴建銘、江家錦、謝碧連、盧嘉興、連景初、黃天橫，許丙丁攝影）

圖 4-15：臺南市文獻委員會澎湖歷史文物考察團名片

圖 4-16：臺南市文獻委員會於馬公四眼井合影（左起石暘睢、盧嘉興、莊松林、江家錦、連景初、楊熾昌、黃天橫）

圖 4-14 ～ 4-16 來源：黃隆正先生提供

表 4-1：中國民俗學會民俗叢書第一輯、第二輯作者與書名一覽表

國立北京大學中國民俗學會民俗叢書					
第一輯			第二輯		
編號	作者	書名	編號	作者	書名
1	顧頡剛	吳歌甲集	1	董作賓	看見她
2	馮夢龍	山歌	2	江紹原	髮鬚爪
3	鍾敬文	蛋歌	3	臺靜農	淮南民歌集
4	李金髮	嶺東戀歌	4	鍾敬文	民間月刊
5	婁子匡	越歌百曲	5	鍾敬文	民間月刊
6	佚名	宋人笑話	6	吳曼莎等	婚嫁在中國
7	趙南星	明清笑話	7	林衡道	北臺灣風物
8	張南莊	何典	8	朱鋒	南臺灣民俗
9	婁子匡	巧女和獃娘的故事	9	許如中	金門民俗誌
10	陳育崧	南洋民間故事	10	周青樺等	客家俗文學
11	婁子匡	臺灣民間故事	11	林培廬	潮州七賢故事
12	江介石	動物寓言與植物傳說	12	林蘭	呆女婿的故事
13	婁子匡	神話與傳說	13	婁子匡	笑話羣
14	左玄	養女在臺灣	14	劉經菴	歌謠與婦女
15	婁子匡	神話叢話	15	李霖燦	金沙江情歌
16	鍾敬文	民間文學專號	16	雪如	北平歌謠
17	顧頡剛	民俗學集鐫	17	李景漢	定縣秧歌選
18	鍾敬文	民間月刊	18	李景漢	定縣秧歌選
19	鍾敬文	民間月刊	19	李景漢	定縣秧歌選
20	鍾敬文	民間月刊	20	李景漢	定縣秧歌選

　　另從時間跨度的觀點來看，在1970年前後至1980年代之間，於臺灣所發行以臺灣民俗為主體的專書，依年代先後僅見1968年王國璠（1917-2009）《臺北市歲時記》（臺北市文獻委員會）、1971年婁子匡（1907-2005）與許長樂合著《臺灣民俗源流》（臺灣省政府新聞

處）、1971年朱鋒（1910-1974）《南臺灣民俗》（臺北市東方文化書局）、1979年王詩琅（1908-1984）《艋舺歲時記》（高雄市德馨室出版社）等4本書。這4本書的作者群年紀相仿，與莊松林的生年相距僅有個位數，算是屬於同一世代的民俗學者。而在這為數不多的臺灣民俗專書中，有2本更是限縮在臺北（含艋舺）地區，而莊松林的《南臺灣民俗》則是以臺南為主要場域，深耕南臺灣民俗議題。從這樣的角度同樣可見莊松林在當時民俗界的重要地位。

圖 4-17：朱鋒《南臺灣民俗》內頁
來源：楊家祈先生提供

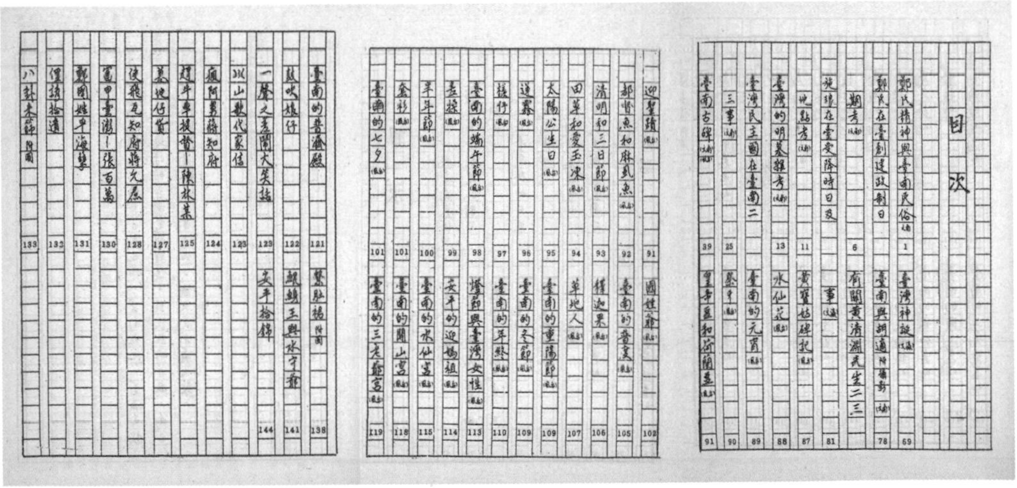

圖 4-18：朱鋒《南臺灣民俗》目次
來源：楊家祈先生提供

三、學者專家的往來

戰後，中華民國政府遷臺，各省人士也跟隨官員搬到臺灣，其中包含眾多民俗學者。從莊松林此時期的人際往來，可以了解他在戰後民俗、文史研究圈佔有一席之地。除了與臺灣本地、戰後來臺的中國研究者往來外，還包含了其他國家的民俗文化研究者。許多不同領域的學者、專家、研究者來臺南研究或調查時，皆經常拜訪莊松林或由他所接待，可見其地位。

以下摘要性簡述莊松林從日治時期至戰後往來之專家學者，依照其領域分類，並依照出生年遞增排序。

（一）歷史類

1. 黃清淵（1881-1953）：下營茅港尾人，號「憚園居士」、「柑園主人」、「黃葉村山房主人」。經營藥鋪「潤清堂」，以「龜鹿二仙膠」、「萬應即癒膏」為人稱道，更以文史家、文學家知名於世。黃氏潛心鄉土史料之研究，側重田調採訪，獲得日本學者前嶋信次之讚賞。同時以不願屈服於殖民統治著稱，不學日文、不說日語、不穿和服等，並熱心地方事務，如曾倡修茅港尾觀音寺、捐地興建茅港尾公學校（今中營國小）與出任嘉南大圳組合議員，為民喉舌。著作包括文史研究與詩作散文，如撰修地方志書《茅港尾紀略》、〈茅港尾八景追記錄〉、〈茅港尾人物誌〉，廟史〈茅港尾天后宮沿革記〉、〈茅港尾觀音亭沿革記〉，詩集《憚園筆譚》、《憚園隨筆》、《閩粵吟草》，更常於《三六九小報》與《臺南新報》發表其作。[12] 1952年莊松林與石暘

---

12 馮勝雄，〈茅港尾的開發與聚落發展〉（國立臺南大學臺灣文化研究所碩士，2011），頁121-161。

上圖 4-19：1952 年 12 月 6 日拜訪茅港尾黃清淵（中坐者，左二石暘睢，左三吳新榮，左四莊松林，右一顏水龍，黃天橫攝影）

來源：黃隆正先生提供

下圖 4-20：2013 年 4 月 19 日黃天橫重遊茅港尾於黃清淵宅前與臺南文史協會成員合影（左起葉瓊霞、蔡愛清、林春吟、蔡宮桂、黃天橫、莊明正、陳奮雄）

來源：黃光瀛先生拍攝

睢、吳新榮、顏水龍等6人前往拜訪文史前輩黃清淵，並於黃宅前合影留念；2013年莊松林之子莊明正陪同黃天橫重遊茅港尾，由黃清淵後人黃光瀛接待，距離莊松林與黃天橫造訪相隔61年，人事已非，黃宅也日漸頹敗。1953年黃清淵逝世時，莊松林曾撰寫〈有關黃清淵先生二三事〉，除了紀念黃清淵外，同時提醒世人黃清淵著作的重要性。

2. 石暘睢（1898-1964）：出身臺南頂南河街的史學家、文獻收藏家，為臺南石鼎美家族之後。字「穎卿」、「穎之」，號「石叟」，筆名「赤崁生」、「赤崁主人」、「赤崁老人」。曾任臺南市文獻會委員與臺南市歷史館館長，因對臺南文史瞭若指掌，被尊稱為「臺南活字典」。從日治時期便開始進行臺灣歷史的研究與踏查，以至於從1930年「臺灣文化三百年紀念會」史料展覽會，1930年代「臺南市史料館」、「臺南市歷史館」以及延續至戰後的「臺南市歷史文物展覽會」、「臺南市立歷史館」石氏均有參與，並在臺南市立歷史館擔任館長，服務至退休。石暘睢之研究除了奠基於文獻外，更勤於遺跡、古物、書契、書畫、古玩、金石等文物之歷史考證，許多國內外研究者經常拜訪石氏，參與各處的文獻工作；其作品刊登於《民俗臺灣》、《文藝臺灣》、《科學臺灣》、《臺南文化》、《南瀛文獻》、《臺灣風物》、《文史薈刊》、《公論報》等。[13]一生當中以於南山師爺塚發現目前已知臺灣最古老墓塚——「曾振暘墓」為最知名。[14]與莊松林為同好，長期一起進行文史調查，足跡遍及臺南縣市，並共筆書寫，可說是

---

13 謝碧連，〈石暘睢〉（《文史薈刊》，復刊6輯，2003），頁82-89。林鶴亭，〈石暘睢先生事蹟〉，《臺南市文獻半世紀》，頁126-129。沈芳如，〈《臺南文化》與戰後臺南「府城」集體記憶的建構（1951-2001）〉，頁50-52。陳奮雄，《臺南市文獻半世紀》，頁112-147。

14 1952年11月由臺南市文獻委員石暘睢發現。1985年公告為中華民國三級古蹟，現改為直轄市市定古蹟，是目前臺灣墳墓中最早的明代古墓。墓碑材質為花崗石，寬54公分，高76公分，橫額刻有「皇明」二字，中間書刻「澄邑振暘曾公墓」，墓主曾氏祖籍為漳州府海澄縣，其上款刻「崇禎十五年」，為其卒年1642年，下款刻「孝子若龍若鳳全泣立」。

文史工作上的摯友。石暘睢為臺南市文史協會創始人之一，並同為臺南市文獻委員會委員，擔任文獻委員會採集組長。戰後石暘睢搬到赤崁樓（實際上為居於蓬壺書院的陋房）居住，以維護史料，並號「思無邪齋」，再加上臺南市文史協會創會會址也設於此，故往往吸引文化研究者相聚夜談歷史文獻、地方民俗，此即「赤崁夜譚」，成為後來眾人懷念的往事。石氏逝世後莊松林撰寫〈懷念石暘睢先生〉一文，以資紀念從1929年起相識往來一輩子的情誼。[15]

　　3. 楊雲萍（1906-2000）：本名「楊友濂」，筆名「雲萍」、「雲萍生」，生於士林書香世家，臺灣著名歷史學者與文學家。大正14年（1925）與友人江夢筆合辦、創刊白話文雜誌《人人》。後留學日本，並擔任東京臺灣留學生組織「東京臺灣青年會」的評議員、幹事等職，亦加入以研究左翼思想為宗旨的「社會科學研究部」，並與臺灣學生組成「新生學會」。昭和7年（1932）自日本留學返臺後，投入南明史、臺灣歷史與文化研究；其作品多發表於《民俗臺灣》。除了臺灣文史研究外，亦投入新詩、小說的創作，並在日治時期眾多報刊雜誌發表作品，著有詩集《山河》。日治時期「臺灣詩人協會」成立，楊氏為發起人之一，亦擔任「臺灣文藝家協會」民俗理事。戰後楊雲萍加入「臺灣文化協進會」，擔任該會理事及編輯組主任，同時負責主編刊物《臺灣文化》。擔任臺灣大學歷史系教授期間，也陸續受聘為臺灣省通志館顧問、臺灣省文獻會委員、臺北市文獻會委員、《大眾日報》主筆、國史館史料審查委員、中研院臺史所設所諮詢委員、東海大學歷史研究所兼任教授等。逝世後家屬將林雲萍相關書籍、文物、手稿等捐贈給臺灣大學圖書館，並成立楊雲萍文庫，以資紀念。楊雲萍與莊松林亦時常碰面拜訪，在許多臺灣歷史、民俗議題上亦有討論，如針對鄭成功

---

15 莊松林，〈懷念石暘睢先生〉（《南瀛文獻》，10卷1期，1965），頁41-46。

登陸臺灣日期之考證，兩人透過報章雜誌對話，可見學者之間的交流。

4. 中村孝志〈なかむら たかし，1910-1994〉：日本福島縣人，昭和10年（1935）畢業於臺北帝國大學文政學部史學科，為專攻南洋史及臺灣史之學者，更為臺灣荷蘭史之大家。民國50年（1961）抵臺南遊覽，莊松林與臺南市文史協會同仁於開元寺設素宴款待。

5. 方豪（1910-1980）：浙江杭縣人，字「傑人」，後改「杰人」，筆名「芳廬」、「絕塵」、「聖老」。除了是知名的歷史學家之外，他還有另外一個身分就是天主教神父。學術專長為中西交通史、宋史、臺灣史、哲學與神學。1949年來到臺灣，任教於國立臺灣大學、天主教輔仁大學、國立政治大學等校，並曾任清史編纂委員會委員、政治大學文理學院院長。1974年當選為中央研究院院士，次年（1975）獲教廷授予蒙席之稱號。[16]莊松林與方豪曾相互拜訪，就鹿耳門議題進行探討；方豪南下臺南探訪史蹟，莊松林也常陪同，如1964年1月23日，方豪受莊松林、林勇、黃天橫之邀，至四草、顯宮一帶踏查。[17]

6. 廖漢臣（1912-1980）：艋舺人，筆名有文瀾、毓文、HC、連曉青等。邱各榮稱廖氏為「獻身臺灣文整理的民俗研究者」。廖漢臣姊夫為臺灣美術史上重要的雕刻家黃土水（1865-1930）。雖學歷僅有老松公學校（今臺北市萬華老松國小）畢業，透過自學不倦，擁有流利的漢文文筆。昭和6年（1931）至昭和7（1932）短暫於上海東亞同文書院半工半讀。回臺後曾任職於《新高新報》漢文欄記者、《東亞新報》臺北駐在記者。昭和8年（1933）與郭秋生（1904-1980，雜誌《南音》創辦人）等人創立「臺灣文藝協會」，發行漢文雜誌《先發部隊》。同時也受李獻璋之邀擔任《革新》雜誌之發行人。昭和10年

---

16 李東華，《一位自學史家的成長：方豪的生平與治學》，國立臺灣大學出版中心，2017。

17 方豪，〈敬悼石暘睢先生〉（《南瀛文獻》，10卷1期，1965），頁2-4。

圖 4-21：1964 年 1 月 23 日莊松林（左）、方豪（中）、林勇（右）赴四草、顯宮一帶踏查，於鹿耳門天后宮前合影

圖 4-22：1967 年 3 月 1 日林勇（左）、方豪（中）、莊松林（右）於延平郡王祠合影

圖 4-21、4-22 來源：林錫田先生提供

圖4-23：1965年2月14日臺南市文史協會成員與外籍學者拜訪吳新榮（前排由左至右為鄭喜夫、莊松林、賴建銘、連風彥、許成章、吳新榮、林勇，後排由左而右依序為外籍學者柯寶山、韋雅修及連景初）

來源：林錫田先生提供

（1935）與陳君玉於臺北成立「歌人懇親會」、「臺灣歌人大會」，來促進臺灣歌壇人員交流，更為古倫比亞唱片公司詞人。如今日臺灣民謠代表作〈雨夜花〉，便是由廖漢臣所寫兒歌〈春天〉改寫而來。並參與1930年代的鄉土文學論戰，廖漢臣是其中最年輕的一位。民國37年（1948）進入臺灣省文獻會工作，專心研究臺灣文獻。投入臺灣文獻整理研究，並參與《恆春縣志》之校對，以及《臺灣省通志》》、《臺北市志》、《臺南縣志》、《宜蘭縣志》等志書之撰修。廖氏是橫跨不同時代之人，其對於民俗、歷史、文學研究之作品散見於日治時期重要刊物如《反普特刊》、《臺灣新文學》、《民俗臺灣》，再到戰後的《臺北文物》、《臺南文化》、《南瀛文獻》、《臺灣文獻》、《臺北

文獻》、《中央日報》、《經濟日報》、《公論報》、《臺灣風物》等刊物。個人專著有《臺灣的年節》、《臺灣兒歌》、《臺灣神話》、《義賊廖添丁》、《清代臺灣三大奇案》等。廖漢臣與莊松林的往來，推論最早始於《反普特刊》書寫〈一種的榨取〉。昭和10年（1935）與莊松林、賴和、楊逵等人組織「臺灣新文學社」。次年（1936）轉往「カルピス（可爾必思） 社」工作，並派駐臺南，而與莊松林有了更密切的往來，一起投入民俗、歷史研究。二戰後的臺南明代墓塚發掘，也有廖漢臣參與影子。莊、廖二人的朋友圈有很大的重疊，如趙啟明、李獻璋、溫連卿、王詩琅、郭水潭、石暘睢、吳新榮等人。廖漢臣雖為日治時期新文學運動的要角之一，但並未如同莊松林、溫連卿、王詩琅一樣參與政治活動，是較為特殊的部分。[18]

7. 連景初（1918-1998）：廣東省潮安縣人，號「京衣」，陸軍官校政治科畢業；抗戰勝利後隨臺灣長官公署來臺，定居臺南。後任記者，曾任中華日報南部版採訪主任。後接觸文史，擔任臺南市文獻會委員、臺南市文史協會創始會員。連氏與莊松林的相識是一個在報社工作，一位在黨部工作，偶然機遇下，莊氏啟蒙了連氏對於臺灣文史的研究。[19]連景初不僅著手調查，更撰寫文章，其研究聚焦於二二八、人物及民俗調查，作品發表於《臺南文化》、《中華日報》、《文史薈刊》等刊物，著有《海嶠偶錄》。後自臨碑帖，成為隸書名家。[20]

---

18 張子文、郭啓傳、林偉洲，《臺灣歷史人物小傳：明清暨日治時期》（臺北：國家圖書館，2003），頁660-661。邱各榮，〈獻身臺灣文獻整理的民俗研究者：廖漢臣－－日治時期臺灣文學與兒童文學比較研究之二〉（《全國新書資訊月刊》138期，2010），頁18-22。許容展，〈廖漢臣生平及其作品研〉，國立清華大學台灣文學研究所碩士論文，2019。

19 連景初，〈我與莊松林論交經過〉（《臺灣風物：悼念民俗學家莊松林先生特輯》，25卷2期，1975），頁64-65。

20 葉瓊霞，〈連景初先生訪談錄〉（《文史薈刊》，復刊3輯，1988），頁31-36。莊明正，〈懷念連景初先生〉（《文史薈刊》，復刊3輯，1988），頁37-40。謝碧連，〈連景初先生生平簡介〉（《文史薈刊》，復刊3輯，1988），頁42。連景初，〈自傳〉（《文史薈刊》，復刊3輯，

8. 盧嘉興（1918-1992）：臺南人，號「廢盧主人」，為著名的文史研究者，研究範圍聚焦於鹽務、寺廟、古蹟、人物、臺南地理等。畢業於臺南第一工業技術練習生養成所（成大附設高工前身），曾任臺灣製鹽總廠課長，並為臺南市文史協會創始會員及臺南市文獻會委員。盧嘉興於研究十分謹慎，考證反覆，有其開創性；發表文章超過百篇，大多投稿於《古今談》、《鹽業通訊》、《臺南文化》、《南瀛文獻》、《臺灣文獻》、《臺灣風物》等期刊。自行將其著作彙編成《臺灣研究彙集》。盧嘉興名作《鹿耳門地理演變考》於1964年獲得中國學術著作獎；其他還有《輿地纂要》。[21]盧氏次子盧金坊為紀念父親，於臺南市友愛街成立「盧嘉興紀念館」，於2014年7月開幕。2022年為盧嘉興逝世30週年，國立臺南大學特舉辦「臺南學的重要先驅：盧嘉興學術研討會」，以紀念及延續盧嘉興之研究精神。2023年，臺南大學再度舉辦「臺南學與盧嘉興學術研討會」。

9. 神田信夫（かんだ のぶお，1921-2003）：京都出身的日本歷史學家，專長為研究清代史、滿洲史。畢業於東京帝國大學，並擔任明治大學教授。民國51年（1962）抵臺南訪問，由莊松林與石暘睢導覽臺南名勝古蹟。

10. 陳漢光（1921-1973）：福建龍溪人，字「忠華」、「愛華」，號「求適齋主人」，筆名「野人」、「愛菊」、「高麗雲」。為中央軍校第17期步科畢業。1945年隨國軍來臺。曾任上尉連指、中隊長、參謀，並曾在學校擔任教員，後成為臺灣省文獻會編纂委員。陳漢

1988），頁43-45。連風彥，〈敬悼父親〉（《文史薈刊》，復刊3輯，1988），頁47-48。蔡銘山，〈會員介紹（六）連景初先生〉（《文史薈刊》，復刊3輯，1988），頁49-52。連景初，〈臺南文獻界的典型人物〉（《臺南文化》，新38期，1995），頁115-116。沈芳如，〈《臺南文化》與戰後臺南「府城」集體記憶的建構（1951-2001）〉，頁52-54。陳奮雄，《臺南市文獻半世紀》，頁228-224。

21　陳奮雄，《臺南市文獻半世紀》，頁291-305。

光在臺期間，研究聚焦於臺灣文獻整理、地名、人物、族群等不同現象之研究，著述豐富，並曾參與古籍修訂與方志撰寫。生平努力採集文獻，論著多發表於《臺灣文獻》、《臺灣風物》等期刊。其中《臺灣風物》，便是於1952年陳漢光發起創辦，並兼發行人。而《臺灣風物》的前16卷，大都由陳漢光負責。

11. 黃天橫（1922-2016）：臺南人，為臺灣文獻、史料與書畫收藏家，且不吝將收藏提供給文史學界研究。出身臺南名家固園黃家，父親黃溪泉、伯父黃欣皆為臺南名紳。曾任臺灣農業製粉公司董事長、臺南市第四信用合作社常務監事與理事、臺南市文獻會委員與顧問、臺南市文史協會創始會員、吳三連臺灣史料基金會董事、陳逢源先生文化基金會董事、臺日交流促進會總幹事。基於其文化貢獻，曾獲頒「傑出臺灣文獻獎」、「臺南文化獎」。[22]有關黃天橫之生平文化事跡可參閱2008年何鳳嬌、陳美蓉訪問記錄《固園黃家：黃天橫先生訪談錄》（臺北市：國史館）、2016年葉瓊霞、黃隆正主編《靜水流深──黃天橫先生追思文集》（臺南市文史協會出版），在《臺灣風物：悼念民俗學家莊松林先生特輯》中，黃天橫整理了莊松林一生的著作目錄。

12. 黃典權（1927-1992）：歷史學者，福建省龍溪縣南薰鎮人，1947年畢業於廈門大學歷史系，1949年來到臺南。字「衡五」，筆名眾多，有「惠兒」、「南史」、「啼魂」、「啼痕」、「憨園」、「陳惠兒」、「赤嵌樓主」等。曾擔任臺南市文廟管理委員、臺南市文獻委員、國立成功大學歷史系講師與副教授，並推動「史蹟勘考小組」，並主籌編印刊物《史蹟勘考》，主持南門碑林、澎湖拓碑計劃，於學術單位推動臺灣史地之研究。黃典權是臺南市文獻委員會創會委員之一，並身兼編纂組長，負責《臺南文化》編輯工作近20年，其文章除刊載於

---

22 陳奮雄，《臺南市文獻半世紀》，頁387-392。

《臺南文化》外，可見發表於《臺灣風物》、《南瀛文獻》、《臺北文獻》、《高雄市文獻》、《臺北文物》等不同的報章雜誌，並參與臺南、屏東的志書編纂。2017年由黃典權同事丁煌、門生何培夫二人擇取黃氏生平最具代表性的著作，編輯出版《海盜・香火・古港口：臺南研究先驅黃典權紀念專書》。[23]

13. **鄭喜夫（1942-）**：臺南人，曾任職於臺灣省自來水股份有限公司（臺灣自來水公司前身）、臺灣省文獻委員會及內政部民政司。因熱衷於文史研究，臺南市文史協會創立之時，當時仍是高職生的鄭喜夫便加入同為會員，並培養其文史學養。與莊松林為忘年之交，結婚之時更是由莊松林為新人證婚。民國67年（1978）任職於臺灣省文獻委員會，從事臺灣歷史文獻、方志、人物、善書研究，曾編撰《沈有容傳》、《民國丘倉海先生逢甲年譜》、《連故資政震東年譜初稿》、《臺灣地理及歷史》卷九《官師志》、《重修臺灣省通志》卷八《職官志文職表》等書；也於《臺灣文獻》、《文史薈刊》發表其研究。[24]民國54年（1965）曾與莊松林、林勇一起為《南瀛文獻》第十卷石暘睢先生紀念特輯進行編校工作。並為莊松林編有〈莊松林先生年譜〉一文。[25]

14. **石萬壽（1944-）**：號「樂君」，為臺南石鼎美後裔，成功大學歷史系教授退休，曾任鳳凰城文史協會理事長。專研臺灣歷史、文

---

23 丁煌，〈文獻委員黃典權教授傳略及其治學業績〉（《臺南文化》，新39期，1995），頁1-33。陳奮雄，《臺南市文獻半世紀》，頁245-280。沈芳如，〈《臺南文化》與戰後臺南「府城」集體記憶的建構（1951-2001）〉，頁38-41。黃典權著；丁煌、何培夫編，《海盜・香火・古港口：臺南研究先驅黃典權紀念專書》，臺南市政府文化局、蔚藍文化，2017。

24 鄭喜夫口述纂輯、李西勳訪談整理，《書與我：鄭喜夫先生訪談錄》（南投市：國史館臺灣文獻館，2016），頁37-51、369-376。陳奮雄，〈臺南市文史協會重要記事〉，（《文史薈刊》，復刊11輯，2020），頁204-225。

25 鄭喜夫，〈莊松林先生年譜〉，頁5-33。

化之研究，著作眾多，有《臺灣拜壺民族》、《臺語常用語》、《永康鄉志》、《國立成功大學六十年史》、《樂君甲子集》、《嘉義市史蹟專輯》、《臺灣的媽祖信仰》等，並有多篇論文發表於《臺灣文獻》、《臺灣風物》、《臺南文化》等刊物。曾向莊松林請益，並在莊氏逝世後，撰寫〈憶朱鋒先生〉一文。[26]

(二) 文化研究類

1. 金關丈夫〈1897-1983〉：日本香川縣人，基督徒，筆名「蓬頭兒」。擁有解剖學者、人類學者、考古學者、文學家等不同身分。畢業於京都帝國大學，來臺任臺北帝國大學醫學部解剖學教授，傳承解剖學知識，長時間投入臺灣原住民族體質的研究。考古學重要事蹟為昭和17年（1942）與國分直一、移川子之藏、宮本延人等人進行大湖遺跡的發掘調查；1979年與國分直一合著《臺灣考古誌》。在文學領域，有以本名發表之隨筆集《胡人の匂い》，並曾以不同筆名發表偵探小說〈南風〉（蘇文石）、《船中の殺人》（林熊生）、《龍山寺の曹老人》（林熊生）。昭和16年（1941）參與創辦《民俗臺灣》月刊，以筆名「金關生」、「金雞」、「蓬頭兒」或本名發表數篇民俗議題之文章，並負責刊物編務直到停刊為止，成為《民俗臺灣》的靈魂人物。二戰後，國民政府留用為國立臺灣大學教授，至民國38年（1949）返回日本。民國49年（1960）來臺參加臺灣醫學會第53回總會，順道來到臺南，由莊松林、石暘睢、吳新榮等人設宴款待。

2. 江家錦（1897-1992）：臺南人，祖籍福建東山，其父江雅卿因清法戰爭有功任上騎兵尉，戍守億載金城；臺南市北區鴨母寮江家古厝

---

26 石萬壽，〈憶朱鋒先生〉（《臺灣風物：悼念民俗學家莊松林先生特輯》，25卷2期，1975），頁66-67。

為其宅第。江氏民族意識強烈，透過打工維生、自修苦讀，後任職於車路墘糖廠（仁德糖廠）。雖無受過正規訓練，憑藉孜孜不倦，成為飽學之士。其研究以中國宗教、考古、原住民、中醫藥為中心，為是首位提出原住民性器崇拜論之研究者，常有外國學者登門拜訪。江家錦為臺南市文史協會創始會員與理事，其作品多發表於《臺南文化》、《南瀛文獻》、《臺北文物》；並著有《臺南縣志稿卷二》人民志宗教篇。[27]時常與莊松林一起進行考古工作，其長子江金培為泌尿科醫生，也是業餘考古家。

3. 千千岩助太郎（ちぢいわ すけたろう，1897-1991）：日本佐賀縣人，臺灣日治時期建築教育家，同時為臺灣原住民住屋研究之巨擘。1925年至1940年間任教於臺北州立臺北工業學校（國立臺北科技大學）建築科，並熱衷於攀登臺灣群山，帶領師生登山，1930年起擔任該校山岳社社長。1943年至1947年任教臺南高等工業學校（國立成功大學）建築學科。1959年千千岩助太郎抵臺南，朱鋒與石暘睢前往拜訪。

4. 毛一波（1901-1996）：文學家與史學家，四川自貢市沿灘鎮人，又名綸明，字穎若。畢業於上海大學社會學系，並曾參與勞工與政治運動，以報刊編輯與寫作為生。1946年與妻子高一萍來臺，次年任（1947）《和平日報》總編輯。1950年轉任於臺灣省文獻委員會服務，參與通志、叢書、專刊之編輯，並兼任文化學院（今文化大學）臺灣研究員，淡江學院（今淡江大學）臺灣史教授。史志類出版眾多，有《南明史談》、《方誌新論》、《臺灣文化源流》、《古今臺灣文

---

27 江金培，〈會員介紹（五）江家錦先生行述〉《文史薈刊》，復刊3輯，1988），頁29-30。陳奮雄，《臺南市文獻半世紀》，頁106-111。林雪娟，〈百年老宅／鴨母寮三合院傳奇〉，《中華日報》，2021/01/08。

獻考》、《臺灣史談》、《清史補編》、《文史存稿》、《中華民國年鑑》、《鄭成功研究》、《臺灣古史》、《文史續稿》、《前塵瑣憶》等。同時參與《臺灣通志》、《宜蘭縣誌》、《高雄縣、市志》、《臺北縣誌》、《臺北市志》等方志的書寫與編輯。因透過王詩琅而結識莊松林，開啟了交流。毛氏於民國59年（1970）開始接手《臺灣風物》之主編，並著手整理莊松林的民俗著作目錄（《臺灣風物》20：1），之後在《臺灣風物》20卷2期、3期收錄〈莊松林先生文選〉、〈莊松林（朱鋒）先生文選（續）〉，一共40篇民俗類文章。莊松林逝世後撰寫〈追憶莊松林氏〉一文，回憶兩人之情誼。[28]

5. 林占鰲（1901-1979）：見第三章〈激進到溫和〉之簡介。

6. 前嶋信次（まえじま しんじ，1903-1983）：山梨縣人，又名「檜峰」；東京帝國大學畢業，是日本著名伊斯蘭史、東洋史學家。1928年來臺，曾仟臺北帝國大學助手、州立臺南第一中學校（今國立臺南高級第二中學）教諭。1940年離臺前投入臺南歷史與民俗研究，而在臺南任教期間，結識石暘睢、莊松林、黃清淵等人。以臺灣為主的作品發表於《文藝臺灣》，並編有《臺灣史料集成》、《臺灣文化史說》、《續臺灣文化史說》三書。[29]1937年4月21日夜，前嶋氏於「興文齋」結識莊松林，二人暢談、交流臺灣文史許久，同時莊氏也介紹石暘睢與前嶋認識，[30]相關回憶也透過書寫，載於《臺灣風物：悼念民俗學家莊松林先生特輯》。[31]1958年社會逐漸開放，黃天橫尋得出國之機

---

28 毛一波，〈追憶莊松林氏〉（《臺灣風物：悼念民俗學家莊松林先生特輯》，25卷2期，1975），頁68-69。

29 陳邦雄，〈熱愛臺灣鄉土的傑出學者：巴克禮博士與前嶋信次博士〉（《文史薈刊》，復刊第2輯，1997），頁46-64。莊永清，〈臺南市日治時代文學社團與新文學作家初探〉，頁53-98。

30 前嶋信次，〈文獻蒐集の思ひ出〉（《臺灣時報》，2月號，1941），頁100-106。

31 前嶋信次，〈哀悼朱鋒莊松林先生〉（《臺灣風物：悼念民俗學家莊松林先生特輯》，25卷2期，1975），頁50-51。黃天橫，〈文獻導師莊松林與我〉（《文史薈刊》，復刊8輯，2006），頁

圖 4-24：1966 年 12 月 24 日臺南縣、市文獻委員赴六甲踏查蔣鳳墓與蔣鳳墓誌銘（前排左起為林英良、吳新榮、江家錦、毛水泉、莊松林、連景初、黃天橫，後排左二為林勇，左三為黃典權）。蔣鳳墓於 1966 年 12 月由六甲鄉農民毛水炎等，在柳營鄉果毅後寮前赤山之麓工作時掘土起出。墓主是鄭成功部將蔣鳳，墓誌銘為左都御史陳永華所書，橫額題有「上護軍驃騎將軍蔣公墓誌銘」十二字。現存於臺北市國立歷史博物館。

來源：林錫田先生提供

會，以商務之名赴日，並探視前嶋信次。出發前，莊松林特別要求與石暘睢、黃天橫合影於赤崁樓石馬，要黃天橫致贈前嶋。前嶋見到照片後，高興得馬上找出一本舊日記，翻給黃天橫看，上面寫著：「某年某月某日，在本町（今民權路）與文齋遇莊松林。」並談起第一次與莊松林在興文齋相識的經過。[32]為何要特別選擇赤崁樓石馬呢？因赤崁樓石馬對於前嶋信次有特別之意義。緣昭和8年（1933）於臺南第一中學校任教的前嶋派給學生鄉土文化的暑期作業，進而發現鄭其仁墓石馬，當年便與野田八平、鹽塚勝之、坂本憲章及石暘睢5人前往挖掘，並挖出石馬一隻，而後由石暘睢將石馬移至赤嵌樓。[33]石馬成為了前嶋氏在臺灣的象徵，故人與石馬合照，託黃天橫轉交，以續情誼。而黃天橫也不負所託，帶著照片與友人情誼見到前嶋氏，後來前嶋氏也發表〈國姓爺

11-15。

32　何鳳嬌、陳美容訪問記錄，《黃天橫先生訪談錄》（臺北縣：國史館，2008），頁129。

33　野田八平，〈石馬發掘に就て〉（《臺灣教育》378號，1934），頁137-139。戴文鋒，《永康的歷史遺跡與民間信仰文化》（臺南縣永康市公所，2010），頁66-81。

的使者〉來紀念黃天橫的來訪，其後《文史薈刊》創刊出版時也託黃天橫邀請前嶋氏撰文〈鄭兼才年譜〉，再次串起舊時的文史交流。[34]

　　7. 韓石爐（1903-1976）：見第三章〈激進到溫和〉之簡介。

　　8. 林勇（1904-1992）：安平人，字「朝棟」，號「鶴亭」，另可見「林雨農」、「林朝棟」、「林鶴亭」、「林逸人」、「赤崁生」、「舉之」等筆名。以安平為研究中心的史家，為安平文史研究奠定穩固的基礎。曾任安平區區長、臺南市文獻會委員，著有《赤崁城與安平》、《臺灣城懷古集》、《臺灣城懷古續集》等書，並有文章發表於《臺灣風物》、《臺南文化》、《新生報》、《中國時報》等。[35]

　　9. 陳紹馨（1906-1966）：汐止人，日名「山中彰二」；畢業於日本東北帝國大學法文學部，後取得日本關西大學社會學博士，為臺灣第一位社會學博士，專注、致力於臺灣社會學、人類學及人口學研究，更曾任大樹信用組合（今大樹區農會）組合長。18歲進入臺灣總督府商業專門學校就讀，受教於林茂生（1887-1947），並受其影響而參加臺灣文化協會。1929年進入東北帝國大學法文學部，隨新明正道（1898-1984）攻讀社會學。1950年代與美國學者展開互動，並於1961年創立國立臺灣大學社會系，重要著作有《臺灣的社會變遷與人口變遷》、《二十世紀以來臺灣人口變遷與社會變遷》、《臺灣省通志‧人口篇》等。其父陳定國（1882-1960）為臺北汐止仕紳，為汐止街首任街長、汐止信用組合理事長、臺北州協議員，戰後擔任首屆臺北縣參議會議長。陳紹馨留日時，攻讀法學、經濟學、社會學，成績優異而留校任教。1936年返臺協助父親之事業，後參與民俗研究，為《民

---

34 黃天橫，〈文獻導師莊松林與我〉《文史薈刊》，復刊8輯，2006），頁11-15。前嶋信次，〈鄭兼才年譜〉《文史薈刊》，1輯，1959），頁10-16。

35 沈芳如，《《臺南文化》與戰後臺南「府城」集體記憶的建構（1951-2001）》（臺灣師範大學歷史學系碩士論文，2008），頁48-49。陳奮雄，《臺南市文獻半世紀》，頁183-188。

圖 4-25：石暘睢（左）、黃天橫（中）、莊松林（右）於赤崁樓石馬前合影

來源：黃隆正先生提供

圖 4-26：1964 年 1 月 23 日莊松林（左一）、方豪（左二）、林勇（右一）等一行人於四草砲臺考察

來源：林錫田先生提供

俗臺灣》發起人之一，負責編務且發表多篇文章，圍繞著俚諺、語言、評論等，並任職臺北帝國大學土俗人種室，是《民俗臺灣》中唯二的學界之人（另一位是吳守禮），更策劃吳新榮與楊雲萍負責佳里特輯與士林特輯，有意識地集結臺灣人的自我認識。[36]戰後任國立臺灣大學歷史系教授，推動民族、歷史及社會學之研究，為民俗學研究室負責人，主持「南方文化研究會」。後因肝癌逝世，莊松林曾撰寫〈敬悼陳紹馨博士〉一文懷念，收錄於《臺灣風物》16卷6期（陳紹馨博士逝世紀念輯）。[37]2022年國立臺灣大學出版中心出版了《不待黃昏的貓頭鷹：陳紹馨的學術生命與臺灣研究》一書。

10. 吳新榮（1907-1967）：將軍人，字「史民」，別號「震瀛」、「兆行」、「夢鶴」、「世山」、「藝里」、「延陵生」、「大道兆行」、「琑琅山房主人」等。為著名的醫師、文人與政治人物，更是鹽分地帶文學的領導者，同時致力於地方文獻的調查、蒐集與整理，其著作與日記皆成為學界的重要參考依據，更被封為「北門七子」之一。吳新榮在就讀臺灣總督府商業專門學校時受到英文教師林茂生的影響，啟蒙了思想，同時接觸了臺灣文化協會。後赴日本留學東京醫學專門學校（今東京醫科大學），在留日期間，開始嶄露文筆，畢業後回臺，接掌叔父吳丙丁的佳里醫院。自許「醫學為本業，文學為情婦」，並與北門郡青年發起「佳里青風會」，後成立「臺灣文藝聯盟佳里支部」，成為鹽分地帶文學之濫觴。昭和14年（1939）以最高票當選佳里街協議會員，開啟從政之路。戰後加入中國國民黨，並歷經二二八事件的風波與選舉失利，轉投入文化研究，並擔任臺南縣文獻委員會監委兼《南瀛文

---

36 鄭力軒，《不待黃昏的貓頭鷹：陳紹馨的學術生命與臺灣研究》（臺北市：國立臺灣大學出版中心，2022），頁129。

37 朱鋒，〈敬悼陳紹馨博士〉（《臺灣風物》，16卷6期，1966），頁27-28。

獻》編纂組組長，同時主修《臺南縣志稿》。在投入文史研究時，開始結識莊松林等原臺南市文史研究者，一同進行調查與研究。著作眾多，有《金唐殿善行寺沿革志》、《南鯤鯓代天府沿革志》、《南臺灣採風錄》、《震瀛採訪錄》、《震瀛隨想錄》、《震瀛詩集》、《瑣琅山房隨筆》等。逝世後的10年（1997）臺南縣政府於佳里中山公園內，設立「吳新榮紀念雕像」與紀念碑文，以表彰、紀念吳新榮對文學、文化等貢獻。後人並為其編撰作品，如呂興昌編訂《吳新榮選集》及張良澤《吳新榮日記全集》。[38]

11. **婁子匡**（1907-2005）：浙江紹興人，著名民俗學家、俗文學家，並為近代中國與臺灣兩地民俗學界重要學者與領導人。1930年參與創立中國地區的中國民俗學會（The Chinese Association for Folklore）。在抗日戰爭期間裡，努力維持學會的運作，並擔任副會長兼祕書。婁子匡所領導的中國民俗學會成為華人地區唯一活動自如的民俗學術組織，並將民俗研究之香火分延到臺灣。1949年婁子匡隨國民政府撤退到臺灣後，婁子匡先後3次籌劃恢復中國民俗學會的運作，於臺北復會後，成為在臺灣的中國民俗學會會長。婁子匡同時是遷臺民俗學者中，最先關注臺灣民俗、並與臺灣民俗學者往來的第一人，也被視為臺灣民俗學研究重要引領者。[39]兩人都為民俗同好，莊氏曾自告奮勇協助翻譯《笑海叢珠》、《笑苑千金》日文版之序文與編後記。[40]婁

---

38 吳新榮，《吳新榮回憶錄》，前衛出版社，1991。呂興昌，《吳新榮選集（一）、（二）、（三）》，臺南縣政府，1997。謝玲玉，《南瀛鄉賢誌》（臺南縣政府文化局，1997），頁167。鄭雅黛，〈冷澈的熱情者：吳新榮及其作品研究〉，國立中興大學中國文學系碩士論文，1997。施懿琳，《吳新榮傳》，臺灣省文獻委員會，1999。林慧姃，《吳新榮研究：一個臺灣知識分子的精神歷程》，臺南縣政府，2005。張良澤，《吳新榮日記全集》，國立臺灣文學館，2008。

39 郭英三，〈婁子匡先生及其民俗學論著之研究〉，國立中正大學中國文學所碩士論文，2009。

40 婁子匡，〈趣味的手澤之傳揚：朱鋒先生的笑話研究譯作真蹟的公開〉（《臺灣風物：悼念民俗學家莊松林先生特輯》，25卷2期，1975），頁53、112-122。

子匡曾多次訪南，會晤莊松林；並將莊松林民俗研究的部分成果編輯成冊，以朱鋒之名，出版《南臺灣民俗》，並編入《國立北京大學中國民俗學會民俗叢書》第2輯。

12. 國分直一（こくぶ なおいち，1908-2005）：東京人，長成於日治時期下的臺灣，並成為日治時期至戰後的重要學者，以考古、民俗、民族學為研究領域，筆名「南湖太郎」。昭和8年（1933）畢業於京都大學史學系，並開始從事臺灣的人文、考古、原住民等研究工作。同年9月赴任臺南第一高等女學校教職，並在教學之餘，以臺南為中心，開始進行考古、漢人文化、平埔族習慣等學術研究，並與莊松林、吳新榮等臺人合作進行田野調查。二戰後，國分直一受到留用續任教於臺灣大學，並持續研究卑南文化。直至1948年返日，並曾任東京教育大學、熊本大學等教授職位。其著作眾多，如《壺を祀る村：南方臺灣民俗考》、《臺灣の民俗》、《環シナ海民族文化考》、《臺灣考古誌》、《臺灣考古民族誌》等皆是重要且知名著作。1994年榮獲第4屆南方熊楠賞（人文部）。為紀念國分直一的貢獻，由考古學者劉益昌編寫，於2021年出版《國分直一與臺南：不是灣生的灣生》。[41]

13. 陳春木（1910-2002）：人稱「化石爺爺」，是臺灣知名化石研究者。生於學甲大灣，9歲隨全家遷居左鎮菜寮庄。日治時期起便開始擔任地方公職；曾任保甲書記、菜寮壯丁團團長、左鎮庄書記、左鎮庄財政係長、左鎮庄庶務係長。1931年因早坂一郎到左鎮進行化石研究與調查，委陳春木協助採集化石，開啟了陳春木的化石研究，後續協助多位研究者進行化石採集。戰後短暫擔任警職，於1948年回左鎮鄉公所任職。1952年聘任為臺南縣文獻會左鎮採集員，並與臺南市文獻

---

41 莊永清，〈臺南市日治時代文學社團與新文學作家初探〉，頁53-98。劉益昌，《國分直一與臺南：不是灣生的灣生》，臺南市政府文化局、蔚藍文化，2021。

圖 4-27：1971 年婁子匡（右）、莊松林（中）、林占鰲（左）於莊
寓前合影留念
來源：楊家祈先生提供

會委員往來。陳氏除了專研於化石研究，更長期投入地方文史、平埔族
文化之調查，曾著有《左鎮鄉土志》、《臺南地方鄉土誌》（曾獲臺灣
省文獻出版品評鑑推薦獎）等書。1976年擔任延平郡王祠民族文物館
古化石研究室管理員，1981年臺南縣菜寮化石館成立，擔任管理員至
1994年。2002年被選為左鎮國小傑出校友，2005年由葉春榮、黃文博
編輯出版《陳春木紀念專輯》。[42]2019年左鎮化石園區啟用，於化石館
2樓特別設置陳春木專區，紀念他對於化石研究之付出。更為感念陳春
木對地方文史與化石採集的貢獻，2020年列為臺南市學術教育類歷史
名人，次年（2021）於故居舉行紀念牌掛牌儀式。

　　14. 陳華（1911-？）：見第三章〈激進到溫和〉之簡介。

　　15. 窪德忠（くぼ のりただ，1913-2010）：畢業於東京大學，後

---

42 《陳春木紀念專輯》（2005）包含三本書，分別為葉春榮、黃文博編輯之《陳春木紀念文集》，
　陳春木之著作《左鎮地方史》與葉春榮之著作《左鎮歷史圖像》，由臺南縣政府編印。

歷任東京大學、駒澤大學、文教大學、二松學舍大學、鶴見大學等校教授。是著名宗教民俗研究學者，研究地域以日本、沖繩、臺灣與中國為主，以庚申信仰（こうしんしんこう）、[43]石敢當為最知名。1969年窪德忠到臺南拜訪莊松林，並請教莊松林有關臺南地區之年中行事、習俗、信仰等議題，莊氏曾數日帶領窪德忠巡訪臺南的土地公祠、安平的墓地；當時每日7點莊松林便準時帶領他進行調查，是為了讓身為日本人的窪德忠避開臺灣的暑熱，如此的貼心也讓窪德忠了解到除了調查對象外，還要找到適合環境的研究方法。[44]1973年窪德忠再次來到臺南，與莊松林、黃天橫、江家錦等人進行晤談。1976年獲頒紫綬褒章。1982年獲頒勳三等旭日中綬章受章。

16. 董祐峯（1913-1943）：見第三章〈激進到溫和〉之簡介。

17. 李獻璋（1914-1999）：桃園大溪人，畢業於早稻田大學文學部哲學科，為臺灣語言、民間文學、媽祖信仰研究學者。曾組織大溪革新會，昭和9年（1934）20歲的李獻璋編輯出版《革新》，推動反迷信與風俗改良。次年（1935）邀請當時26歲的莊松林撰寫臺南民間故事6篇，收入昭和11年（1936）李氏籌編的《臺灣民間文學集》。另外編著有《福建語法序說》、《媽祖信仰の研究》、《臺灣小說選》等，是

---

43 是起源於道教「三屍」（又名三虫、谷虫、三彭、三姑）傳說的一種民間信俗活動。道教認為人體內藏有「三屍」，到了「庚申」日，「三屍」會在人們睡覺之時升天，向司命之天神稟報每個人的罪孽。因此，每逢「庚申」日，修道者往往端坐晝夜不眠，讓「三屍」無法升天，稱為「守庚申」或「坐庚申」。守過3次庚申，三屍就顯降伏之態；守過7次庚申，三屍蟲就滅絕了。唐宋以來，「庚申」信仰在中國民間社會頗為盛行，人們甚至組成「庚申會」，進行集體「守庚申」活動。這樣的信俗活動也傳入韓、日，並發展出當地的信仰特色，例如「守庚申」時加入吟詩、飲酒、伴樂到天明，甚至與佛教信仰結合，即在庚申之夜祭祀「青面金剛」直到天明，此俗至今仍成為日本十分流行的民俗活動。（參見汪桂平，〈庚申信仰的當代遺存〉，《2015第二屆中華文化與天人合一國際研討會》，頁407-410，中華宗教哲學研究社）。

44 窪德忠，〈莊松林先生的追憶〉（《臺灣風物：悼念民俗學家莊松林先生特輯》，25卷2期，1975），頁52-53。陳怡宏、野林厚志、葉瓊霞，《南方共筆：輩出承啟的臺南風土描繪特展專刊》（臺南市：國立臺灣歷史博物館，2018），頁40。

臺語語法及民間文學整理者。

18. 賴建銘（1915-1986）：臺南人，本名「清吉」，日治時期曾改名「建名」。畢業於臺南商業專修學校（今臺南高商），醉心於集郵版畫、古書善本、先賢書畫、風物文化等。為臺南市文獻會委員及臺南文史協會理事，並於《臺南文化》中發表23篇文章（包含合撰）。因長期任職於朝日、大明印刷所，從事校對工作。曾協助《臺南文化》的刊印；亦曾經自行開設「海東山房」，出版文史書籍；亦擔任臺南郵學會理事、世界紅十字會臺南分會理事。[45]

19. 池田敏雄（いけだ としお，1916-1981）：日本島根縣人，臺灣民俗研究者，同時是《民俗臺灣》主要的編輯與創作者。其筆名眾多，有「李杏花」、「牽牛子」、「吳嫦娥」、「黃瓊華」、「朱櫻子」、「徐碧玉」、「陳照子」、「孟甲生」、「游阿蘭」、「賴金花」、「林幸子」、「盧品」、「森元淳子」等。妻子為出身艋舺、被譽為「臺灣文學少女」的黃鳳姿（1928年出生）。黃氏代表作有《七娘媽生》、《七爺八爺》、《臺灣の少女》，文章除了發表於西川滿主編的《文藝臺灣》，也有近10篇的臺灣民俗散文作品刊登在《民俗臺灣》。在《臺灣風物：悼念民俗學家莊松林先生特輯》中池田氏書寫他與朱鋒交往的回憶，透過了國分直一（1908-2005）的介紹，池田敏雄在《民俗臺灣》創刊的1941年就認識了莊松林。[46]

20. 劉枝萬（1923-2018）：埔里人，是臺灣民俗學大家之一，更被譽為「臺灣民俗學的奠基者」。因受到日本民俗學家直江廣治之影

---

45 陳奮雄，《臺南市文獻半世紀》，頁226-227。沈芳如，〈《臺南文化》與戰後臺南「府城」集體記憶的建構（1951-2001）〉，頁43-44。楊永智，《版畫臺灣》（臺中市：晨星，2004），頁209。

46 池田敏雄，〈朱鋒的回憶〉（《臺灣風物：悼念民俗學家莊松林先生特輯》，25卷2期，1975），頁46-49。

響，開始投入臺灣民俗之研究，以資料整理及田野調查並重，建構臺灣民俗學學術研究基礎。1977年獲東京教育大學頒予文學博士，曾歷任南投縣文獻委員會委員、臺灣省文獻委員會採集組長及中研院民族所研究員。2015年獲頒旭日小綬章。代表著作有《臺北市松山祈安建醮祭典》、《中國民間信仰論集》、《臺灣民間信仰論集》、《中國道教の祭りと信仰》、《臺灣の道教と民間信仰》、《臺灣埔里鄉土志稿》等書。[47]曾與鈴木滿男南下拜訪莊松林。

21. 傅瑞德（Morton Herbert Fried，1923-1986）：美國紐約哥倫比亞大學人類學教授，專注於社會與政治理論之研究。傅瑞德夫婦拜訪臺南時，施博爾請莊松林、江家錦、黃天橫等人作陪。

22. 鈴木滿男（すずき みつお，1926-2004）：東京人，畢業於東京大學，後任東京順天堂大學、名古屋大同大學、山口大學、九州女子大學、首爾國立大學等校之教授，為知名的人類學、民俗學者。曾與臺灣進行田野調查，以乩童為主題，成為國際知名乩童研究者。在1970年至1980年代間，他至少發表了4篇有關臺灣乩童的研究報告。再加以彙整後，於1973年芝加哥召開的第九屆人類學及民族學國際會議上發表，成為「臺灣童乩」的代言人。[48]鈴木滿男曾拜訪莊松林。

23. 任東權（임동권，1926-2012）：南韓首代民俗學者，享有民俗學先驅之稱號。1954年於南韓國內首開民俗學課程，是南韓首位開設民俗研究之學者，促使南韓民俗學成為一門獨立學問，並讓民俗學成為南韓各大學必修科目；為南韓民俗研究、民族認同奠定深厚的基礎。曾任韓國民俗學會會長（1969年成立）、韓國民謠學會會長（1989年

---

47 劉枝萬口述，林美容、丁世傑、林承毅訪問記錄，《學海悠遊：劉枝萬先生訪談錄》，臺北縣新店市：國史館，2008。

48 稽童（林富士），〈「童乩研究」的歷史回顧〉《臺北縣立文化中心》，37期，1993），頁40。

成立）、韓國文化財委會專門委員、亞細亞民俗學會終生顧問等職。是南韓江原道「江陵端午祭（강릉단오제）」、全羅南道「強羌水越來（강강수월래）」成功申報為聯合國教科文組織非物質文化遺產的推手。著有《韓國民謠史》（1964）、《韓國民俗學論攷》（1971）、《韓國 傳統 慣習》（1982）、《韓國民俗文化論》（1983）、《韓國歲時風俗研究》（1985）等多本重要著作，2005年獲頒福岡亞洲文化獎（福岡アジア文化賞）。民國60年（1971）4月因中國民俗學會之邀來臺訪問，並至淡江大學、文化大學演講。[49]月底時來訪臺南，莊松林與黃天橫、林勇前往拜會，任東權分享韓國民俗運動近況後，由莊氏等三人導遊臺南市街。[50]

　　24. 施博爾（Esther Schipper、施舟人，1934-2021）：歐洲漢學家，以道教研究著名，創辦了歐洲漢學協會，曾榮獲法蘭西騎士勳章。1962年底他在中研院民族所當訪問研究員，並到臺南研究道教科儀、臺灣民間信仰與文化，並成為一名道士，法號「鼎清」。他將臺灣的道教與南管介紹到歐洲，被視為歐洲三大漢學家之一。施博爾除了與臺南道壇有頻繁往來外，莊松林等臺南文史協會的成員與施博爾一起外出採訪臺南各地民俗與信仰，如後甲慶隆廟、鹽行禹帝宮、安平伍德宮等宮廟、歸仁仁壽宮、佳里北頭洋、荷蘭井不下10餘次，可見其與臺南文史協會的成員之交流互動也不算少。[51]在臺南市文史協會成立之後，1965年於彌陀寺後殿召開會員大會，施博爾更是獲邀致詞，也可見與臺南文史協會緊密關係。1973年施博爾欲離開臺南前，莊松林、江家錦、黃天橫前往居所劉瑞山古厝拜訪，並留下了合影。

49　鄭喜夫，〈莊松林先生年譜〉，頁32。

50　편집부（編輯部）〈月山任東權博士年譜〉《語文 集》第20輯，1987），頁5-13。

51　張淑賢，《轉變與交融：以臺南道壇和火神信仰為例》（國立臺南大學文化與自然資源學系臺灣文化碩士論文，2023），頁54-64。

25. 楊森富（1934-）：臺南人，字「彝賓」，筆名「景堯」、「楊堤」，世宣神學院博士。研究領域為平埔族基督宗教、臺灣語。曾任臺南市文獻委員、臺南縣文獻委員。楊森富也為臺南文史協會成員，曾任監事、理事；1965年曾與莊松林邀請許益超加入臺南市文史協會之會員。

26. 王萬福：生平不詳，為臺南市文史協會成員。根據〈莊松林與臺南市文史協會〉一文之述；民國47年秋天兩人因臺南市文史協會而相識，受到莊氏之託，協助編排工作而漸成好友。[52]

27. 黃寬（？-1975）：生年不詳，吳樹稱其為臺灣鄉土文物研究家。1975年，莊松林曾想與黃寬、吳樹一同發起「臺南寺廟古物年代鑑別」之研究調查，計畫目的為建議地方政府指定相關廟宇之寶物以妥善保存，但因計畫延期而未能實現，黃寬也於同一年病歿。[53]

28. 關綠茵：生平不詳，同為臺南文史協會成員，也曾任常務監事，研究族群、人物、詩詞，文章發表於《文史薈刊》、《臺南文化》，著有《秋水詩詞三集》。

（三）文學語言類

1. 葉書田（1893-1974）：字「香農」，為臺南商紳葉爾純之子，畢業於廈門英華書院（今福建省廈門第二中學），妻子為趙雲石之女趙漱青。葉書田能寫詩，為南社社員；更因愛好榕樹盆栽，曾與趙劍泉、蘇孝述等臺南文人組織「綠榕會」，[54]並著有〈愛榕說〉一文，[55]

52 王萬福，〈莊松林與臺南市文史協會〉（《臺灣風物：悼念民俗學家莊松林先生特輯》，25卷2期，1975），頁62-63。

53 吳樹，〈悼莊松林先生〉（《臺灣風物：悼念民俗學家莊松林先生特輯》，25卷2期，1975），頁60-61。

54 連景初，〈臺灣的榕樹盆景〉（《臺南文化》，9卷1期，1969），頁10-12。

55 葉書田，〈愛榕說〉（《臺南文化》，8卷2期，1966），頁92。

圖 4-28：1965 年施博爾受邀於臺南市
文史協會會員大會致詞

來源：莊明正先生提供

圖 4-29：1973 年施博爾離開臺
南前於劉瑞山古厝與莊松林等
人合影留念（左起黃典權、莊松
林、江家錦、施博爾、黃天橫）

來源：黃隆正先生提供

也曾為許丙丁小說《小封神》寫序。日治時期曾開設「臺南第一信託組合」、「東亞信用組合」、「臺灣機械廠」與擔任家族事業「共榮鐵工所」社長。戰後曾任臺南市第一建築信用合作社理事、臺南市文獻會委員與臺南市文史協會創始會員。[56]

2. 許丙丁（1899-1977）：臺南大銃街人，字「鏡汀」，號「綠珊盦主人」，簡署「綠珊盦」，另有「綠珊莊主」、「錄善庵主」、「肉禪庵主人」、「默禪庵主」等不同的筆名。為著名文學家、臺語流行音樂家、政治家。日治時期曾取日本名「本山泰若」。7歲入私塾，隨朱定理、石偉雲學習漢學，常在廟口聽講古。曾參與「春鶯吟社」、「桐侶吟社」、「延平詩社」（1951年倡組）等傳統詩社，1993年與王開運、洪鐵濤、趙劍泉、蔡培楚等組「樂天會」。其作品發表於《臺南新報》、《三六九小報》、《臺灣警察協會雜誌》、《臺灣警察時報》等，並以其小說作品《小封神》、《廖添丁再世》最為人知曉。醉心於傳統戲曲與歌謠，戰後成立天南平劇社，推廣發揚京劇；並為民謠填詞，如〈思想起〉、〈六月茉莉〉、〈牛犁歌〉等。日治時期畢業於日政警官學校，擔任警察相關職務；戰後曾擔任二二八事件處理委員、第七信用合作社理事長、臺南第一建築信用合作社理事主席、臺南汽車客運公司常務監事、臺南市義勇警察大隊副、臺南市柔道協會理事長、臺南市北區區民代表、臺南市議員等，同時熱心公益，擔任臺南救濟院（今仁愛之家）董事與院長。[57]並擔任臺南市文獻會委員與臺南市文史協會創始會員之一，並協助《臺南文化》刊物的延續發行。[58]民國

---

56 沈芳如，《臺南文化》與戰後臺南「府城」集體記憶的建構（1951-2001）》，頁28。陳奮雄，《臺南市文獻半世紀》，頁306。

57 陳奮雄，《臺南市文獻半世紀》，頁148-161。

58 龔顯宗，〈博學多能許丙丁〉（《鄉土生活雜誌》，26期，1996），頁133-39。李姵樺，《許丙丁與民間文學》，國立花蓮師範學院民間文學研究所碩士論文，2005。沈芳如，《《臺南文化》與戰後臺南「府城」集體記憶的建構（1951-2001）》，頁41-43。莊永清，〈臺南市日治時代

85年（1996），呂興昌蒐集許氏部分作品、手稿，編輯《許丙丁作品集》，由臺南市立文化中心出版。[59]

3. 林條均（1907-1963）：臺南人，號「紫珊」，南社詩人。為連雅堂之徒，1927年著有漢文教材《聲律啟蒙》，1940年發表小說《花情月意》於《花月報》。戰後曾任臺南監獄文書主任、西區副區長、西區區公所秘書，為臺南市文獻會、臺南市文史協會創會委員。[60]作品數量不多，曾與莊松林合撰《臺南市志稿·住民志禮俗篇》，在《臺南文化》中僅發表2篇。

4. 王詩琅（1908-1984）：艋舺人，筆名「王錦江」，為作家、報刊主筆。依照葉瓊霞的研究，王氏的生命歷程可分四階段：社會運動（1923-1931）、文學活動（1932-1936）、新聞工作（1937-1948）、臺灣史研究工作（1949-1984）。[61]王、莊二人年紀相近，生命歷程相仿，且年輕時期曾有滿懷理想主義、熱衷社會運動的生命經驗。1948年時王詩琅任職於臺北市文獻委員會，開始從事臺灣歷史及民俗文化編纂的工作。1961年任臺灣省文獻委員會編纂組長，負責纂修《臺灣省通誌》，退休後擔任《臺灣風物》編輯、《學友》主編等。[62]戰後因在兒童文學領域貢獻良多，被譽為「臺灣安徒生」，1982、1984年分別榮獲國家文藝獎特別獎、第2屆臺美基金會人文科學成就獎。王氏來臺南時，莊松林為其導覽臺南市立歷史館，亦曾一起參與臺灣省文獻工作研討會。王詩琅稱讚莊松林為「臺灣民俗學的拓荒

文學社團與新文學作家初探〉，頁53-98。

59　呂興昌，《許丙丁作品集》，臺南市立文化中心，1996。

60　沈芳如，《《臺南文化》與戰後臺南「府城」集體記憶的建構（1951-2001）》，頁27、35、58。陳奮雄，《臺南市文獻半世紀》，頁189-190。

61　葉瓊霞，《王詩琅研究》，國立成功大學歷史語言研究所碩士論文，1991。

62　卓英燕，《王詩琅臺灣民間文學作品之研究》，國立花蓮師範學院民間文學研究所碩士論文，2005。

者」。

　　5. 郭水潭（1908-1995）：佳里興人，筆名「郭千尺」，北門七子之一，為鹽分地帶代表性文學家之一；日治時期任職北門郡役所庶務課兼任郡守通譯，是日治時期少數任官職的臺灣作家。郭水潭以創作日本短歌步入臺灣文壇，創作包含短歌、俳句、詩、小說與隨筆，並成為臺灣新詩奠基時期的大家；其小說曾獲《大阪每日新聞》「本島新人懸賞」佳作，曾獲得「島的詩人」之美譽。其文學歷程大致上有1930年參加「新珠短歌社」，1931年參與詩社「南溟藝園」，1932年與吳新榮等人共組「佳里青風會」，1935年與吳新榮等人成立「臺灣文藝聯盟佳里支部」，同年與賴和、楊逵、廖漢臣等人組織「臺灣新文學社」。1936年被大阪《每日新聞》副刊「南島文藝」聘為特別撰稿員。1939年加入《華麗島》雜誌編輯陣容。1950年吳三連接任臺北市長，郭水潭任其秘書室事務股長，同時參與臺北市文獻委員會。在吳三連卸任市長後，郭氏轉任臺北市中央蔬菜批發市場專員、臺灣區蔬菜公會總幹事，直至1980年退休。[63]除了文學外，也將自身的文史研究，投稿於《民俗臺灣》、《臺灣文獻》。1957年郭水潭與莊松林、賴建銘共著《臺南縣志稿·卷六文化志》。

　　6. 楊熾昌（1908-1994）：臺南人，筆名「水蔭萍」、「南潤」、「島亞夫」、「柳原橋」、「山羊」。父親楊宜綠（1877-1934）為傳統漢人，參與「浪吟詩社」、「南社」，任職《臺南新報》漢文欄記者，並參與左派社會運動。楊熾昌是臺灣超現實主義詩人之先驅與倡

---

63 王玲，〈訪文藝先進作家專輯：鹽分地帶文學的鼻祖郭水潭老先生〉（《中央月刊》，14期，1982），頁71-73。羊子喬主編，《郭水潭集》，臺南縣政府，1994。羊子喬，〈橫看成嶺側成峰：試為郭水潭造像〉（《文學臺灣》，10期，1994），頁73-78。陳益裕，《南瀛人物誌》（臺南縣立文化中心，1996），頁36-49。陳益裕，〈日據時代的本土詩人：郭水潭〉（《臺灣月刊》，255期，2004），頁52-54。謝玲玉，《鹽分地帶藝文人物誌》（臺南縣政府，2006），頁47。陳瑜霞，《郭水潭生平及其創作研究》，臺南縣政府，2010。

導者，並於昭和8年（1933年）組織「風車詩社」，同年10月發行刊物《風車》，引進超現實主義思潮，主張以嶄新型態表現精神世界的潛在意識，而活躍於臺灣文學界，著有詩集《燃燒的臉頰》。[64]民國47年（1958）臺南市文獻委員會組澎湖歷史文物考察團，與莊松林同為成員之一。

7. 吳守禮（1909-2005）：臺南人，字「從宜」，窮盡一生心力投注於臺語、文學與文化之研究，是我國重要的語言研究者。吳守禮是臺語權威字典《國臺對照活用辭典》之編纂者；也是第一屆「總統文化獎」百合獎得獎者。因莊松林對於語言亦有研究，兩人因而有了往來，長莊松林一歲的吳守禮稱莊氏為「愛護鄉土，喜談古語」的人。民國48年（1959）夏日莊松林囑吳守禮為《文史薈刊》撰稿，並限定以閩南方言問題或《荔鏡記》戲文為書寫主題；[65]巧的是次年（1960）吳氏於臺北牯嶺街購入《手抄十五音》，而想起了莊松林秘藏的《八音定訣》，便寫信借閱。並於當年12月完成〈「八音定訣」與「手抄十五音」〉一文，以介紹2書，比較異同，並提出觀點與疑問，文末再謝莊松林，以及紀念同庚共好的友誼。[66]

8. 黃平堅（1911-2005）：佳里人，為鹽分地帶文學家、企業家。

---

64 黃武忠，〈引進超現實主義的詩人：楊熾昌〉（《日據時代臺灣新文作家小傳》，1980），頁90-92。羊子喬，〈超現實主義的倡導者：訪問楊熾昌〉（《臺灣文藝》，102期，1986），頁112-115。

65 《荔鏡記》即明朝晚期泉州語傳奇《陳三五娘》，敘述泉州人陳三〔原名陳伯卿，在家排行第三〕與潮州人五娘〔富戶黃九郎之女黃碧琚〕曲折的愛情故事。臺語俗諺有謂：「嫁豬、嫁狗，不如佮（與）陳三走。」是說女子嫁來嫁去，倒不如嫁給陳三這樣的人。故事描述陳三送其兄長南下廣東任官，途經潮州，正值元宵，偶遇五娘，然黃九郎已將五娘許人。陳三為見五娘，乃裝扮成磨鏡工匠進入黃宅，五娘白繡樓上拋下荔枝，以示相許。陳三為求能會見五娘，乃在磨鏡之時故意將黃家寶鏡打破，並藉口無力償還，只得賣身為奴以接近五娘。至五娘婚期已近，陳三、五娘暗夜私奔，途中即遭官府拘捕，幸得兄嫂之助，2人終成眷屬。

66 吳守禮，〈「手抄五十音」與「八音定訣」〉（《文史薈刊》，2輯，1960），頁1-21。

曾參與佳里青風會、臺灣文藝聯盟佳里支部，並曾是一之鄉食品公司負責人。[67]昭和19年（1944）曾與莊松林、王永何等人創立「臺南木桶株式會社」，以及與莊松林、顏水龍等創設「臺灣生活工藝研究所」。

9. 林斌（1914-？）：號「光灝」，廣東省瓊山縣人，於廣東軍事政治學校深造班畢業。曾任臺灣國聲報社總編輯、臺灣大眾晚報社長、高雄市政府建設協會委員、臺南市政府主任秘書。為臺南市文獻會委員與臺南市文史協會創始會員之一；熱愛文學、書法、文化、政治，以人物研究為主，亦能寫漢詩，作品可見於《臺南文化》。[68]

（四）醫療類

1. 李騰嶽（1895-1975）：新北市蘆洲人，號「鷺村」，醫生出身，於杜聰明藥物學研究室中研究蛇毒，並致力於公共衛生之研究。除醫學外，亦專研臺灣文史、漢詩（星社詩社）等，其作品可見於《民俗臺灣》、《臺北文物》、《臺灣文獻》等，後擔任臺灣省文獻委員會主任委員。

2. 顏興（1903-1961）：臺南人，字「寶藏」，號「補莊」，筆名「鳴雨盧主人」，醫生出身的文學家與史學家。日治時期曾參與南社，並在泉州光華眼科、臺南大東醫院行醫看診。日治時期曾參與臺灣革命同盟會，戰後加入中國國民黨，並任臺南市北區區民大會主席、北區區長、市議員、臺南救濟院常務董事。並擔任臺南市文獻會委員，以及臺南市文史協會創始會員，並出任理事長一職。主要以詩文、史學為旨

67 戴文鋒、莊永清，〈日治時期「鹽分地帶」文學作家簡介〉（林金悔主編，《鹽分地帶文化I》，2003），頁126-147。國立臺灣文學館研究典藏組，《鹽分地帶作家名錄》（臺南市：國立臺灣文學館，2011），頁27。

68 沈芳如，《《臺南文化》與戰後臺南「府城」集體記憶的建構（1951-2001）》，頁35、56-57。陳奮雄，《臺南市文獻半世紀》，頁281-282。

趣，研究多圍繞著鄭成功之人物事蹟，並發表於《臺南文化》，另自著《鳴雨廬詩稿》、《鄭成功復明始末紀》。[69]

3. 吳樹（1917-1998）：臺南人，牙醫，畢業於廈門大同中學。對於臺灣文史、文物、書畫皆有研究，並曾任臺南市文史協會理事與監事、臺南市文獻委員會委員及顧問，著作以文章為主，多發表於《臺灣風物》、《臺南文化》、《東瀛訪古》與《文史薈刊》等。[70]時常就文史議題向莊松林請益，並與莊氏、石暘睢組織茶會，與當時的文人暢談文史，後改由施劍峰主辦；莊氏逝世後撰有〈悼莊松林先生〉，記述兩人來往回憶。[71]

（五）法律類

1. 沈榮（1904-1975）：字「公甫」，出身新營沈家，是知名律師與政治人物，其弟為知名醫師沈乃霖（1909-2008）。曾赴日本大學攻讀法律，後通過高等文官試驗合格，後放棄相關機會，返回臺南擔任辯護士（律師）。曾為農民及地主爭取權益（1935柳營火犁事件），並於1934年及1935年，分別當選臺南市州議會及臺南市議會議員，開始步入政壇。1940年沈氏經營臺南信用組合（臺南市第一信用合作社）直至1975年。戰後持續以律師執業，並隨即加入中國國民黨，同時任該黨臺南市委員會財務委員。沈榮歷任法務、政治、經濟、教育、社福多項職務，如臺南律師公會常務理事、中華民國律師公會全國聯合會常

---

69 顏興，〈顏興先生自傳〉（《文史薈刊》，復刊3輯，1998），頁22-23。陳奮雄，《臺南市文獻半世紀》，頁162-182。沈芳如，《《臺南文化》與戰後臺南「府城」集體記憶的建構（1951-2001）》，頁44-46。

70 沈芳如，《《臺南文化》與戰後臺南「府城」集體記憶的建構（1951-2001）》，頁28。陳奮雄，《臺南市文獻半世紀》，頁349-350。

71 吳樹，〈悼莊松林先生〉（《臺灣風物：悼念民俗學家莊松林先生特輯》，25卷2期，1975），頁60-61。

圖 4-30：1958 年 9 月 28 日
顏興為臺南市文史協會掛會
牌並擔任首任理事長
來源：黃隆正先生提供

務理事、臺灣省合作金庫理事、全國合作社聯合社理事主席、中國合作
學社常務理事、中華民國合作事業協會理事長、中華民國紅十字會臺南
市支會長、臺南扶輪社社長，並兼任淡江大學董事、南英高級商工職業
學校董事長、光華女中董事長、南榮工專董事長等職位。除了是臺南市
文史協會會員外，同時擔任第二、三屆理事長，著有《法窗剪影》一
書。[72]

　　2. 林咏榮（1912-？）：號「心芬」，福建省閩清縣人，畢業於私
立福建學院法科（併入廈門大學）。善法律、文史，曾任臺南商業職業
學校（臺南高商）教務主任、臺南市立中學（今臺南市立大成國民中
學）教師與法商學院（今中興大學法學院）法律系教師，並任臺南市文
獻會委員，亦兼編集組長，並在《臺南文化》發表文章，多強調愛國與

---

72 謝碧連，〈會員介紹（四）沈榮先生行述〉（《文史薈刊》，復刊 3 輯，1988），頁 27-28。

民族精神。[73]

　　3. 謝碧連（1922-2020）：麻豆謝厝寮人，一位沉迷於臺灣歷史文化的律師。因其律師性格，對噍吧哖事件、二二八事件十分關注，專注於二事件相關資料的蒐集與整理，並發表相關文章。另外也醉心於地方俗諺、風俗與選舉資料的蒐集。因對於文史的熱愛，為臺南市文史協會創始會員，並曾任第4屆至第6屆理事長、顧問，以及臺南市文獻會創會委員及總務組長。並催生《臺南文化》，協助曾振暘墓列入古蹟，編撰《臺南市志稿》〈經濟志‧工商篇〉與〈政事志‧社會篇〉，並協調、推動南嘉雲地區歷史文物展與臺灣開拓史料蠟像館的舉辦與成立。謝碧連一生職務頗多，如臺南市政府政令宣傳股長、臺南市政府秘書、臺南律師公會常務理事、中華民國律師公會聯合會常務理事、律師懲戒覆審委員會委員、中華民國紅十字會臺南支會長、臺南市選舉委員、臺南美術研究會法律顧問。臺南市文史協會於《文史薈刊》復刊第11輯（創會60週年紀念特刊）刊文紀念謝碧連的貢獻。[74]

（六）藝術類

　　1. 顏水龍（1903-1997）：下營庄紅毛厝人，臺灣本土第一代西洋畫家、工藝美術教育家，被譽為「臺灣工藝之父」、「臺灣第一廣告人」。在下營公學校（今下營國小）任教期間，受到同事鼓勵，開始

73　沈芳如，《《臺南文化》與戰後臺南「府城」集體記憶的建構（1951-2001）》，頁35、56。陳奮雄，《臺南市文獻半世紀》，頁224-225。

74　蔡銘山，〈會員介紹（二）謝碧連先生〉《文史薈刊》，復刊2輯，1997），頁39-40。莊明正，〈懷念謝碧連前理事長〉《文史薈刊》，復刊11輯，2020），頁284-287。陳奮雄，〈謝碧連律師對臺南市文史的貢獻〉《文史薈刊》，復刊11輯，2020），頁288-299。連風彥，〈敬悼文史前輩：謝碧連律師〉《文史薈刊》，復刊11輯，2020），頁300-307。葉瓊霞，〈律師史筆：謝碧連律師〉《文史薈刊》，復刊11輯，2020），頁308-309。林佩蓉，〈知識人、人文心〉《文史薈刊》，復刊11輯，2020），頁310-311。陳奮雄，《臺南市文獻半世紀》，頁393-396。

學畫，後前往日本與法國深造，繪畫風格簡鍊溫暖，遂成一代大師，作品曾入選臺展、法國沙龍。學成歸國後，赴日擔任設計師，成為臺灣從事商業美術設計第一人。昭和19年（1944）任教於臺南高等工業學校（今國立成功大學）建築工程學科助教授，教授素描與美術工藝史，同時參與當時的赤崁樓修復。顏水龍的藝術理念，從一開始的油畫，逐漸擴展至工藝、商業設計，再到都市景觀設計與公共藝術領域，並落實實用美學；盡是對於臺灣這片土地的情感。[75]顏氏曾在《臺灣公論》、《民俗臺灣》、《藝術家》、《臺灣風物》等刊物上發表文章，發表其對藝術的看法；1952年擔任臺灣省政府建設廳顧問時出版《臺灣工藝》一書，為臺灣民間工藝發展留下珍貴資料。[76]昭和19年（1944）顏水龍曾與莊松林、黃平堅等人創設「臺灣生活工藝研究所」，從事臺灣民藝之研究。

　　2. 呂訴上（1915-1970）：彰化溪州人，是臺灣重要的戲劇家與戲劇研究者。對於戲劇的熱愛來自於其父呂深圳之影響。15歲時便擔任劇團編導，並組織「銀華映畫社」。16歲時為父親的戲班「賽牡丹歌仔戲班」擔任導演、編劇及男主角。也曾至日本學習攝影與戲劇。1937年至1939年，自組「臺灣銀華新劇團」，赴各地巡迴公演皇民化新劇。戰後曾於臺北、臺中、高雄擔任警務工作。1947年成立「臺北市電影戲劇促進會」，並任第1屆理事長。1948成立「銀華影業社」，與香港電影界合作開拍古裝電影《陳杏元思釵》。致力推動歌仔戲的保存、改良，提出眾多方針，編寫劇本，並籌設「歌仔戲協進會」。呂訴

75　莊伯和，〈美術家專輯（1）：鄉土藝術的推動者：顏水龍〉（《雄獅美術》，97期，1979），頁6-35。涂瑛娥，《蘭嶼・裝飾・顏水龍》，雄獅圖書，1993。黃光男，《顏水龍〈熱蘭遮城古堡〉》，臺南市政府，2012。臺北市立美術館，《走進公眾・美化臺灣：顏水龍》，臺北市立美術館，2012。

76　顏水龍，《臺灣工藝》，臺北市：遠流，2016。

上用心投入臺灣戲劇、戲曲資料與文物之蒐集，並整理研究。[77]其代表作《臺灣電影戲劇史》，為臺灣戲劇、戲曲研究之重要文獻，內容涵蓋臺灣近代電影、廣播劇與各類戲曲源流，其中包含他對於戲劇藝術的改革、改良論點。[78]曾就民間故事之問題請益莊松林，並於《臺灣電影戲劇史》自序中將其列入致謝名單中。

　　3. 蔡草如（1919-2007）：臺南人，本名「蔡錦添」，臺灣美術史上重要的畫家之一，從事藝術創作與寺廟彩繪，擅長素描、膠彩、水墨等，並獲獎無數，其中以寺廟彩繪最為知名，不少國內重要祠廟古蹟皆有其作品，如關仔嶺大仙寺、臺南開元寺、南鯤鯓代天府、朴子配天宮等。曾任臺南家專美術教師、全省美展審查委員、臺南市國畫研究會理事長、臺灣省膠彩畫協會理事與評議委員等職。蔡草如同為臺南文史協會成員，也曾經擔任候補理事、常務監事、監事與顧問等。莊松林投稿於《臺灣風物》的〈風獅爺〉、〈鐵鉸刀尺〉、〈明裔朱懋王爺神像〉、〈隘門石額〉、〈繫肚裙（Ha-To-Kun）〉，其插圖都由蔡草如所繪。[79]

（七）宗教類

　　1. 王火樹（1912-1971）：金安宮街人，本名「王火」，法號「玉潔」，為臺南閭山法師金安宮法脈之奠基者，也同為天壇經文社成員。師承澎湖的周益，並將一身功夫傳授給柯天降（硓𥑮石集福宮委員、閭

77　詳細生平可參考：邱坤良，《呂訴上》，臺北市：行政院文化建設委員會，2004。

78　呂訴上，《臺灣電影戲劇史》，臺北市：銀華出版部，1961。

79　朱鋒／文、畫／蔡草如，〈風獅爺〉（《臺灣風物》，15卷2期，1965），頁17-18。朱鋒／文、畫／蔡草如，〈鐵鉸刀尺〉（《臺灣風物》，15卷4期，1965），頁25-26。朱鋒／文、畫／蔡草如，〈明裔朱懋王爺神像〉（《臺灣風物》，16卷1期，1966），頁21-22。朱鋒／文、畫／蔡草如，〈隘門石額〉（《臺灣風物》，16卷3期，1966），頁31-32。朱鋒／文、畫／蔡草如，〈繫肚裙（Ha-To-Kun）〉（《臺灣風物》，18卷2期，1968），頁26-28。

山法教醒心壇創壇者、如性慈敬堂第4代館主）。[80]王火樹曾為臺南市文史協會會員，也曾提供莊松林資料，完成〈臺灣神誕表〉一文，刊登於《民俗臺灣》。

2. 許益超（1914-1983）：[81]筆名「卓群」，澎湖白沙鄉瓦硐人，為車路墘教會牧師兼任臺南神學院和漢文教師。其伯父許奢（1887-1953）為澎湖聞人，為行醫教徒，曾於嘉義、臺南一帶濟世，最後落腳仁德後壁厝；並於二府口福安宮租賃房子供澎湖鄉親往來居住，戰後曾當選第1屆臺南縣議員。[82]許益超對於文史、語言、風俗頗有研究，尤其是對其故鄉澎湖歷史風物研究尤詳，並編有《重修瓦硐支派許姓族譜》一書；[83]其女為2023年從中央研究院臺灣史研究所所長職退休的著名臺灣史學者許雪姬（1953年出生）。1965年莊松林與楊森富，邀請許益超加入臺南市文史協會之會員，便開始兩人的交流，時常相互請益。曾書〈從記憶來懷念赤崁樓客〉一文回憶思念兩人往來之情形與對其之印象。[84]

莊松林從觀察、調查、蒐集、撰寫，建立起自己的廣闊民俗研究領域，除了自身的努力外，同儕相互影響、合作與激勵，也是促成他能成

---

80 楊家祈，〈如性慈敬堂柯錫斌、柯煜杰採訪〉，2021／12／31，未刊稿。

81 其名在教會系統中皆記錄為「許溢超」，而他本人及友人文章卻署名「許益超」。本研究於2023年4月15日「南師校友黃清舜（1909-1987）《一生的回憶》專題講座與研習會」會議期間請教許雪姬教授，確認其父親名諱為「許益超」，其名有更加超越、卓越之意。推測教會系統之錯誤紀錄可能與其堂兄弟名字中間字皆為「溢」字搞混，特此補充說明。

82 許雪姬，《續修澎湖縣志・卷十四人物志》（澎湖縣政府，2005），頁152-153。原文記為「福安庄」，也在上述黃清舜研習會會議上請教許雪姬教授，確認為誤植。

83 呂春長，〈追悼許益超君〉《澎湖伯講道集》，10集，1984），頁70-76。翁修恭，〈許溢超先生（1914-1983）〉，《賴永祥長老史料庫》http://www.laijohn.com/archives/pc/khou/Khou,EChhiau/brief/Ang,SKiong.htm。〈史話182：瓦硐支派許姓族譜〉，《臺灣教會公報》，2083、2084期。http://www.laijohn.com/book2/182.htm。

84 許益超，〈從記憶來懷念赤崁樓客〉《臺灣風物：悼念民俗學家莊松林先生特輯》，25卷2期，1975），頁70-109。

為民俗大家的因素。從上述羅列的莊氏往來之文史研究者、學者來看，可以1945年作為分野，分成日治與戰後兩個時期。

日治時期是莊氏年少時期的磨練期，從左翼少年逐漸轉為文史青年，並且以群體戰式的團體踏查，一起進行臺南市的祠廟文物、考古挖掘等文史工作。這群人包含了石暘睢、林占鰲、林宣鰲、林秋梧、國分直一、陳華、董祐峯、趙啟明、盧嘉興等人。這樣的基礎，也是促成了戰後臺南市文史協會成立之因素。戰後與更多臺灣籍不同地方的民俗研究者進行更廣闊的連結，除了有共同的時代背景與生活經歷，加上共同投稿於《民俗臺灣》的經驗，加上日籍研究者國分直一、金關丈夫、池田敏雄、前嶋信次等人，延續了青年時期的熱情與經驗（田野調查、文獻考證），戰後如王詩琅、吳新榮、楊雲萍、沈榮、林勇、顏興、韓石爐、吳新榮、郭水潭、劉枝萬、許丙丁、黃清淵、廖漢臣等人，讓臺灣民俗研究在歷經二戰後能延續、深化。

而因為有深厚的研究基礎，且從年少一起走到戰後的文史夥伴多任職於各縣市的文獻委員會，能跟戰後來臺的中國民俗學者或文史學者如婁子匡、方豪、林斌、林咏榮、陳漢光等有快速的連結，再加上歐美學者的重視，在1980年代本土化運動興起之前，就已經累積相當豐富的研究成果。讓臺南在戰後逐漸成為民俗、臺灣史、文化研究的重心；而莊松林在其中從不缺席，亦可說為要角。同時成為民俗大家的莊松林與其夥伴，更以臺南市文史協會為載體，將研究香火傳承至今日。

2018年至2019年間，國立臺灣歷史博物館與日本國立民族學博物館、臺南市文史協會及臺南市政府文化局合作，共同舉辦了臺南文史研究回顧特展「南方共筆：輩出承啟的臺南風土描繪特展」，在特展專刊中描繪了近現代臺南文史研究團體關係簡圖，[85]可見到從日治時期開

85 陳怡宏、野林厚志、葉瓊霞，《南方共筆：輩出承啟的臺南風土描繪特展專刊》，頁108-109。

始,有思想不同的社群,對於臺南文史的投入。這些人們、團體組織相互影響、交流,並於戰後逐漸形成臺南市文獻委員會、臺南縣文獻委員會與臺南市文史協會。而在莊松林的一生也可看到這些文史社群的往來與影響,有他年少對於社會的激情,也有他對於民俗歷史的投入。而在莊松林成為民俗大家後,拓展出更多了人脈連結,並成為外省籍、日籍、歐美籍研究者認識臺南、臺灣的引薦者。從圖4-31可以見到莊松林在整個臺南、乃至臺灣民俗、歷史研究承先啟後的關鍵位置。

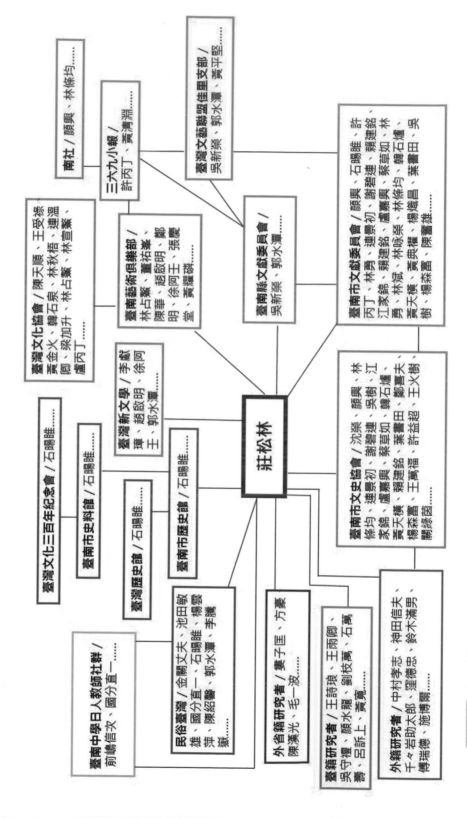

圖 4-31：莊松林人群網絡圖

南社／顏興、林添均……

三六九小報／許丙丁、黃清淵

臺灣文藝聯盟佳里支部／郭水潭、吳新榮、吳平堅

臺南縣文獻委員會／許丙丁、林勇、連景初、謝碧連、賴建銘、林江□□錦、賴建銘、蔡草如、韓石爐、林咏榮、林添均、楊熾昌、吳勇、黃天橫、黃典權、葉書田、陳奮雄、樹、楊森富……

臺灣文化協會／陳天順、王受祿、黃金火、林秋梧、連溫卿、梁加升、林占鰲、盧丙丁……

臺南藝術俱樂部／林占鰲、董祐峯、陳華、趙啟明、鄭明、徐阿王、張慶堂、黃鷗碟……

臺南縣文獻委員會／郭水潭、吳新榮

臺灣新文學／李獻璋、趙啟明、徐阿王、郭水潭……

臺灣文化三百年紀念會／石暘睢……

臺南市史料館／石暘睢……

臺灣歷史館／石暘睢……

臺南市歷史館／石暘睢……

莊松林

臺南市文史協會／沈棠、顏興、林添均、連景初、謝碧連、吳樹、韓石爐、盧嘉興、蔡草如、賴建銘、黃天橫、黃典權、葉書田、勸嘉夫、王火樹、楊森富、王萬福、許益超、關綜固……

臺南中學日人教師社群／前嶋信次、國分直一……

民俗臺灣／金關丈夫、池田敏雄、國分直一、石暘睢、楊雲萍、陳紹馨、郭水潭、李騰嶽……

外省籍研究者／婁子匡、方豪、陳漢光、毛一波……

臺籍研究者／王詩琅、王雨卿、顏水龍、劉枝萬、石萬壽、吳守禮、呂訴上、黃黃……

外籍研究者／中村孝志、神田信夫、平々岩助太郎、窪德忠、鈴木滿男、傅瑞德、施博爾……

第五章

碑匾中尋史

　　日本領有臺灣後，於明治34年（1901）成立「臨時臺灣舊慣調查
會」，以10年時間對臺灣的舊慣作廣泛調查，前後有3回報告書《臺灣私
法》，其附錄參考書採錄碑文不少。大正12年（1923）曰人石坂莊作編
《北臺灣之古碑》係臺灣第一本碑文集成，其中收錄多件清代古碑。[1]

　　臺南為文化古都，傳世碑碣文物數量豐碩，臺南州知事今川淵目睹
市區內古碑文物散落四處，所以在昭和8年（1933）委託村上玉吉進行臺
南市古碑的調查，實際執行調查作業的是臺南史料館的野田八平以及石暘
睢，隔年提出調查成果，一共紀錄114件石碑。[2]

　　昭和10年（1935）適逢日本統治臺灣第40年；臺灣總督府欲誇耀在
臺的殖民成果，同時也為展現帝國的實力，遂舉辦規模足以媲美當時歐
洲萬國博覽會的「始政四十周年記念臺灣博覽會」；臺北為展覽會的主
會場，臺中、臺南及高雄等地也配合該次活動而設展覽會場，展期從10
月10日到11月28日，共計50天。臺南的「臺灣歷史館」分設4個展場，[3]
以原臺灣府城大南門旁的空地闢建古碑陳列場，作為「臺灣歷史館第三會

1　石坂莊作編，《北臺灣之古碑》，臺北市：臺灣日日新報社，1923。
2　齋藤悌亮，〈臺南碑林〉（《臺灣博物館協會雜誌》，1期，1938），頁49-57。
3　另外三處是特別會場北白川宮能久親王御遺跡紀念所（今南美館2館）、第一會場商工展覽館
　　（今臺灣高等法院臺南分院）、第二會場安平史料館（今熱蘭遮城博物館）。

場」。古碑陳列場的石碑係以先期調查的114件石碑中，挑選具歷史文化及雕刻特色的45件清代石碑，分成3排朝東而立。[4]古碑陳列場於日治時期也稱「臺南碑林」，因位於大南門故亦稱「大南門碑林」，為臺灣第一座保存古碑文物的碑林。

碑林的成立也受到學術研究單位的注意，昭和11年（1936）臺北帝國大學文政學部史學科內成立「臺灣史料調查室」，積極進行全島史蹟的調查與採訪，碑碣亦為採拓的重點，因此保存多件碑碣的拓本，這一批拓本目前保存在國立臺灣大學圖書館，其中採拓臺南地區86件清代碑記。[5]昭和16年（1941）莊松林與石暘睢曾作初步調查與統計，僅清代的碑碣就有219件，如果再合併計入志書有收錄而現物散佚或隱沒的碑碣，其數量當更可觀。[6]

戰後，臺灣省文獻委員會於民國40年（1951）5月頒訂〈臺灣省各縣市文獻委員會辦事細則準則〉，[7]通令各縣市成立文獻委員會，臺南市文獻委員會於民國40年7月籌設，為全臺縣市最早成立的文獻委員會，同年10月發行《臺南文化》，該刊物自民國42年（1953）11月出版的第3卷第3期始，便陸續刊載該會成員莊松林、石暘睢、黃典權等文獻專家，在臺南市西區、東區、北區、安平區所採錄的碑文。同時期，臺南縣文獻委員會自民國44年（1955）在吳新榮、石暘睢、莊松林、江家錦、盧嘉興、連景初等前賢組織臺南縣古碑採訪小組下，抱持

4　齋藤悌亮，〈臺南碑林〉（《臺灣博物館協會雜誌》，1期，1938），頁49-57。《臺南新報》，1935年8月13日，第7版。

5　項潔主編，《國立臺灣大學典藏古碑拓本》（臺北市：國立臺灣大學圖書館，2005），頁445-446。

6　莊松林，〈臺南古碑的片鱗〉（《臺南文化》，3卷4期，1954），頁49。

7　〈臺灣省各縣市文獻委員會辦事細則準則〉（《臺灣省政府公報》，40年冬字3期，1951），頁45-47。

「無村不訪，無碑不錄」的原則，進行臺南縣古碑的採錄工作，以〈南縣古碑零拾〉、〈臺南縣古碑志補遺〉為題，分期陸續於《南瀛文獻》刊載。[8]赤嵌樓在民國36年到54年（1947-1965）期間，曾經是臺南市歷史館，所以民國43年（1954）10月在文昌閣右側空地闢建「第二碑林」，前後計3排，每排立5件石碑，共計15件。[9]而後陸續從市區移存石碑，立於文昌閣與海神廟樓基的牆壁，因為規模比大南門碑林小，故稱「小碑林」。民國40年代各縣市文獻委員會成立後，推動搜尋古蹟石碑的風潮，莊松林就是在這時期積極投入碑碣文獻的採擷記錄與研究。

其後，《臺南縣志‧古碑志》、《臺灣南部碑文集成》、《臺南市南門碑林圖志》、《臺南市古石碑精選集》等與臺南相關之碑文集成相繼刊行。在前賢的基礎上，民國79年（1990）7月至88年（1999）6月，國立中央圖書館臺灣分館（今國立臺灣圖書館）委託國立成功大學歷史學系何培夫副教授執行「採拓整埋臺灣地區現存碑碣計畫」與「採拓整理金門、馬祖地區現存碑碣計畫」，採拓民國70年（1981）以前的碑碣，其成果彙整在《臺灣地區現存碑碣圖誌》、《金門‧馬祖地區現存碑碣圖誌》等17冊，總計採錄臺、澎、金、馬地區現存碑碣的拓片（含照片）高達2,273件，當中臺南市篇381件，原臺南縣141件；[10]數量眾多，留存豐富詳實的碑碣文物資料，為臺灣史研究重要的第一手材料。何培夫、曾國棟兩人的採拓，正是石暘睢、莊松林、黃典權等文獻專家碑碣踏查的再度延伸。

8　曾國棟，《清代臺灣示禁碑之研究》（國立成功大學歷史語言研究所碩士論文。1996），頁4。
9　臺南市文獻委員會編，〈歷史館專號〉（《臺南文化》，4卷4期，1955），頁2。
10　何培夫，〈臺灣碑碣史料之採拓與整理〉（《臺灣圖書館管理季刊》，1卷3期，2005），頁81-98。

一、古碑調查研究

臺南古都碑碣文物數量眾多，散處各地，究竟有多少件數，從來沒有做過正確的統計數字。雖經「臺灣文化三百年紀念會」、「臺灣始政四十周年博覽會」二次展覽的調查，但仍過於粗略籠統且踏勘採集不夠切實，無法確實得知真正件數與內容。

直到昭和16年（1941），莊松林與石暘睢做全面踏查，雖然受限於私人經濟有限，無法墨拓，又因時間短促，亦無法抄錄碑文全文，僅採錄碑名年代與立碑人而已，不過已有確實件數，共計採集208件，並將其分類整理，撰寫〈臺南古碑記〉一文，發表於昭和17年（1942）《民俗臺灣》改為2卷3號（通卷9號）。[11]這是臺灣針對碑文做有系統地採集、調查、分析的開端。茲將莊氏之古碑調查研究分成散篇論述、碑文專書二者析論之。

（一）散篇論述

〈臺南古碑記〉雖以石暘睢署名發表，但在文章的前言，石暘睢特別說明與同好莊松林一起在臺南市區調查所得石碑的成果；經分類整理，就內容性質而言，城壘官署公所12件、宮祠文廟書院53件、寺廟78件、園林名勝6件、頌德5件、墓道塚域9件、道路橋梁水利15件、諭告嚴禁取締22件；就年代分布而言，康熙年間11件、雍正年間3件、乾隆年間75件、嘉慶年間27件、道光年間42件、咸豐年間12件、同治年間13件、光緒年間14件，年代不可考者3件。[12]這一篇文章將臺南市石碑的類型以內容性質分為8類，並統計清代各時期的石碑數量，可視為

---

11 朱鋒，〈臺南近十年來考古工作概要〉（《臺北文物》，6卷2期，1957），頁91。
12 石暘睢，〈臺南古碑記〉（《民俗臺灣》2卷3號，1942），頁46。

臺南碑碣最早較完整記錄的專文。

戰後，莊松林最早對外公開發表的文章是民國38年（1949）3月28日在《公論報》「臺灣風土」專欄以朱鋒署名刊登的〈黃寶姑碑記〉。在此之前發表的文章是昭和20年（1945）元月1日《民俗臺灣》刊登的〈臺南年中行事記補遺〉，相隔已有4年多的時間；所以莊松林在該文的前言提到：

> 光復後一時為了俗務纏身，竟把十數年來繼續研究的民俗拋在生活圈外，不覺也已經三年有餘了。最近事務告了一段落，才抽了些空，整理了零亂而蒙了一層塵埃的舊文獻及書夾，偶爾撿出了許多未曾發表過的史料。本來打算撕破丟在字紙簍裡，然而又覺得有點「雞肋」之味。尤其是處在黎明之前夜，捨棄了舊生活，重新開始新發足之際，應該結束了未完成的工作，貢獻給各同好者，以資一番研討，獲得所期的成就。[13]

這段敘述可以說是莊松林在歷經時代變遷，政權更迭後重新投入地方文史研究的心境告白。

日治時期莊松林對於文獻典籍記載，若覺得可能失實、遺漏誤謬之處，就會利用閒暇實地踏查，記錄臺南地區的碑區文物，藉此糾正過往的錯誤遺漏，〈黃寶姑碑記〉一文即是莊松林未曾發表而在戰後重新整理的文章。

「黃寶姑碑記」存立臺南市中西區辜婦媽廟後殿，原有清同治元年（1862）所立石碑，為曾任福建省延平府道南書院院長陸元治撰文，

---

13 朱鋒，〈黃寶姑碑記〉，《公論報》，1949年3月28日，第6版，收錄於林佛兒總編，《臺灣風土第二冊》（臺南市政府，2013），頁165-167。

敘述黃寶姑成仁始末，並題辭多首，歌頌讚揚其節烈事蹟。其後原碑佚失，而於光緒19年（1893）重刻碑文於木牌，係臺灣傳世碑碣文物少見的節烈紀事碑記。

連橫《臺灣通史》也記載黃寶姑事蹟：「黃寶姑東安坊人，字邑人某，未嫁。某賈於嘉義，戴潮春之役，不得歸，遂客死。訃至，家人祕勿知。寶姑微聞之，起居如常。越數日凌晨，易衣出，至法華寺，稽首佛前，默祝親壽，乃自投於寺外半月池，屍浮水上，顏色如生。城中官紳多往弔，以旌其烈。」[14]敘述黃寶姑之未婚夫到嘉義經商，適逢戴潮春事件發生因而客死異鄉，家人保密不告知未婚夫之死訊，但黃寶姑仍隱約有所聽聞，數日後凌晨藉著到法華寺禮佛，跳入寺前半月池自盡。

然而莊松林考查清代「黃寶姑碑記」所載，黃寶姑投池自盡實因其吳姓未婚夫因家道中落而提出退婚，寶姑之父認為吳家已貧，女兒豈能託付終身，且係男方主動毀約，因而將寶姑令許他人，但寶姑「恐改聘失節，違命又為不孝，默無一言而志殊堅」，[15]遂於法華寺禮佛後投池自盡。

黃寶姑節烈事蹟事發生在同治元年（1862）的事情，時任臺灣知府馬樞輝本要報請朝廷建坊立祠以表彰其守義之德，因值戴潮春事件尚未平定而未及行文作業，但又恐事跡湮沒，所以由曾任延平府道南書院院長陸元治採集輿論紀錄撰成「黃寶姑碑記」。「黃寶姑碑記」是事件當下的一手史料，而《臺灣通史》則於大正9年（1920）完成，莊松林發現《臺灣通史》與「黃寶姑碑記」史料二者記載有異，乃撰述〈黃寶姑碑記〉一文以補連橫的遺漏錯誤。石碑文物向來被學術界認為具有以

---

14 連橫，《臺灣通史》（臺北市：臺銀本，1962），卷35，列傳7，列女列傳，辜湯純妻，頁1017。

15 光緒19年（1893）重刻「黃寶姑碑記」木牌現存辜婦媽廟後殿，碑記收錄於何培夫，《臺灣地區現存碑碣圖誌・臺南市篇》（臺北市：中央圖書館臺灣分館，1992），頁266-267。

「碑文證史」的史料價值，莊松林以碑文訂正史書遺誤，正所謂「文獻是不能單靠紙上的資料，還要找尋文物遺蹟，加以糾謬補闕的。」[16]

民國40年（1951）臺南市文獻委員會成立並發行會刊《臺南文化》，從《臺南文化》各卷期的內容可以得知，莊松林與各文獻委員均熱心地投入臺南的歷史文化與史蹟文物蒐集、記錄、整理、研究。協助同好石暘睢進行碑文全文抄錄也是莊松林擔任文獻委員期間的研究與工作之一，石暘睢在採錄整理乾隆33年（1768）「重建烽火館碑」時，就點出「此碑漫漶難讀，今得錄其全文，朱鋒先生襄助良多」。[17]《臺南文化》從第3卷第4期開始分區輯錄臺南市各區石碑的碑文，「朱鋒先生更特別提出南市重要的古碑而加所論介」。[18]朱鋒撰文發表〈臺南古碑的片鱗〉一文，文章分兩部分，前段是概述碑碣的意義與臺南碑碣的整理情形，後段是採錄介紹康熙24年（1685）「平臺善後處理之諭告碑」（平臺紀略碑記）、乾隆39年（1774）「重築沙淘宮記」、乾隆58年（1793）「義民祠記」、道光18年（1838）「大上帝廟銅山營四條街公眾合約」等4件清代石碑，記錄石碑的歷史背景與保存狀況，為後人研究碑碣文物的歷史脈絡，留下珍貴的史料。

〈臺南古碑的片鱗〉前言提到：

> 碑碣是一種原始史料，碑文的採錄是一件重要工作，但却有三個不同的立場。第一種是站在「書法」的立場，視其字體的工拙，拓而集成「碑帖」；第二種是站在「文藝」的立場，審其文詞之美俗，錄而編成「文集」；第三種是站在「史料」的立場，抄而輯成

---

16 石暘睢、吳新榮、朱鋒、盧嘉興，〈南縣古碑零拾（一）〉（《南瀛文獻》，2卷3、4期，1955），頁124-130。

17 石暘睢，〈安平的碑、匾、聯〉（《臺南文化》，3卷3期，1953），頁6-10。

18 黃典權，〈編者的話〉，《臺南文化》，3卷4期，1954。

圖 5-1：康熙 24 年（1685）「平臺善後處理　圖 5-2：乾隆 58 年（1793）「義民祠記」
之諭告碑」

圖 5-1、5-2 來源：曾國棟先生拍攝

「史冊」。[19]

　　具體說明碑碣具有書法藝術、文學欣賞與文獻史料這3個層面的意
義與價值。該文對於臺南的碑碣研究也有深刻的論述：

　　　　臺南古碑佳刻不少，但第一類的工作似乎還沒有人做過。屬
　　　於第二類的，遠自康熙年間以還，府縣志都有採錄，編入於「藝文

19　朱鋒，〈臺南古碑的片鱗〉，頁49。

志」，著重在顯宦的著作，且因其養重於「文」，往往忽略了「時與人」等要素，在史料的處理上，往往令人有殘欠不全之感。其次，日據時期日人的採錄，屬於第三類的立場，其範圍比舊志普較為廣泛，然而對於寺廟的碑碣，多予忽略，也不能達到全面性的，這是其唯一的缺點。[20]

此為戰後首篇討論臺南碑碣研究概況的文章。對於採錄碑文，也指出「我們文獻工作者，今後應當站在史的立場，不以其文字之工拙，文詞之美俗，或碑文完整與殘缺，凡有一文一字，悉予採錄，這才是我們應有的態度與精神。」[21]莊松林認為整理臺南碑碣文物是為了使熱心文獻同仁和社會人士，更加深刻地認識碑碣在文獻上的價值與重要性。

莊松林同時也受臺南縣文獻委員會的邀請，參與臺南縣古碑的調查計畫，與石暘睢、吳新榮、江家錦、盧嘉興等人一起踏查採錄臺南縣古碑，期間在《南瀛文獻》發表各時期的調查成果〈南縣古碑零拾〉，並於民國46年（1957）編輯出版《臺南縣古碑志》。

莊松林自戰後的10餘年時間，致力於遺物遺蹟的探索與蒐集，民國46年（1957）乃將多年的工作成果整理撰寫成〈臺南近十年來的考古工作概要〉，分3期於《臺北文物》發表，文物內容包含古碑、明墓、宋硐、楣徽、石礎、石砣、雜刻、塑像、神主遺牌、墓誌銘、匾額、其他等12大項；其中古碑這1項，詳述臺南古碑從日治時期到戰後的整理保存情形，並表列「光復後新發現石碑一覽表」21件，以及「光復前後毀失石碑一覽表」17件，統計當時臺南市的碑碣數量213件；並分析造成石碑毀失的原因有3種情形，其一是出售石舖琢磨改刻

---

20 朱鋒，〈臺南古碑的片鱗〉，頁49。

21 朱鋒，〈臺南古碑的片鱗〉，頁49。

他碑，其二是二戰末期盟機轟炸毀損，其三是遭竊遺失。[22]對於石碑毀失原因的析論，十分精準到位。

其後，莊松林仍持續踏查採錄臺南縣各地的古碑，從民國47到53年之間（1958-1964），將採錄的古碑以題名〈臺南縣古碑志補遺〉、〈臺南縣古碑志補遺（四）〉、〈臺南縣古碑志補遺（五）〉發表刊登《南瀛文獻》。[23]可見，莊松林不因計畫結束就停止碑碣的採錄工作，而是不斷踏查採錄以發掘未被記錄的碑碣文物。

在這段期間，莊松林對於碑碣文物的關注除臺南地區外，其足跡也遍及南部各縣市，在走訪各村落的過程中，視碑碣為「珍貴資料之一，不管是完整的，或殘斷的，如有發現，必定錄之攜回」。[24]進行文獻比對、研究而成〈古碑拾遺〉一文，於《臺灣風物》雜誌分6期陸續發表。〈古碑拾遺〉收錄研究「毋許流丐強索示禁碑」、「東福橋碑」、「福井碑」、「臺鳳界歸割碑」、「公議禁丐約字牌」、「阿公店街築岸碑記」、「重修新興街福德祠碑記」、「水仙宮清界碑」、「重修笨南港水仙宮碑記」、「水仙宮清界示禁斷碑」、「接官亭碑記斷碑」、「重修國王廟新建天后宮碑記」、「永華宮捐緣重修碑記」、「方家家廟香燭牌」等石碑；踏查的足跡有高雄市湖內、鳳山、茄萣、岡山，臺南市中西區、關廟以及嘉義縣新港等地。

其中，「毋許流丐強索示禁碑」（又題作「嚴禁惡丐強索潑擾碑記」）是乾隆40年（1775）鳳山縣知縣劉亨基據長治里（今高雄市路竹區、湖內區）里民的陳請而給立告示，重申前任臺灣道陳璸、梁文科、奇寵格、碩善、臺灣知府王珍、李師敏、鳳山知縣姚岱羲等人所

---

22 朱鋒，〈臺南近十年來考古工作概要（一）〉《臺北文物》，6卷2期，1957），頁89-95。

23 〈臺南縣古碑志補遺（二）〉、〈臺南縣古碑志補遺（三）〉，作者為盧嘉興。

24 朱鋒，〈古碑拾遺〉《臺灣風物》，17卷3期，1967），頁16。

頒收養、施捨流丐的定例。原碑存
於今高雄市湖內區大湖長壽宮,莊
松林於民國45年(1956)春節就已
發現本碑立於廟邊,惟當時因急於
前往路竹的竹滬寧靖王廟參觀,因
此未能立即採錄碑文;後來再度到
長壽宮,石碑卻已不在,直到民國
51年(1962)12月重遊長壽宮,發
現石碑已移存該廟右廂室內,遂抄
錄全文並針對乞丐示禁碑的文獻作
一比對整理。[25]莊松林於文中探討
清代臺灣的乞丐問題,認為此碑是
研究社會史不可或缺的珍貴史料,
並整理「本省有關乞丐示禁碑一覽
表」,羅列臺南、高雄、屏東等地
11件乞丐示禁碑,是最早整理臺灣
乞丐示禁碑的資料。

圖5-3:高雄市湖內區大湖長壽宮乾隆
40年「毋許流丐強索示禁碑」
來源:曾國棟先生拍攝

　　「臺鳳界歸割碑」(又題作
「臺灣鳳山二縣定界碑」)係乾隆28年(1763)鳳山縣知縣王瑛曾給
立告示,明定鳳山縣與臺灣縣的界線,並詳示田地糧課的管轄權;立石
定界,永遠遵行。莊松林於民國50年(1961)1月20日前往今高雄市茄
萣區崎漏採訪,途經白砂崙,當地一老人告知此處有古碑,遂隨同查看
而得知該碑為「臺鳳界歸割碑」。本欲拓印,無奈海風甚大無法進行拓
碑工作,改以抄錄碑文、並就碑文內容探討臺灣縣與鳳山縣二縣界的爭

25 朱鋒,〈古碑拾遺〉,頁17。

議。[26]本碑原豎於白砂崙前省議員林仙保舊大厝的西面屋簷邊緣，約在二戰後初期移置屋宅西面的牆外角落，即今白砂路235巷1弄尾與199巷交接處，距原立碑處約20公尺。據白砂崙萬福宮人員表示，數年前萬福宮王爺公諭示：本碑乃白砂崙深具歷史價值的古物，宜妥善保存，並廣昭民眾知悉。萬福宮管理委員會遂於民國95年（2006）11月29日動土，將本碑遷移至廟前廣場右側，並設置說明牌，以利民眾觀看。[27]及至民國101年（2012）7月4日高雄市政府公告指定為「一般古物」類文化資產，翌年1月21日改列為「重要古物」進行維護，再遷立廟後並建碑亭維護保存。民國50年（1961）臺灣還沒有《文化資產保存法》，[28]莊松林當時即認為「臺鳳界歸割碑」是沿海地帶所發現首件石碑，實屬珍貴，得見莊氏對於碑碣文物的重視。[29]

「阿公店街築岸碑記」係乾隆41年（1776）阿公店街（即今高雄市岡山區）因水災危及商旅民居，遂公議捐銀，於街北築大岸以杜水患、以澤民生；竣工之日，立石紀事，並勒捐款者姓氏與金額，以垂永久。莊松林於民國54年（1965）4月2日與江家錦、林鶴亭（林勇）、施博爾（施舟人）、黃天橫先生等5人驅車到大湖街等地調查石質古香爐，利用餘裕時間前往岡山參觀新建的壽天宮，偶然發現棄置於地上的「築岸序」，碑文文字清晰易讀，知其為乾隆年間有關水災碑記，因時間已近中午，而且天氣酷熱異常，一行人就此折返臺南市而未抄錄碑文。之後「越思越覺其價值，遂於是年五月五日，獨自一人攜帶拓具，前往其廟墨拓數紙。在當場作成原稿，與原碑校對後，即往舊廟址勘

---

26 朱鋒，〈古碑拾遺（二）〉(《臺灣風物》，17卷5期，1967)，頁81。

27 曾國棟，《臺灣鳳山二縣定界碑基礎資料調查研究》，高雄市歷史博物館委託，2012。

28 《文化資產保存法》於1982年制定，是為保存及活用文化資產，充實國民精神生活，發揚多元文化而立之法，文化資產之保存、維護、宣揚及權利之轉移均依此法規定。

29 朱鋒，〈古碑拾遺（二）〉，頁81。

圖 5-4：「臺灣鳳山二縣定界碑」原立於萬福宮前廣場右側

圖 5-5：「臺灣鳳山二縣定界碑」現存立萬福宮廟後碑亭。

圖 5-6：「臺灣鳳山二縣定界碑」拓本

圖 5-4、5-5 來源：曾國棟先生拍攝

圖 5-6 來源：國立臺灣圖書館提供

圖 5-7：乾隆 41 年（1776）「阿公店街築岸碑記」

來源：曾國棟先生拍攝

查，而後返南市」。[30]由此也可以看到莊松林對於碑碣文物之投入，一旦發現未曾採錄的碑碣，立即進行抄錄或墨拓碑文，而後進行文獻研究。

此外，採錄臺南市區之「福井碑」、「水仙宮清界示禁斷碑」，目前皆已不存，幸賴莊松林當年採錄拓印而留下文獻史料。在「福井碑」的紀錄中，莊松林介紹福井的歷史，並整理「臺灣井碑一覽表」；「福井碑」係莊氏於民國50年（1961）3月間偶然在民生路的石舖店發現，以其字體型制與風化程度而判定為康熙年間的古井碑，並拓印1份拓本保存；文中提到日治時期自來水設置後福井被填平，「福井碑」淪為日人庭園的造景物件，二戰後日人離臺，其宅園為國人接管，「福井碑」被出售流落至石舖店。[31]按，福井也稱「下林仔井」，據謝金鑾《續修臺灣縣志》之記載：

　　福井，即下林仔井，在小西門外西南一里許，制寬大而水淺，四方築以木板，凡二十餘口，蓋臺灣建置時，土人鑿以濟海船之取

30　朱鋒，〈古碑拾遺（三）〉(《臺灣風物》，18卷3期，1968)，頁41-42。
31　朱鋒，〈古碑拾遺〉，頁20。

水者，地濱海而泉之甘甲一郡。[32]

　　下林仔原本是濱海的城郊小聚落，府城出小西門，沿魚行口街（今大德街）往鹽埕、喜樹、灣裡必經之路。在下林仔有「福井」數十口，福井水質甘甜，地方流傳「食著下林仔水」的趣談。一說府城南區郊外的民眾到城內工作回到鄉下，言行舉止判若兩人，表現有如經過府城文化洗禮而沾沾自喜，鄉人遂嘲諷曰「食著下林仔水，無全款」；一說下林仔「福井」的水甘甜，女孩子飲用之後，皮膚會變得白滑細潤，而有「食著下林仔水，無肥嘛婧」的諺語。

　　在地方耆老的印象中，昔日下林仔有數十口「福井」，尤其集中在大德街沿線；在大德街2號、4號及6號等三連棟房屋的變電箱下有「八卦井」，而在大德街73巷20號前巷道及大德街75號之1民宅前、大德街190號民宅、大德街141巷14號民宅前花園、大德街18號民宅內、大德街25號民宅、大德街35號之1民宅內、大德街43號民宅、大德街82號民宅花圃、西門路　段747巷西門教會西側等處也都有水井或大井。[33]

　　而根據莊松林於民國52年（1963）元月2日所採集的「水仙宮清界示禁斷碑」，可從殘文片語中可見：

　　　　庭淺狹經蒙……又買橋店拆毀充為……鑽利之徒于宮外側……雜物宮內則招引……堆積汙穢……

　　雖是殘篇斷簡，仍可一窺清朝時期臺南水仙宮附近商家，為一己私利而侵占周遭廟產營業，並將私人雜貨推積存放在水仙宮廟內，久而汙

32　謝金鑾，《續修臺灣縣志》（臺北市：臺銀本，1962），卷一〈地志〉，頁12。
33　曾國棟，《臺南府城古井誌》（臺南市政府文化局，2017），頁109。

上圖 **5-8**：蔡草如摹寫之「福井碑」

來源：朱鋒，〈古碑拾遺〉（《臺灣風物》，17 卷 3 期，1967），頁 20。財團法人林本源中華文化教育基金會提供。

下圖 **5-9**：下林仔大德街民宅庭院的古井遺跡

來源：曾國棟先生拍攝

穢積留，以至於褻瀆神明。這樣的殘碑確實能窺知水仙宮與五條港之地方商業發展歷史的另一風貌，此為莊松林之貢獻。[34]

　　另有單篇〈北港義民廟沿革記〉，係民國58年（1969）3月莊松林於雲林北港轉乘嘉義客運到嘉義南港水仙宮，候車空閒他在北港義民廟發現此物，係二戰後義民廟印發給香客的廟誌沿革，原件為紙質而不是石碑或木牌，莊松林認為：「現在僅存此紙，實屬珍貴，若此紙再遭遺失，嗣後義民廟沿革就無人知道了。」[35]於是當下抄錄的廟誌沿革，克盡保存文獻之責任。

　　從民國38年到58年的這20年期間（1949-1969，參見表5-1、5-2），莊松林經常是「單獨一人，或與二、三位同伴，走訪落後地區的窮鄉僻壤，從古廟、古墳、古鎮、舊家等蒐集古老而珍貴的文物。」[36]秉持著「雖然化費了整天的工夫，而收穫僅少，但總比在室內從舊文獻找出許多資料，較有意義，而且其心情的愉快，決非筆墨所能言表的。所獲新資料雖僅少，如果將來把其日積月累地彙集起來，誠為一洋洋巨觀，對於鄉土史不無貢獻」[37]之精神，其足跡遍及臺南境內的各村落，更遠至外縣市的屏東、高雄、嘉義、雲林等地，採錄拓印碑文，將碑文從田野中攜帶回家後，更進一步作碑文內容分析、解讀，探討碑文的歷史文化內涵，並記錄碑碣文物的歷史脈絡，留下碑碣文物珍貴且重要的歷史文獻。

---

34 莊松林於民國56年（1967）10月9日另採錄乾隆30年（1765）「水仙宮清界碑」，現仍存立臺南市中西區水仙宮三川殿右壁。

35 朱鋒，〈北港義民廟沿革記〉《臺灣風物》，19卷3-4期，1969），頁99。

36 朱鋒，〈古碑拾遺〉，頁16。

37 朱鋒，〈古碑拾遺〉，頁16。

本府太老爺勒石示禁
嗣後如有仍前故犯
茲蒙
頭賭博雜擾齏護
張掤排列檳榔藥
路以崇神光詎料
俸助建衆

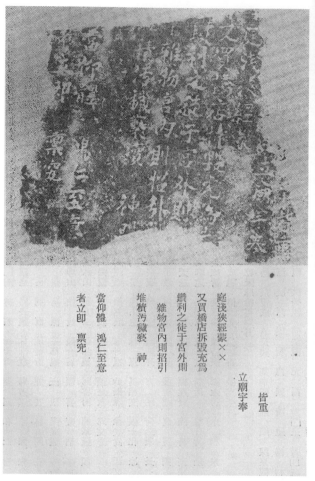

者立卽　稟究
當仰體　鴻仁至意
堆積污穢褻　神
雜物宮內則招引
鑽利之徒于宮外則
又買橋店拆毀充爲
庭淺狹經蒙××
皆重
立廟宇奉

左圖 5-10：「水仙宮清界示禁斷碑」拓本與釋文

右圖 5-11：「水仙宮清界示禁斷碑」拓本與釋文

圖 5-10、5-11 來源：朱鋒，〈古碑拾遺五〉（《臺灣風物》，19 卷 1、2 期，1967），頁 76、77。財團法人林本源文化教育基金會提供。

表 5-1：莊松林碑碣著作一覽表

序號	出版日期	題名	刊物名稱	卷期	頁數	共同作者
1	1949.03.28	黃寶姑碑記	報紙	公論報		
2	1954.04.30	臺南古碑的片鱗	臺南文化	3 卷 4 期	49-54	
3	1955.06.25	南縣古碑零拾（一）	南瀛文獻	2 卷 3、4 期	124-130	石暘睢 吳新榮 盧嘉興
4	1955.12.25	南縣古碑零拾（二）	南瀛文獻	3 卷 1、2 期	103-132	同上
5	1956.06.30	南縣古碑零拾（三）	南瀛文獻	3 卷 3、4 期	77-91	同上
6	1956.12.31	南縣古碑零拾（四）	南瀛文獻	4 卷上期	42-57	同上
7	1957.09.30	古碑志	臺南縣志稿	附錄之一		同上
8	1957.10.25	臺南近十年來的考古工作概要（一）	臺北文物	6 卷 2 期	89-103	
9	1958.06.20	臺南縣古碑志補遺	南瀛文獻	4 卷下期	81-83	
10	1962.12.25	臺南縣古碑志補遺（四）	南瀛文獻	第 8 卷	121-122	
11	1964.06.30	臺南縣古碑志補遺（五）	南瀛文獻	第 9 卷	46-56	
12	1967.06.28	古碑拾遺	臺灣風物	17 卷 3 期	16-22	
13	1967.10.28	古碑拾遺（二）	臺灣風物	17 卷 5 期	80-85	
14	1968.06.28	古碑拾遺（二）	臺灣風物	18 卷 3 期	40-44	
15	1968.08.30	古碑拾遺（四）	臺灣風物	18 卷 4 期	46-58	
16	1969.06.30	古碑拾遺（五）	臺灣風物	19 卷 1、2 期	76-81	
17	1969.12.30	古碑拾遺（六）	臺灣風物	19 卷 3、4 期	56-63	
18	1969.12.30	北港義民廟沿革記	臺灣風物	19 卷 3、4 期	99	

資料來源：

黃天橫，〈莊松林先生著作目錄〉，《臺灣風物》，25 卷 2 期，1975，頁 34-45。

朱子文，〈莊松林先生生平事蹟〉，《臺南文化》，新 55 期，2003，頁 9-18。

表 5-2：莊松林碑碣文物採錄年表

序號	採訪時間	同行採錄人員	地點	文物
1	1941 秋	石暘睢、陳華	臺南市	利用例假日調查碑碣、匾聯、寺廟神印等文物
2	1953.10.10	江家錦、吳新榮	永康鹽行保寧宮	恩憲大人示諭碑 2 件
3	1955.01.30	石暘睢、江家錦 吳新榮、盧嘉興	永康	佔墾薦松埔及洲北場廢地示禁碑
4	1955.02.06	石暘睢、江家錦 吳新榮、盧嘉興	白河大仙巖寺	大仙岩擇參禪師墓碑 重興大仙岩碑
5	1955.03.06	石暘睢、吳新榮 盧嘉興	新化水利會對面甘蔗園	雍正 9 年倪公修築大碑碑記
6	1955.03.20	盧嘉興	歸仁武東武當山廟	周知府陋習示禁碑
7	1955.05.01	石暘睢、吳新榮	佳里金唐殿	向忠亭碑、奉憲道禁碑
8	1955.05.08	盧嘉興	西港八份	安定里海坪歸鄉民採捕示禁碑
9	1955.05.15	石暘睢、吳新榮 盧嘉興	麻豆大埤北極殿	麻豆保內港擅築岸擁塞港道示禁碑、北極殿捐置齋房碑、北極殿捐題香燈碑
10	1955.05.15	石暘睢、江家錦 吳新榮、盧嘉興	麻豆南勢文衡殿	貼納武廟香燈示禁斷碑 虞朝庄關帝廟捐提碑
11	1955.05.15	石暘睢、江家錦	麻豆國小校長宿舍	訊斷貓求港寮充公示禁碑
12	1955.05.22	盧嘉興	永康二王廟	二王廟重建捐題碑 2 件
13	1955.05.29	吳新榮、石暘睢	安定保安宮	直加弄築岸碑記
14	1955.05.30	石暘睢、江家錦 吳新榮、連景初 盧嘉興、許丙丁 賴建銘	麻豆水堀頭橋	水堀頭橋碑
15	1955.06.12	陳春木	新化中正路 74 號 瑞華西裝店	禁革牛墟陋規碑
16	1955.06.19	石暘睢、江家錦 吳新榮、盧嘉興	玉井北極殿	重修大武　祖廟北極殿捐題碑、重建大武　祖廟各庄捐題緣金碑、北極殿香燈碑、重建北極殿木碑
17	1955.06.26	石暘睢、江家錦 吳新榮、盧嘉興	鹽水護庇宮	縣主示禁碑、府憲示禁碑、重興護庇宮碑記（同治 4 年）、重興護庇宮碑（乾隆 60 年）、奉憲示禁告示碑

序號	採訪時間	同行採錄人員	地點	文物
18	1955.06.26	石暘睢、吳新榮 盧嘉興	鹽水關帝廟	重建里仁橋碑記 重修武廟碑記
19	1955.07.02	石暘睢、江家錦 吳新榮	下營茅港尾媽祖宮	咸樂碑記
20	1955.07.03	石暘睢、江家錦 吳新榮	下營茅港尾慈光寺	丁撫憲買補倉糧示禁碑 功德碑記
21	1955.07.10	盧嘉興	柳營果毅後鎮西宮	不許官山咀利示禁斷碑 觀音埤公記
22	1955.07.10	石暘睢、江家錦 吳新榮、盧嘉興	六甲赤山龍湖巖	孫太爺開租碑
23	1955.07.17	石暘睢、江家錦 吳新榮、盧嘉興	新營鐵線橋通濟宮	再重修鐵線橋碑記 通濟宮香燈碑
24	1955.07.24	石暘睢、江家錦	新化清水寺	重建清水寺碑記
25	1955.07.30	石暘睢、江家錦 吳新榮、盧嘉興	鹽水月津大橋北側、水正里人橋畔	丁撫憲買補倉糧示禁碑 重修月港大橋誌
26	1955.10.17	石暘睢、盧嘉興	臺南市民生路復興石鋪	二層行溪義渡示禁碑
27	1956.02.06	石暘睢、江家錦 黃寬、吳新榮 盧嘉興	東山警察派出所前庭	哆囉國派撥累番示禁殘碑、哆囉國大武 派二社番租碑
28	1956.02.06	石暘睢、江家錦 黃寬、吳新榮 盧嘉興	白河關子嶺碧雲寺	玉枕山碧雲寺募為緣業碑記
29	1956.02.07	江家錦、盧嘉興 連景初、黃天橫 賴建銘、韓石麟	白河六溪重興宮	修理重興宮碑
30	1956.05.27	江家錦、連景初 盧嘉興、許丙丁 黃天橫、賴建銘 謝碧連	南化	福德爺牌記
31	1956.07.08	石暘睢	柳營	陳永華夫婦墓碑
32	1956.08.15	江家錦、盧嘉興	抄錄南方土俗臺灣史料集成	派撥累番示禁碑、漢文羅馬字派撥累番示禁殘碑
33	1956.09.01	江家錦	歸仁南保北極殿	上帝廟香田示禁碑
34	1956.10.17	石暘睢、江家錦 吳新榮	永康	蔣公堤碑

序號	採訪時間	同行採錄人員	地點	文物
35	1956.12.08	石暘睢、江家錦黃典權	臺南市小西門附近石鋪	龍潭橋誌碑
36	1956.12.09	江家錦、盧嘉興	歸仁大人廟	田仔廓埤碑記
37	1957.01.31	江家錦、盧嘉興	白河草店文衡聖殿	古思碑、武廟抽租香燈碑
38	1957.01.31	石暘睢、江家錦吳新榮、盧嘉興	後壁茄苳泰安宮	丁撫憲賞補倉糧示禁碑
39	1957.02.02	江家錦、盧嘉興	仁德太子廟明直宮	重修明直宮碑記
40	1957.02.02	江家錦、陳華盧嘉興	歸仁南保北極殿	周知府陋習示禁碑仁壽宮油香祀費碑
41	1957.02.03	江家錦、陳華	歸仁大人廟	重建大人廟捐題碑2件
42	1957.02.03	江家錦、陳華盧嘉興	關廟下湖關帝廟	周知府陋習示禁碑
43	1957.11.17	江家錦	關廟山西宮	孫知府陋習示禁碑
44	1959.03.07	臺南市文史協會	鳳山	東福橋碑
45	1961.03	朱鋒	臺南市民生路石鋪店	福井碑
46	1962.12.25	朱鋒	湖內長壽宮	抄錄毋許流丐強索示禁碑
47	1963.01.20	朱鋒	茄萣白沙崙	抄錄臺鳳界歸割碑
48	1964.01	連景初	湖內圍仔內慈濟宮	抄錄公議禁丐約字牌
49	1965.05.05	朱鋒	岡山壽天宮	墨拓阿公店街築岸碑記
50	1966.12.24	林勇、黃天橫	六甲	蔣鳳墓誌銘
51	1968.09.03		嘉義新港	重修水仙宮碑記
52	1968.09.27	陳仁德聯繫捐民族文物館	歸仁	韓母陳太夫人墓誌銘
53	1968.11.06	吳樹	臺南市西羅殿	乾隆43年捐題碑
54	1968.11.10	吳樹	臺南市西羅殿	再往校對乾隆43年捐題碑

（二）碑文專書

　　民國42年（1953）10月10日莊松林與吳新榮、江家錦到臺南縣永康洲仔尾保寧宮採錄嘉慶17年（1812）「恩憲大人示諭碑」，民國44

年（1955）臺南縣文獻委員會成立後，配合《臺南縣志》之撰修，從民國44年（1955）5月起開始工作，至46年（1957）3月止暫告結束，歷經23個月的例假日，踏遍臺南縣的山阪與海邊，蒐盡豐碑短碣，終能集到122件之多，數量雖不及臺南市，然已冠於其他縣市。[38]從表5-2也可看出民國44到46年（1955-1957）期間，莊松林與石暘睢、陳華、江家錦、盧嘉興、吳新榮、江家錦、陳春木等臺南縣、市文獻委員，密集在原臺南縣各鄉鎮採錄碑碣。初步的成果，題名〈南縣古碑零拾（一）〉、〈南縣古碑零拾（二）〉、〈南縣古碑零拾（三）〉、〈南縣古碑零拾（四）〉等4篇文章於《南瀛文獻》前後4期發表；4篇的作者署名，除〈南縣古碑零拾（一）〉為石暘睢、朱鋒、吳新榮、盧嘉興4人外，另外3篇的作者則為石暘睢、朱鋒、吳新榮、盧嘉興以及江家錦5人。

碑碣在文獻上的意義與重要性實不亞於其他文獻，所以當時的臺南縣文獻委員會採錄整理過程，原本要把碑碣收錄在《臺南縣志・文化志・古物篇》，最後因每志規範10萬字左右的內容，因古碑字數太多而無法收錄，後決定以「南瀛文獻特輯」專刊方式出版《臺南縣古碑志》，並作為《臺南縣志》附錄之一，於民國46年（1957）5月出版，為臺灣方志中最早將碑碣輯為專志的地方志書。[39]

《臺南縣古碑志》收錄的碑碣，自鄭氏時期起至光緒14年（1888）止，就年代類別而言，除缺少康熙年間的石碑外，其他歷朝均有。原臺南縣西臨海濱、開發甚早、漢番雜居、位處南北交通要衝，因此有關建置及示禁碑碣眾多，而且有漢羅對照同文，漢文左書，使用

---

38 石暘睢、江家錦、朱鋒、盧嘉興、吳新榮，《臺南縣志・附錄之一：古碑志》（臺南縣文獻委員會，1957），頁7。

39 石暘睢、江家錦、朱鋒、盧嘉興、吳新榮，《臺南縣志・附錄之一：古碑志》，頁135。

蘇州碼等奇異的方式，應有盡有，均為他縣市所無，謂為碑碣之拾錦，亦不為過。編排方式，以年代為序，每件碑文均附有碑題、碑址、碑材、尺度、採集日期、採集人附註，有助於後人瞭解早期保存相關文獻的工序。

　　碑文採集過程，有鑑於某些石碑剝泐風化，拓本不易辨識，故「乃以觀看方法，加以運用光線水力，彩色等手段，將拓不出的文字，多予認出」。[40]並且不厭其煩花費人力與時間，前後往返校勘數次，力求「真」與「實」。在前賢秉持「搶救主要史料湮滅並作前人未竟之工作，獻給文獻界作為參考」的精神下，[41]將原臺南縣的古碑作一鉅細靡遺的蒐集，除保存多件原碑已佚失的碑碣史料外，更將散處各地的石碑作精確記錄而傳存後世。

　　《臺南縣古碑志》所採錄的122件碑碣，皆明確標註採集人，根據這些紀錄，莊松林參與採集的碑碣多達63件，當年「他們如在某地發現碑碣一石時，宛如掘到古寶一樣，歡喜若況。如有一字不明或疑問時，更不辭辛苦，重赴現地一再校對」。[42]莊松林等前賢對於碑碣文獻的整理，立下後學者的典範，而其人治學真摯的風度與精神，更令後世學者敬佩。

圖5-12：1957年《臺南縣志・附錄之一：古碑志》書名頁

來源：曾國棟先生提供

---

40 石暘睢、江家錦、朱鋒、盧嘉興、吳新榮，《臺南縣志・附錄之一：古碑志》，頁7。

41 石暘睢、江家錦、朱鋒、盧嘉興、吳新榮，《臺南縣志・附錄之一：古碑志》，頁7。

42 石暘睢、江家錦、朱鋒、盧嘉興、吳新榮，《臺南縣志・附錄之一：古碑志》，頁135。

二、匾聯採錄

　　匾額，一作「扁額」，懸掛於門屏之上，或堂榭園亭所題的橫額。以其懸於門額、牆眉，故稱「匾額」，也單稱「匾」或「額」。[43]匾額在傳統建築中獨樹一幟，與楹聯文學相得益彰，可謂集歷史、文學和藝術於一體的文化精粹。匾額具備豐碩的文采與文義，並可呈現寺廟與官宦、士紳、社群的相互關係，為地方開發提供重要文獻，也是寺廟沿革史料、宅第傳家精神之依託；其中蘊藏精緻的書法與雕造藝術，更是常民文化之所在。[44]加以材質保存上的困難，使匾額的研究更具重要意義。

　　清代早期所修臺灣各志書，尚無專目收錄匾額，僅於記載人事或寺廟時偶有記錄相關的匾額。利用匾額資料考證史事，以清光緒18年至20年之間（1892-1894）各廳縣為修纂《臺灣通志》而輯的采訪冊首開風氣；[45]盧德嘉《鳳山縣采訪冊》列「匾額」目，倪贊元《雲林縣采訪冊》列「匾」或「坊匾」目，陳朝龍《新竹縣采訪冊》列「坊匾」目，輯錄的匾額對於建置沿革、職官卸任、人物傳記提供足資考證的材料。

　　日治時期，杉山靖憲《臺灣名勝舊蹟誌》介紹名勝古蹟之沿革，[46]並於各景點之後附錄匾聯、碑記資料，留存文物史料。臺南市的匾聯不惟年代久遠，而且數量眾多，但自從日人統治以後，數量日益減少，查其原因，乃日人嗜好我國之匾聯，競相竊取或購買小型者，懸掛廳堂，以示文雅並玩賞之。所以日治末期，為了確實明瞭臺南市匾聯之數量及內容，莊松林與石暘睢先生合作調查，費時數月，總共調查記錄匾421

43　臺灣中華書局編輯，《辭海》（臺北市：臺灣中華書局，1980），頁713。
44　何培夫，〈匾額文采蘊意深〉（《傳統藝術》，41期，2004），頁12。
45　林文龍，《細說彰化古匾》（彰化市：彰化縣立文化中心，1999），頁4。
46　杉山靖憲，《臺灣名勝舊蹟誌》，東京：臺灣總督府，1916。

件，聯118件，合計539件。[47]

　　二戰末期，臺南市遭遇美機轟炸，諸多匾聯因此而遭戰火摧毀而不存。二戰後，莊松林再調查匾聯存毀狀況，將調查成果彙整於〈臺南近十年來考古工作概要〉一文，於《臺北文物》連續3期刊載。該文記錄了臺南市匾聯的形式與材質，並整理「臺南市光復前寺廟衙署會館故家古舖匾聯調查統計表」、「臺南市光復前後毀失及新得匾聯對照統計表」、「臺南市光復前後毀失匾聯一覽表」、「臺南市光復後新得匾聯一覽表」。根據莊氏調查統計，二戰期間臺南市匾聯被炸燬及佚失者約達93件，二戰後調查寺廟宅第，新得者有30件，所以民國47年（1958）前後，當時臺南市尚存的匾聯達466件之多。[48]這一份資料統計日治時期到二戰初期，臺南市匾聯文物的數量，並羅列因戰火毀失的匾聯，記錄當時遭轟炸的地點有海安宮、聚福宮、水仙宮、文昌祠（今僅存府前路一段90巷34弄30號之北側一道古牆）、銀同祖廟、大人廟、福德祠、重慶寺、吳將軍祠（今民權路一段建國戲院一帶）、祝融殿（西門路二段372巷內）、洪公祠（北門路與青年路路口之合作金庫銀行所在地）、中西區陳氏家廟、梁厝祠堂、孔子廟、兩廣會館（址在南門路東南側與開山路路口）等處，留下匾聯文物的歷史文獻，是臺南市匾聯文物有完整調查記錄的最早一份資料，同時也記錄了二戰末期臺南市的戰火災情。

　　莊氏特別提到臺南市最古老匾聯文物為北極殿「威靈赫奕」匾，寧靖王所書，落款年代作永曆23年（1669），是臺灣現存年代最早，同時也是至今唯一尚存的明代匾額；而最古老的楹聯則是已毀失的吳將軍祠之「但使虎貔常赫濯，不教山海有烟塵」聯，係清朝吳英恭摹康熙帝

47　朱鋒，〈臺南近十年來的考古工作概要（三）〉(《臺北文物》，6卷3期，1958)，頁53。
48　朱鋒，〈臺南近十年來的考古工作概要（三）〉，頁53。

御賜。據《續修臺灣縣志》所載：

> 吳將軍祠：在東安坊（祀太子少保威略將軍福建水師提督吳
> 英，欽賜御書匾額「作萬人敵」；又對聯：「但使虎貔常赫濯，
> 不教山海有煙塵」摹懸祠中。祠後有樓曰「仰止樓」。乾隆五十三
> 年，知府楊廷理修。將軍本泉州人，其子孫有來臺者，居於此祠；
> 改其額曰「吳氏家廟」。今殿宇傾圮，已就廢。）[49]

　　吳英，福建晉江人，原為鄭成功部將，永曆17年（1663）降清。
康熙18年（1679）擊敗鄭經部將劉國軒，升為同安總兵，康熙22年
（1683）調為興化總兵，而後隨福建水師提督施琅平臺後，留守臺
灣。康熙36年（1696）調為福建陸路提督，翌年改為水師提督，而後
授予威略將軍，仍掌水師提督之職。康熙51年（1712）逝世，享年76
歲，贈太子少保。臺灣紳士、里人倡建祠感念其事蹟，於東安坊建祠以
奉之。吳將軍祠於二戰末期遭美機炸毀，其址在臺南市中西區民權路一
段建國戲院一帶。

　　除調查臺南市區的匾聯文物外，莊松林與文獻委員會同好經常走
訪臺南與高雄地區的寺廟、古厝，留存諸多匾聯文物等文獻史料。在
調查記錄匾聯文物過程中，「因為匾額大多高懸於楣樑之間，如眼力所
不及者，必須靠竹梯，如梯所不及者，必須動用望眼鏡。如室內光線不
足者，就要用手電燈射照，始能辨識上下款細小之文字」。[50]充分反映
臺南文獻研究前輩從事文物調查之辛苦與用心。此外，「據一般民間習
俗，匾比聯更加重視，聯可以隨便取下拍照，毫無忌諱，然而匾額的昇

---

49 謝金鑾，《續修臺灣縣志》，卷二，〈政志・壇廟〉，頁66。

50 朱鋒，〈臺南近十年來的考古工作概要（三）〉，頁54。

圖 5-13：永曆 23 年（1669）「威靈赫奕」匾

來源：臺灣文化三百年記念會編，《臺灣史料集成》，臺南市：臺灣文化三百年記念會，1931。曾國棟先生提供。

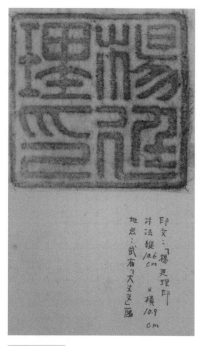

左圖 5-14：乾隆甲寅年（1794）「大丈夫」匾之楊廷理印

右圖 5-15：嘉慶元年（1796）「彈指優曇」匾之哈當阿印

圖 5-14、5-15 來源：莊明正先生提供

降必須擇時舉行，除改築或遷移情事外，平時切忌移徙，所以拍照就有不少的困難」。[51]說明當年進行文物的調查工作時，尊重民俗禁忌，謹守田野調查的倫理。

今日我們進行匾額調查時，因匾額高懸殿堂或門庭之上，大多使用攝影機，來進行記錄。但舊時攝影機價高，且普及度低，並非莊松林一般基層員工能負擔得起，從日治時期開始，莊松林就習慣在碑匾研究時，透過抄錄，記錄碑匾上文字，而莊氏也隨身攜帶伸縮尺與複寫紙，[52]能隨時丈量匾額尺寸，以及將匾上落款用印透過複寫紙拓印下來，累積了上百方匾聯落款用印，留下不少珍貴紀錄，如祀典武廟「大丈夫」匾上的楊廷理印、開元寺「彈指優曇」匾上的哈當阿印。[53]此外，他與石暘睢、黃天橫將這些落款用印整理成〈歷史人物印存〉，發表在《文史薈刊》第一輯，總共彙整了97個歷史人物的印章。[54]

莊氏從1941年與石暘睢、陳華一同調查碑碣、匾聯、寺廟神印等文物開始，至1966年獨自前往佳里震興宮調查對聯為止，前後長達25年。地點以臺南縣、市為主，足跡也到達高雄縣沿海茄定、湖內與沿山內門（參表5-3）。

---

51 朱鋒，〈臺南近十年來的考古工作概要（三）〉，頁54。

52 陳怡宏、野林厚志、葉瓊霞，《南方共筆：輩出承啟的臺南風土描繪特展專刊》（臺南市：國立臺灣歷史博物館，2018），頁40。

53 楊廷理（1747-1813），廣西柳州馬平縣人，歷任福建歸化、侯官知縣，臺灣南路理番同知、臺灣知府、臺澎兵備道兼提督學政、噶瑪蘭廳暫攝通判，因多次於臺為官。更是噶瑪蘭設廳的最大推手，後世尊稱其為「開蘭名宦」。哈當阿（hadangga，?-1799）蒙古正黃旗人，曾任福建水師提督兼臺灣鎮總兵，因篤信佛教，故於臺南開元寺、壽山巖觀音寺可見其所題匾額。

54 石暘睢、朱鋒、黃天橫，〈歷史人物印存〉，《文史薈刊·第一輯》（臺南市文史協會，1960），頁113-131。

表 5-3：莊松林匾聯文物採錄年表

序號	採訪時間	採錄人員	地點	文物
1	1941 秋	石暘睢、陳華	臺南市	利用例假日調查碑碣、匾聯、寺廟神印等文物。
2	1952.12.13	朱鋒、吳新榮、石暘睢	新化吳宅	吳士邦「解元」、「進士」、「都閫府」3 匾
3	1952.12.20	朱鋒、吳新榮、石暘睢	關廟方家	「一鄉善士」等 4 匾
4	1952.12.27	朱鋒、吳新榮、石暘睢	佳里曾家祖廟	曾廷輝「武魁」匾
5	1952.12.30	朱鋒、吳新榮、石暘睢	關廟山西宮	「義高千古」等 4 匾
6	1953.02.10	朱鋒、吳新榮	佳里	黃登瀛「進士」匾、黃裳華「文魁」匾
7	1953.11.17	朱鋒、吳新榮、石暘睢	玉井竹圍庄張家	「春魁」匾
8	1953.11.21	朱鋒、吳新榮、石暘睢	大內楊氏家廟	「思義」匾
9	1953.11.27	朱鋒、吳新榮、石暘睢	玉井	北極殿「其道光大」等 3 匾、江家祖廟「壽德流芳」匾
10	1955.07.10	朱鋒、石暘睢	新營鐵線橋通濟宮	「澤周海嶠」匾
11	1956.05.27	朱鋒、江家錦	南化	北安宮「黎民懷之」匾
12	1957.09.08	朱鋒	北門	保安宮「靈被我疆」匾及聯 1 對
13	1957.09.29	朱鋒、石暘睢	永康蜈蜞潭楊家	黃本淵及汪春源書對聯
14	1958.02.10	朱鋒	臺南市北區	小媽祖廟「天上福興」匾
15	1958.02.18	朱鋒	高雄內門	紫竹寺「普濟群生」等 6 匾
16	1959.03.26	朱鋒、石暘睢	臺南市北區	呂總兵舊宅呂家 3 人「節孝」匾
17	1960.05.16	朱鋒、陳仁德	高雄茄萣	「恩周海嶼」等 2 匾
18	1960.05.22	朱鋒	臺南市忠義路石坊腳薛家	邱應瑞對聯
19	1960.07.20	朱鋒、王延壽	臺南市成功路 7 巷民宅	吳春貴「拔元」匾

序號	採訪時間	採錄人員	地點	文物
20	1961.03.07	朱鋒	臺南市民權路	鞋街「鷺嶺古地」匾
21	1961.11.11	朱鋒	高雄茄萣正順廟	「英靈萬古」匾
22	1961.11.25	朱鋒	高雄湖內	普濟宮「威靈赫濯」匾 碧湖宮「聲靈赫濯」匾
23	1965.02.09	朱鋒	臺南市	保安宮「紫竹林」匾
24	1965.02.20	朱鋒、林勇	臺南安平	安平城隍廟「鑑空衡平」匾
25	1965.06.20	朱鋒、連景初	高雄湖內	慈濟宮「廣濟昭靈」匾
26	1966.07.26	朱鋒	佳里	震興宮對聯 1 副

三、明墓與墓誌彙整

　　莊松林對於明墓的研究有《臺南文化》發表的〈臺灣的明墓雜考〉，以及《臺北文物》刊載之〈臺南近十年來考古工作概要〉兩篇文章。在臺灣有關明墓的研究與文獻記載，始見清代府縣志書，但為數無多，亦限於鄭氏的部屬與遺老而已，而且記述過於簡略，無助史實考證。至日治時期，對明墓關心者雖不乏其人，然寫作者甚少，唯有連雅堂在臺南發行的《三六九小報》專欄「雅言」，發表臺灣明墓的探究與考察相關文章。至昭和5年（1930）「臺灣文化三百年記念會」以及昭和10年（1935）「臺灣始政四十周年博覽會」時，古碑明墓成為展示文物而在臺南的「臺灣歷史館」登場。這兩次展覽，莊氏認為在明墓的認識與研究上有三項重人意義：

1. 明墓的存佚已有明確數字，經兩次展覽，確認文獻上有記載的明墓11座，尚存者6座，佚失者5座，而新發現者3座，分別是陳永華墓（在柳營果毅後）、施定國將軍墓（原在府城東門外，民國48年前後遷至南山公墓）、林圯墓（在南投縣竹山

鎮）。

2. 明墓已由文字記述，進到拓本或照片形態，比以前具體而詳實。

3. 尤以「鄭二公子墓」拓本出現，特別對於鄭成功的子嗣在臺存歿問題有很大糾正。鄭成功原有經、聰、明、睿、智、寬、裕、溫、柔、發等10子，鄭二公子墓之「聖之」為四子睿，「省之」為十子發。

透過展覽引起各界對明墓認識與重視，帶動後續的相關調查研究行動。[55]

莊松林對於明墓的涉略，始自昭和17年（1942）4月25日與石暘睢、國分直一、[56]盧嘉興、福田百合子[57]等人合作發掘李茂春墓。李茂春為福建龍溪岱南人。隆武2年（1646年）舉孝廉，性恬淡，富著述。永曆18年（1664）隨鄭經來臺，居永康里，築草廬，題名「夢蝶處」，日誦佛經自娛，人稱「李菩薩」，卒葬新昌里，碑銘「龍邑岱南鄉進士李先生墓」。其墓於日治末期建臺南機場時拆毀，法華寺僧發掘並拾其遺骨，移其墓碑，納於寺中。[58]同年（1942）冬天，莊松林與董祐峯發掘洪夫人墓。這些田野踏勘、採集，讓莊松林對於臺灣的明墓構造與遺物有一定的了解。

及至二戰後，石暘睢、莊松林、江家錦、吳新榮、廖漢臣等人，

---

55 朱鋒，〈臺南近十年來考古工作概要（一）〉，頁97-98。

56 國分直一（1908-2005），有「全方位的民族考古學者」之稱。1947至1949年間曾任國立臺灣大學歷史學系副教授，受鹿野忠雄、金關丈夫、宮本延人等人影響甚深。

57 福田百合子當時任職臺南第一高女，經常在《民俗臺灣》發表作品。

58 2020年法華寺住持晴虛法師（俗名莊清旺，1931-2023）奉立李茂春銅像於寺前左側庭院，2021年2月21日舉行「夢蝶園奠基者李茂春老先生奉祀儀式」。此銅像與遺骨應無關，完全新造。遺骨若有也應該在納骨塔內。

踏遍臺南縣市墓園找出數座新發現的明墓。[59]民國41年（1952）11月
石暘睢在臺南市南區郊外師爺塚管事畑中，發現崇禎15年（1642）的
「曾振暘墓」；花崗岩墓碑銘刻「皇明澄邑振暘曾公墓」，上款銘「崇
禎十五年」，下款銘「孝子若龍、若鳳全泣立」。從碑銘得知，「皇
明」即大明的尊稱，「澄邑」指福建省漳州府海澄縣，為墓主的祖籍墳
墓。曾振暘生平雖未見諸方志史冊，但立碑年代較鄭成功渡臺的永曆
15年（1661）早19年，足以證明閩南人甚早移墾臺灣的事實。由於墓
主名不見於經傳，掩沒荒山野草之中甚久，直到戰後才被發現，並於民
國42年（1953）進行修葺。[60]

　　「曾振暘墓」的發現使得臺南市文獻委員會對於明墓的研究特別重
視，對於散佈郊野的明墓，再作一次實地考查，於既存之外又發現10
餘座，其中包括林朝和墓，墓碑銘曰：「皇明顯考林朝和佳塋」，上款
銘「辛卯年九月修」，下款銘「男知、玉、孫忠、信、義等全立」。
根據碑銘「皇明」、「辛卯年」得知墓碑係明永曆5年（1651），也早
於鄭成功來臺之年代。身為臺南市文獻委員的莊松林前後費了數個月的
工夫，將所集36座明墓資料整理以作為後人研究「臺灣的明墓」的參
考。並說明曾振暘墓為目前臺灣現存最早明代古墓，為了釐清外界對於
「顏思齊墓」是否早於曾振暘墓的疑慮，臺南市文獻委員會同仁除了再
度廣泛蒐集資料外，也集體前往葬於嘉義縣三界埔山（今水上鄉）現
勘，以辨「顏墓」真偽，並認定該墓為「疑案」。[61]

　　莊松林在該文前言強調明墓之於臺灣歷史的重要性：

59 廖漢臣，〈學界的墊腳石：憶石暘睢兄〉《南瀛文獻》，10卷1期，1965），頁13-15。
60 石暘睢，〈臺灣的明墓考〉《臺南文化》，3卷1期，1952），頁26-27。
61 朱鋒，〈臺灣的明墓雜考〉《臺南文化》，3卷2期，1953），頁44-55。

臺灣的「明墓」比在大陸的，更值得研究，因為臺省自漢人定居拓殖以來，才有三百餘年歷史，明墓算是最早的標識。自明朝末葉至明鄭的二十三年間，明墓為數當不在少，然自滿清據臺主政之後，為了徹底消滅「反清復明」的思想，不但對於活者，加以強迫遣送大陸，安插各地；就是對於死者，如鄭成功，鄭經，陳永華等人的墓，也下令遷葬內地。繼之以日據時期的都市計劃和增產關係的清塚；再加上後裔失掌和墾耕者無端的摧毀，至目前為止，殘存者已寥寥無幾了。若不及早設法予以保存，加以研究，恐怕日趨湮滅，將為文獻上莫大的損失。[62]

並進一步探討臺灣文獻記載的明墓、明墓的界說與分佈狀況、墓碑和尺寸、墓形及墓內構造、明墓的殉葬品，對於明墓的形制作詳述的論述。

該文對於明墓的分布情形提到，36座明墓中，臺南市26座、臺南縣5座、彰化縣2座，高雄縣（寧靖王墓）、南投縣（林屺墓）、澎湖縣（盧若騰墓）各1座，實與府城為明鄭時代的政治、經濟與文化的中心，是人口最集中、開發最早的區域有關。

臺南市「南區郊外」自17世紀漢人移居臺灣以來，該地區即是塋葬之所，這片範圍更廣大墓地，俗稱「鬼仔山」，或雅稱「魁斗山」、「貴子山」、「桂子山」，統稱「大南門郊外墓地」、「南郊」，以及日治時期的「桶盤淺墓地」、二戰後的「臺南市第一公墓」等稱呼，即今所稱「南山公墓」，是臺南市最古老的墓葬區。近年，南山公墓的保存爭議也成為民間公民團體與政府單位關注的議題，而莊松林早在民國42年（1953）就已認識到南山公墓的重要歷史意義。

---

62 朱鋒，〈臺灣的明墓雜考〉，頁44。

對於明墓保存的意義與方法，莊松林也特別提到：

　　墳墓是民族的里程碑，尤其是臺灣的明墓可以說是我國民族精神卓越的標識。為了民族存續與國家復興，對於「臺灣的明墓」應于重視，設法保存，藉以發揚民族精神。墳墓的保存方法有二，一為「現地保存」，一為「易地保存」，後者一種係因於葬地遼遠，或易於湮滅，出於不得已的一種權宜的辦法。依照本省的風俗，要保存祖先墳墓，必須經過一番發掘改葬手續，俗稱洗骨，將遺骨藏入骨壺（俗稱「金斗」），然後再行埋葬，始得保存永久。過去，我們為了保存明墓，利用其改葬的機會，曾作學術的探討，同時由此獲得了無數的史料，作為史的糾謬補遺之用。[63]

　　直到現在「現地保存」與「易地保存」，仍然是有形文化資產保存問題經常必須面臨抉擇的課題。

　　莊松林在明墓的研究成果，為後續研究明墓者提供重要的參考資料，如石萬壽〈記新出土明墓碑〉、[64]蘇峰楠〈記臺南市新發現的兩座明代古墓：兼論其墓碑形制〉，[65]二篇明墓的論文，皆以〈臺灣的明墓雜考〉為基礎而延伸論述，得見莊松林在臺灣明墓研究上的意義。

　　莊松林長期投入臺灣南部與澎湖碑碣的調查記錄，每每期待能採錄到明代的碑碣，以作為論證的依據，然而採錄所得多為明代墓碑，缺少敘述性的墓誌銘。直到民國48年（1959）7月16日報載金門某部隊在山前村附近清除坑道挖掘石沙時，發現明朝永曆30年（1676）鄭氏墓誌

---

63 朱鋒，〈臺灣的明墓雜考〉，頁55。

64 石萬壽，〈記新出土明墓碑〉（《臺灣文獻》，26卷1期，1975），頁37-47。

65 蘇峰楠，〈記臺南市新發現的兩座明代古墓：兼論其墓碑形制〉（《臺灣文獻》，61卷3期，2010），頁368-400。

一件。誌文內容敘述清兵入關時，朝內奸賊當道，陷害忠良，開關獻城出賣國家民族的事蹟，倍極悱惻，發人深省，極具歷史價值。因此臺南市文史協會備函金門縣政府求取該墓誌銘拓本，而獲得1份。同年8月26日金門某部隊在金門古崗湖前炸山採石而發現古墓、並掘得壙誌，令湮沒已久的魯王墓與魯王墓誌銘出土，臺南市文史協會再獲贈拓本與照片。

監國魯王乃明代皇裔，姓朱名以海、字巨川，生於萬曆46年（1618），卒於永曆16年（1662），得年45歲。原卜葬於金城東門外（今金門縣金城鎮），墓誌銘係由寧靖王朱術桂領銜勒石，文中敘述魯王生平、抗清事蹟與家屬概況，以備後日考訂。由於本件墓誌的出土，不只提供魯王與南明史事的清楚輪廓，更為鄭成功洗雪「沈魯王於南澳」、「遷魯王於澎湖」等歷史曲筆，可謂珍貴的碑碣史料。臺南市文史協會的同仁將此兩件墓誌銘研討之後，認為學術價值甚高，所以莊松林首先以朱鋒署名發表〈金門發現的「皇明石井鄭氏祖墳誌銘」小考〉於《臺灣文獻》季刊發表，[66]隔年再撰文〈金門發現的南明碑碣二件〉於《文史薈刊》發表。[67]莊氏指出：

> 從考古學而言，南明三朝距今僅有三百餘年，而其遺物發現在海內外者，實屬寥寥無幾。我們雖作了長期採集，尚未能得到滿意的一件，反而在短暫之間，在金門一小島上竟能偶然發現了珍貴碑碣兩件，實屬難能可貴，可以說是自由中國考古學界近年來的稀有的收穫。由史學而言，有關南明的文獻，不拘正史或野史，實有汗牛充棟之數，有些已被治臺灣史或南明史者，奉為可靠之信史，作

66　朱鋒，〈金門發現的「皇明石井鄭氏祖墳誌銘」小考〉，《臺灣文獻》，10卷4期，1959。
67　朱鋒，〈金門發現的南明碑碣二件〉（《文史薈刊》，2輯，1960年），頁97-100。

為論證之依據,然而經此兩碑的發現,給予舊文獻,作了糾謬。證實、補充之功至多。由此認識了遺物的正確性與考古學的重要性,對于歷史研究幫助至大。[68]

墓誌銘是一種陪葬品,凡有科第軍功之子孫,將其亡故祖先之姓名、籍貫、略歷及世系等敦請官紳撰題為文,並將其書寫或鐫刻於碑石,然後埋葬於墓碑與棺之間,俾使後人遷葬時,有所稽考,作為永遠之誌識。墓誌銘之行文似傳,史料價值甚高,比之神主墓碑有餘,因其備有事蹟及世系的基本要素,具有與行略、行述、齒錄之同等功用,[69]為治理傳記家乘不可或缺之重要史料。墓誌銘用於科第軍功之家,不能普及一般民家,因此數量不多。

除金門出土的明朝墓誌銘外,莊松林在〈臺南近十年來考古工作概要(三)〉整理臺南出土的墓誌銘共有9件;臺南的墓誌銘人多是日治時期出土,為了都市計劃大規模清塚或為

圖 5-16:鄭氏墓誌銘出土之新聞報導
來源:〈發現明末鄭氏墓誌〉,《正氣中華日報》,1959 年 7 月 16 日,第 2 版。國立公共資訊圖書館提供。

---

68 朱鋒,〈金門發現的南明碑碣二件〉,頁97。
69 科舉時代將同登一榜者的姓名、年齡、籍貫、三代彙刻成書,稱為「齒錄」,也稱為「同年錄」。

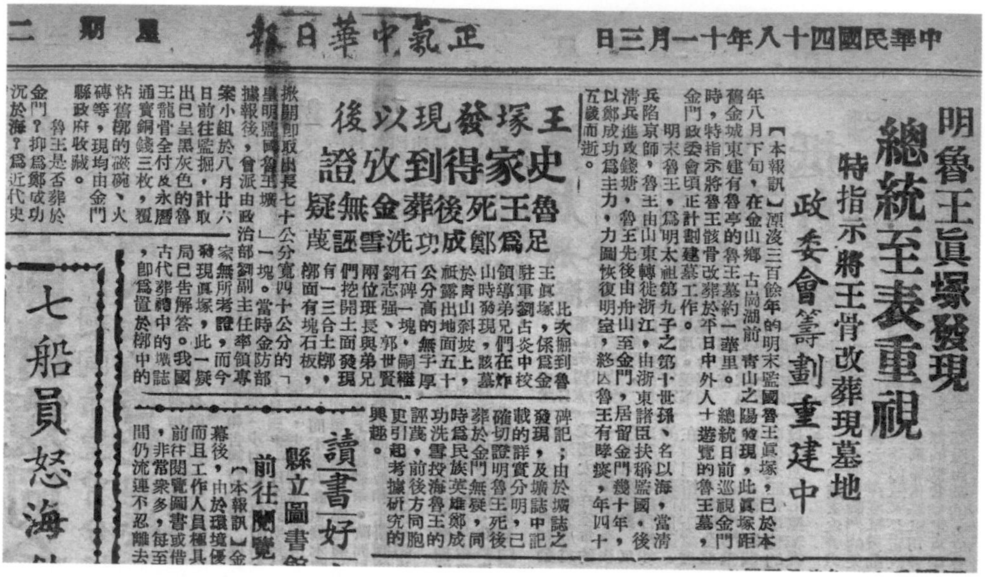

圖 5-17：魯王墓誌銘出土之新聞報導
來源：〈明魯王真塚發現／總統至表重視〉、〈王塚發現以後／史家得到玫證〉，《正氣中華日報》，1959 年 11 月 3 日，第 2 版。國立公共資訊圖書館提供。

了增產遷葬而發現墓誌銘；[70] 9件墓誌銘分別是乾隆2年（1737）世春陳公墓誌銘、乾隆5年（1740）劉府君墓誌銘、乾隆7年（1742）王府君墓誌銘、乾隆24年（1759）鄭府君墓誌銘、乾隆35年（1770）鄭母淑慎林氏墓誌銘、鄭母慈勤郭氏墓誌銘、道光2年（1822）林朝英墓誌銘，以及道光年間虛谷黃公墓誌銘、咸豐2年（1852）吳公墓誌銘。

「劉府君墓誌銘」為臺灣府城士紳劉國瑞之子嗣劉長青、劉名世、劉從夏、劉登科等人為其勒刻的墓誌銘。劉國瑞，字君玉，別號璞齋，生於康熙23年（1684）12月11日，為人生性宅心仁厚，樂善好施，廣受里人好評，死後享有「待贈州司馬」榮銜。劉國瑞卒於乾隆5年（1740）9月初6日，至11月18日葬於永康里洲仔內（今臺南市北區小

70　朱鋒，〈臺南近十年來考古工作概要（三）〉，頁52。

康里），日治時期日人整理三分子一帶的墓塚為營區，本件墓誌銘出土，輾轉流落於小西門腳（今臺南市西門路一段與府前路口南側一帶）民家，二戰後由臺南市歷史館購存。[71]

「王府君墓誌銘」為臺灣府例貢生王朝鈴、武舉人王振業為其父王紹堂銘刻的墓誌銘。王紹堂，字微之，號詒翼，先世福建省泉州府同安縣金門人。明末，與母親張氏，兄長紹陞、紹堦、紹塞移居東寧西定坊（今臺南市中西區）。王紹堂過世後其子王朝鈴委請臺灣府學教諭劉元相撰寫墓誌銘之文稿，並由兵部員外郎王鳳來篆額，舉人王賓書寫墓誌銘。本墓誌銘出土後原存臺南市中西區永福路王姓裔孫王阿欽宅；二戰後，王阿欽贈送臺南市歷史館。[72]

鄭府君墓誌銘為國學生鄭廷爵的墓誌銘。鄭廷爵，字遵一，號達軒，祖籍福建泉州府同安縣，自幼好學，貢生出身，樂善好施，熱心公益而望重鄉里；死後以子鄭其嘏捐贈奉直大夫。本件墓誌銘由舉人林昂霄撰文，用以讚揚、悼念鄭廷爵生平事蹟，並由鄭廷爵之弟臺協左營千總鄭鴻善篆額並書。原件應刻石2方，今僅存第1方。本墓誌銘殘件係由臺南市祀典武廟旁之陳樹根先生贈予臺南市歷史館存藏。[73]

「鄭母淑慎林氏墓誌銘」為臺灣府例貢生鄭其嘏、武生鄭其仁[74]為

---

71 朱鋒，〈臺南近十年來考古工作概要（三）〉：頁56。臺南市文獻委員會〈歷史館專號〉（《臺南文化》，4卷4期，1955），頁52。

72 朱鋒，〈臺南近十年來考古工作概要（三）〉，頁56。臺南市文獻委員會〈歷史館專號〉，頁50。

73 朱鋒，〈臺南近十年來考古工作概要（三）〉，頁57。臺南市文獻委員會〈歷史館專號〉，頁56。

74 鄭其仁（1754-1788），府城西定坊武生，林爽文事件率軍協助清軍作戰，乾隆53年（1788）殉難於放索（今屏東縣林邊鄉水利村），時年34歲，死後賜都司銜，官四品。鄭其仁墓發現起源於昭和8年（1933），時任教於州立臺南一中東洋史教諭前嶋信次因學生作業提及「洲仔尾古墓與石馬」傳說，乃與野田八平、石暘睢等5人前往踏勘挖掘，果然發現鄭其仁墓碑（落款年月為嘉慶丁卯花月〔嘉慶12年、1807年〕2月）與斷足石馬1隻。這隻石馬起掘後移置臺南市歷史館（今赤嵌樓）。民國66年（1977）石萬壽赴洲仔尾踏勘鄭其仁墓，起掘了另

其母林氏銘刻的墓誌銘。林氏生於康熙51年（1712）10月初5日，為國學生林端德之女，貢生鄭廷爵之妻。林氏卒於乾隆34年（1769）正月初4日，享年58歲；贈宜人（五品官妻子之封贈銜稱），[75]諡號「淑慎」，乾隆35年（1769）12月庚寅日葬於永康里洲仔內（今臺南市北區小康里）。其子嗣委請臺灣府學教授尤垂青撰寫墓誌銘，並由武舉人鄭鴻善篆額並書寫墓誌銘。日治時期日人整理三分子一帶的墓塚為營區，原件出土，本墓誌銘係由臺南市祀典武廟旁之陳樹根先生贈予臺南市歷史館存藏。[76]

　　鄭母慈勤郭氏墓誌銘為臺灣府例貢生鄭其嘏、武生鄭其仁為其祖母郭宜人銘刻的墓誌銘。郭氏生於康熙27年（1688）9月17日，卒於清乾隆35年（1770）4月24日，享壽83歲；贈宜人，諡號「慈勤」，清乾隆35年（1769）12月庚寅日與其媳婦林宜人相鄰安置墳塚，同葬於永康里洲仔內（今臺南市北區小康里）。郭氏為臺灣府城赤嵌國學生郭國樑之長女，貢生鄭應捷之妻，例貢生鄭廷爵之母，例貢生鄭其嘏、武生鄭其仁之祖母。郭氏過世後其孫鄭其嘏委請臺灣府學教授尤垂青撰寫墓誌銘之文稿，並由武舉人鄭鴻善篆額並書寫墓誌銘。日治時期日人整理三分子一帶的墓塚為營區，原件出土，本墓誌銘係由臺南市祀典武廟旁之陳樹根先生贈予臺南市歷史館存藏。[77]

　　林朝英墓誌銘以紅壁磚分刻4方，單面鐫刻銘文，無紋飾。墓誌銘內文皆為陰刻形式，額題「恩旨旌表例授儒林郎加光祿寺署正中書科

1 隻斷足石馬，移置鹽行天后宮。參見戴文鋒，《永康的歷史遺跡與民間信仰文化》，第二章〈明鄭時期歷史遺跡〉（臺南縣永康鄉公所，2010）。

75 依照《大清會典》封贈制度，文職隸吏部，八旗、綠營武職隸兵部。凡生時曰「封」，如：誥封、敕封、死後曰「贈」，如：誥贈、敕贈。一品官、二品官之妻封一品夫人、二品夫人。三品官至六品官之妻分別封淑人、恭人、宜人、安人。七品官至九品官之妻均封孺人。

76 朱鋒，〈臺南近十年來考古工作概要（三）〉，頁56。黃典權，〈歷史館專號〉，頁54。

77 朱鋒，〈臺南近十年來考古工作概要（三）〉，頁57。黃典權，〈歷史館專號〉，頁57。

中書，享壽七十八齡，顯考諡謙尊，林府君墓誌銘」。林朝英，生於乾隆4年（1739），小名耀華，或作夜華，字伯彥，別署一峰亭，又號梅峰、鯨湖英。林朝英為人重義疏財，樂善好施，做了很多體恤窮困、解危救溺的事蹟。乾隆54年（1789）為貢生，嘉慶7年（1802）以資授中書科中書，並贈匾額。嘉慶18年（1813）獲朝廷褒揚，封六品光祿寺署正，賜「重道崇文」匾、建牌坊（原位於南門路孔廟對面龍王廟前，1934年遷移至臺南公園內）。嘉慶21年（1816）壽終正寢，年78歲，受清廷諡封「謙尊」。

　　林朝英過世後，直至道光2年（1822）閏3月初9日葬於於大穆降庄東，土名埤內後門（今臺南市新化區大坑里埤仔內），並銘刻本墓誌銘同埋墓碑之後。昭和9年（1934）5月20日，林朝英後人計畫將墓遷移到臺南市大南門外桶盤淺地段之公墓，發掘墳墓時取得此四塊磚刻墓誌銘。昭和10年（1935）日人舉辦「始政四十周年博覽會」，本墓誌銘曾作為臺南歷史館展品，日人前嶋信次曾收存拓本，後來林朝英遺骸改葬桶盤淺時，再埋葬墓內。民國60年（1971）林朝英墓之青斗石墓碑遭盜，其族人歷經3年遍尋無著落，各房親乃擬議重修林家祖墳。民國64年（1975）12月16日動土重修，並起出4塊磚刻墓誌銘。此次重修後，墓誌銘未再埋回墓內，先由族人收存，而後贈予鄭成功文物館收藏保存。[78]2016年，國立臺灣歷史博物館為辦理林朝英逝世200周年紀念，曾向鄭成功文物館借出這4塊磚刻墓誌銘，展出「一峰獨秀：林朝英特展」。

　　此外，乾隆2年（1737）陳公墓誌銘為陳世春的墓誌銘，陳世春是臺灣總兵陳林每的父親，其墓誌銘係日治時期遷葬時自墓中拾起，由其

78　朱鋒〈臺南近十年來考古工作概要（三）〉，頁57。臺南市政府文化局、國立臺灣歷史博物館編，《一峰獨秀：林朝英逝世200周年紀念》（臺南市政府文化局、國立臺灣歷史博物館，2016），頁7。

後人保管收存。道光年間盧谷黃公墓誌銘為臺南安南區的拓墾者黃本淵之墓誌銘，其墓誌銘於日治時期遷葬時遭遺棄，經農民拾得後由裔孫黃伯壎重金購入珍藏，不幸在二戰末期因美機轟炸而毀壞。咸豐2年（1852）吳公墓誌銘為吳馨圃墓誌銘，吳馨圃即吳春祿，為臺南磚仔橋吳家，其墓誌銘仍在墓中，莊松林整理自拓本。[79]

　　莊松林對於清代臺南墓誌銘的整理，除抄錄墓誌銘的內文，詳實的記錄每一墓誌銘的題名、年代、尺寸、數量、材質、書刻形式以及簡介內容，留下文物珍貴的文獻史料與歷史脈絡。

　　莊氏視各種碑碣、古墓、墓誌銘、匾文、聯文為異常珍貴的史料證據，認為不可將方志當作完全無庸置疑的可靠信史，應與碑碣文物等史料相互比對、考證，此與一般專賴各方志文獻為論據的歷史研究者截然不同。如此研究臺灣歷史的途徑、方法與態度，經常會取得嶄新與令人意外的收穫，「黃寶姑碑記」就是一個典型的案例。其以碑證史、以碑糾史、以碑尋史的取徑，確實為臺灣史研究開闢了一條新穎路徑。

---

79 朱鋒，〈臺南近十年來考古工作概要（三）〉，頁56-58。

第六章

標竿與領航

　　《民俗臺灣》於昭和16年（1941）7月10日創刊發行，是臺灣第一份探討臺灣民俗及民俗學的專門刊物。文章議題蒐羅範圍相當廣泛，可分為神明祭儀、年節歲時、占卜咒術、民間禁忌與生活信俗、生命禮俗、社會習慣與制度、臺語、俚諺與傳說、遊戲競技、民藝戲曲、民俗醫療、其他民俗、與臺灣民俗無關者等12類。執筆者聚集了當時重要的臺、日民俗相關研究者，就身分而言，可分成二大類，一是臺北市人教授及各校教員類，二是擔任公職的官員類，三是社會菁英及知識文化界類，包括有醫生、律師、民俗研究者、文史文化工作者、藝術工作者、傳媒工作者、學生等。[1]而莊松林就是當時投稿《民俗臺灣》知識文化界的社會菁英之一。

一、民俗學大家的養成──日治時期的奠基

　　莊松林為何能成為二戰後臺灣民俗、文化研究領域之先鋒呢？除了自身對於民俗研究的熱情之外，《民俗臺灣》創刊當時已經三十而立的他，

1　戴文鋒，〈日治晚期的民俗議題與臺灣民俗學：以《民俗臺灣》為分析場域〉（國立中正大學歷史研究所博士論文，1999），頁41-42。

因當時殖民當局對於左翼團體的打壓，《臺灣新文學》在刊登2卷3期後夭折，便開始從文學創作轉向對臺灣民俗議題的關注，[2]並將其對臺灣民俗研究成果，用日文書寫，持續投稿於《民俗臺灣》。因此他對於民俗研究的關懷與奠基，也就立基於此。

（一）臺灣民俗作品發表量多

《民俗臺灣》昭和16年（1941）7月起刊行第1卷第1號，以月刊形式發刊，至昭和20年（1945）2月1日發行完第5卷第2號後，3月起因戰爭局勢緊張而停刊，共計刊行44號（1卷有6號，2、3、4卷各有12號，5卷只有2號，合計44號）。在所有的執筆人中，日籍執筆人數總計有144人，臺籍執筆人數總計有103人，合計247人。以執筆者的籍別來看，日籍多出臺籍有41位，最主要是在教職員與官員的差距上，日籍教員61位，而臺籍僅僅只有6位；日籍官員20位，而臺籍官員只有3位，兩者加起來日籍比臺籍多出44位。雖然日籍比臺籍多，但聚焦於臺灣民俗議題方面的文章，除杜聰明未寫過之外，其餘有102名均曾涉略臺灣民俗議題，在這方面反而多出日籍者27人。[3]

日籍執筆者中以池田敏雄最多，共寫過59篇。在臺灣籍執筆者中，發表最多文章前5位為：戴炎輝（1908-1992）、黃連發（1913-1944）、楊雲萍（1906-2000）、莊松林、吳槐（1894-？），分別為26、22、20、19、16篇（以上統計含專欄的短篇文章）。[4]辯護士戴炎輝大多數文章是以「田井輝雄」之名發表，計有26篇，主要聚焦於社會法制、屏東萬金赤山平埔族等議題，如〈母仔嫁父仔、遺書等〉、

2　朱鋒，〈不堪回首話當年〉《臺北文物》，3卷3期，1954），頁65-68。

3　戴文鋒，〈日治晚期的民俗議題與臺灣民俗學：以《民俗臺灣》為分析場域〉，頁41-44。

4　本統計根據戴文鋒〈日治晚期的民俗議題與臺灣民俗學：以《民俗臺灣》為分析場域〉一文之「附錄三《民俗臺灣》分類索引」（頁334-364）。

〈鬮書、翻田根等〉、〈嫁神主、結拜帖〉、〈法制慣用語等〉、〈麻燈債等〉、〈公眾古井輪流洗等〉、〈赤山地方の平埔族（一）～（七）〉、〈仁井田陞著「支那身分法史」〉等，加上其後來的著作，一般而言學界將他歸類為法學史或社會制度史學者。楊雲萍的20篇中雖有歷史、人物、古蹟、文學、民俗等多元議題，但較多篇幅是側重於歷史研究議題上，如〈習靜樓藏臺灣關係文獻解題（一）～（五）〉就占5篇，因此與《民俗臺灣》的張文環、江肖梅、呂赫若、石暘睢、巫永福、郭水潭、楊逵、李獻璋、黃得時等執筆者同被歸類為「文史學家」。

在民俗領域方面以黃連發、莊松林、吳槐等3人的篇數為最多。黃連發發表篇數為22篇，作品有文學、民俗二大類，尤其圍繞兒童相關的議題之上，如遊戲、歌謠、俚諺；應是臺灣最早針對兒童文化的研究者，如〈子供に關する俚諺〉、〈臺灣童歌抄〉、〈臺灣童詞抄（上）〉、〈臺灣童詞抄（下）〉、〈臺灣の童戲（上）〉、〈臺灣の童戲追記（下）〉、〈臺灣兒童の惡戲〉、〈農村と小孩〉、〈本島兒童の玩具〉等。吳槐，字琪樹，號念青，臺北市大稻埕人，1919年畢業臺灣總督府國語學校師範部，並任教公學校，能詩文；[5]其研究聚焦於年中行事、民俗故事、俚諺等民俗議題，如〈新舊年末年年始行事考（一）～（六）〉、〈椅仔姑考（上）、（下）〉、〈臺灣俚諺抄〉等作品。而19篇的莊松林，均使用筆名「朱鋒」發表，其目光皆投射於臺灣民俗與臺語文字等議題上。其臺語文字議題的探究上也是圍繞在民俗議題上，故若就臺灣民俗研究議題上，莊松林仍然是臺籍人員中發表數量最多者（表6-1）。

5　林文龍，〈省文獻會與漢詩關係初探〉《臺灣文獻》，59卷2期，2008），頁142、145。

表 6-1：莊松林發表於《民俗臺灣》之文章

編號	篇名	總號	頁次	出版日期	民俗類別
1	〈臺南年中行事記（上）〉	11	24-28	1942/05/15	歲時
2	〈臺南年中行事記（中）〉	13	35-37	1942/07/05	
3	〈臺南年中行事記（下）〉	16	30-32	1942/10/05	
4	〈臺南年中行事記補遺（上）〉	16	32	1942/10/05	
5	〈臺南年中行事記補遺（中）〉	19	25	1943/01/05	
6	〈臺南年中行事記補遺（下）〉	43	20-21	1945/01/01	
7	〈三日節と太陽公生〉	43	38-39	1945/01/01	
8	〈臺灣神誕表（上）〉	31	34-37	1944/01/01	神祇
9	〈臺灣神誕表（下）〉	32	38-41	1944/02/01	
10	〈點心〉	21	23	1943/03/05	
11	〈語元とあて字：祭牙その他〉	10	43-46	1942/04/05	語言
12	〈語元とあて字（二）〉	17	32-33	1942/11/05	
13	〈語元とあて字（三）〉	25	28-29	1943/07/05	
14	〈語元と宛字（四）〉	32	44-46	1944/02/01	
15	〈語元と宛字（五）〉	39	39-45	1944/09/01	
16	〈語元と宛字（六）〉	41	25	1944/11/01	
17	〈語元と宛字（七）〉	42	23-24	1944/12/01	
18	〈民俗採訪：水仙花〉	19	44	1943/01/05	民間文學
19	〈民俗採訪：隔藍菜〉	38	43-44	1944/09/01	

（二）民俗議題多元

　　莊松林出身於府城商紳家庭，雖進入了日本殖民時期，仍舊保有漢人為主的傳統觀念，年輕時期更充滿著漢人本位意識；昭和2年（1927）往廈門留學，雖是受到父親的要求，但出發前，還先到漢學

私塾補習。[6]

　　昭和4年（1929）莊氏自廈門集美中學返臺後，便參與臺灣民眾黨臺南支部的外圍組織「赤崁勞働青年會」，投入社會運動。由於在當時蔣渭水（1888-1931）曾提出「反對燒金建醮」、「破除迷信惡習」等論點，而掀起1930年代前後的臺灣知識界一股「反對中元普度」運動熱潮。剛歸國時年方20歲的莊松林，滿腔熱血，分別發表〈我們的反普運動〉、〈誰之過〉於《反普特刊》。以這2篇文章為起點，開啟莊松林的筆耕人生。次年（1930）參與《臺灣新文學》雜誌創作，正式踏入文壇，因與當時的進步青年相似，作品富含左翼色彩。在日治時期的文學創作延續至昭和12年（1937），其中包含了短篇小說、童話、民間故事採編、翻譯與一些散文。

　　昭和10年（1935）莊松林參與「臺灣舊文獻整理委員會」，進行臺灣舊文獻之蒐集抄錄及整理、研究。這樣的背景，讓莊氏逐漸轉往關注臺灣民俗研究與臺灣民間故事的採集。故在昭和10年至昭和12年（1935-1937）間，童話、民間故事採編成為他文學創作的主軸。7年的文學創作，一共累積19篇，[7]不僅展現其自身的文采，對於民間故事

6　陳祈伍，《激越與戰慄：臺南地區的文化發展──以龍瑛宗、葉石濤、吳新榮、莊松林為例（1937-1949）》，頁330-331。

7　CH，〈我們的反普運動〉，《反普特刊》，1930。KK，〈誰之過〉，《反普特刊》，1930。峰君，〈女同志〉，《赤道》創刊號，1930/10/31。嚴純昆，〈到酒樓去〉，《赤道》，2號，1930/11/15。清道夫，〈垃圾箱〉，《赤道》，2號，1930/11/15。彬彬，〈五樓的戀愛〉（翻譯），《臺灣新民報》，1933/11/26、1933/11/28、1933/11/30、1933/12/02。莊松林，〈La Malaaga Tigro（悐虎）〉，"La Verda Inaulo"，2號，1934。朱鋒，〈大家起來慶祝柴門霍夫誕辰〉，《臺灣新民報》，1934/12/01。朱鋒，〈鴨母王〉（《臺灣新文學》，1卷3期，1936），頁79-83。朱鋒，〈鴨母王〉，李獻璋編《臺灣民間文學集》，1936。朱鋒，〈林道乾〉，李獻璋編《臺灣民間文學集》，1936。朱鋒，〈郭公侯抗租〉，李獻璋編《臺灣民間文學集》，1936。朱鋒，〈賣鹽順仔〉，李獻璋編《臺灣民間文學集》，1936。進二，〈鹿角還狗舅〉（《臺灣新文學》，1卷5期，1936），頁68-72。朱鋒，〈林道乾〉（《臺灣新文學》，1卷6期，1936），頁73-80。尚未央，〈老鷄母〉（《臺灣新文學》，1卷10期，1936），頁19-30。尚未央，〈會郁達夫記〉（《臺灣新文學》，

的關注及世界語的使用，也是日後臺灣民俗、語言、文學的先聲。

回到莊松林的民俗領域，大量見於《民俗臺灣》的文章，其所關注的議題上，可以分成鄉土語言、民間文學、歲時節慶及神祇信仰4大類，涵蓋面廣闊而且對於後世研究者具有啟發性。

1. 鄉土語言

在莊松林開始於《民俗臺灣》投稿之前，便於《臺灣藝術》先發表〈食飽未の由來〉一文。[8]從臺灣語言（閩南語）的問候語「食飽未」切入民俗議題，反映出莊氏的語言長才與對臺灣早期移民社會必須面對「三餐不繼」歷史考察。延續這樣的觀察，於《民俗臺灣》發表其第一篇文章〈語元とあて字：祭牙その他〉，便是探討閩南語詞彙探源與借字（借用字、假借字）問題。在《民俗臺灣》停刊之前，一共發表了7篇。另又在《臺灣藝術》發表了了〈臺灣食物考：愛玉凍‧擔仔麵‧伊麵‧碰舍龜〉[9]與〈臺灣食物考：和蘭豆‧皇帝豆‧烏魚‧都督魚〉，[10]雖是討論食物，但也是針對食物名稱由來做探究，在臺灣飲食民俗研究上可說是前瞻性十足。

2. 民間文學

民間文學又稱口傳文學、口語文學，類型包含了有神話、傳說、故事、俚諺、謎語、笑話、歇後語、戲曲、歌謠等不同類型。民間文學

2卷2期，1937），頁60-65。進二，〈恁虎〉（《臺灣新文學》，2卷3期，1937），頁73-78。康道樂，〈失業〉（《臺灣新文學》，2卷5期，1937），頁42-58。

8　朱鋒，〈食飽未の由來〉（《臺灣藝術》，3卷2期，1942），頁31。

9　朱鋒，〈臺灣食物考：愛玉凍‧擔仔麵‧伊麵‧碰舍龜〉（《臺灣藝術》，3卷9期，1942），頁38。

10　朱鋒，〈臺灣食物考：和蘭豆‧皇帝豆‧烏魚‧都督魚〉（《臺灣藝術》，3卷10期，1942），頁40。

可說是莊松林最早接觸的民俗議題，在《民俗臺灣》創刊前的1936至1937年間，就已發表了7篇。

另外，《民俗臺灣》亦收錄了莊氏的民俗典故採集文字——〈民俗採訪：水仙花〉、〈民俗採訪：隔藍菜〉，雖然僅有2篇，但也可以見到莊松林持續他對於民間文學的關注態度。

3. 歲時節慶

一個民族的歲時行事、年節慶典，反映出一個民族年中行事的共同文化思維，在民俗領域的課題上，一直十分地熱門，且受到關注。不過要以歲時行事為研究課題，需要有廣泛觀察力、銳利洞察力與資料蒐集能力。

在《民俗臺灣》中歲時行事一共有41篇；年中行事有11篇、新年15篇、元宵節5篇、三日節1篇、清明節1篇、端午節5篇、中元節3篇。年中行事的11篇中有6篇為莊氏所書，以臺南府城為調查地域，將成果分成6篇刊載（3篇正文、3篇補遺），另外三日節的1篇也由其撰寫，可見到對於課題的掌握度。

4. 神祇信仰

神明信仰是日本人治理臺灣時期，所感到最大的差異吧！加上治理之需求，許多圍繞著神明的民俗議題在日治時期逐漸被記錄，並成為官方檔案或專書保存下來，成為今日研究者的奠基。

莊松林所著的〈臺灣神誕表〉，是整理自友人王火（王火樹）所提供資料，並合併謝雲聲〈閩南神誕表〉、《玉歷（曆）妙傳》、《萬寶全書》、《臺南州祠廟名鑑》等資料。此篇成為《民俗臺灣》中第一篇以神祇聖誕為討論主題的文章。

以上4類可以反映出日治時期，莊氏35歲前所關注的課題。發表於

《民俗臺灣》的民俗探討，與其20歲時（1930）的反普度、反迷信，較傾向左翼思想有所不同。這樣的改變與年齡的增長、自身殖民生活經驗，開始於臺、日文化間尋求差異，而對於差異了解，就是對於自身文化的探究，以劃分出「自我」與「他人」。[11]

（三）民俗議題具開創性

日治時期臺灣民俗學的發軔與勃發時期，雖是以殖民者的立場，來進行「他者」的調查，卻也開啟了一批臺灣人以「自我文化」之本體，投入民俗的觀察與研究，以記錄、保存自己的文化。

從《民俗臺灣》中，可見莊松林所關注的民俗議題，以現代的眼光來看，可說十分具有開創性。而年輕的他能提出這些議題，有其時代背景的影響。

1. 語言與民間文學

在整個時代風潮的影響下，語言的差異性立即被臺籍知識分子所注視。臺南出身的連橫（1878-1936）非常早就關注閩南語的整理與收集，可說是臺灣民族語言研究第一人。在其昭和4年（1929）出版著作《臺灣語典》自序文中便提出語言對於一個民族的意義：

> 臺灣之語，……其源既遠，其流又長。……細為研究，乃知臺灣之語高尚優雅，有非庸俗之所能知，且有租於周秦之際。……嗟夫！余又何敢自慰也。余懼夫臺灣之語日就消滅，民族精神因之萎

---

11 陳祈伍，《激越與戰慄：臺南地區的文化發展——以龍瑛宗、葉石濤、吳新榮、莊松林為例（1937-1949）》，頁347-348。

靡，則余之責乃妻大矣。[12]

又於昭和8年（1933）出版《雅言》中提及「臺灣語言與文化」的
重要性：

> 夫欲提倡鄉土文學，必先整理鄉土語言，而整理之事，千頭
> 萬緒：如何著手、如何搜羅、如何研究、如何決定？非有淵博之學
> 問、精密之心思，副之以堅毅之氣力、與之優遊之歲月，未有不半
> 途而廢者也。余，臺灣人也，既知其難，而不敢以為難。……凡一
> 民族之生存，必有其獨立之文化，而語言、文字、藝術、風俗，則
> 文化之要素也。[13]

在整個時代背景之下，以及知識分子的提倡，當時僅有2、30歲的
莊松林必定也受到影響，進而探究自己的母語，提出閩南語詞彙探源與
借字之問題，是今日閩南語研究都需要參考的文章。在《民俗臺灣》
中，以語源與借字相關討論的文章，便有7篇，可見他涉略之深。

民間文學是建構一個群體文化與集體記憶的重要形式。民間文學可
說是莊松林踏入民俗領域的開端，有意識地收集民間故事，亦可視為莊
松林對於身為臺灣人的理解與探索。日治時期莊松林曾以歷史人物為題
材，創作〈鴨母王〉、〈郭公侯抗租〉、〈林道乾〉等民間故事，用文
學創作來呈現臺灣歷史的時代特殊性。

12　連橫，《臺灣語典》（臺北市：臺銀本，1963），頁1-2。
13　連橫，《雅言》（臺北市：臺銀本，1963），頁1。

2. 歲時、神祇

　　臺灣民間歲時、神祇信仰研究，在清代方志中皆僅有簡略的紀錄，進入日治時期後，不再只是單純的記錄，而有了廣泛與深入的研究。

　　日治時期眾多知名的日籍研究者，如片岡巖《臺灣風俗誌》、鈴木清一郎《臺灣舊慣冠婚葬祭と年中行事》、曾景來《臺灣宗教と迷信陋習》、增田福太郎《臺灣の宗教：農村を中心とする宗教研究》、梶原通好《臺灣農民生活考》、池田敏雄《臺灣の家庭生活》等人的著作，都有涉及歲時（年中行事）、習慣、信仰、飲食、傳說故事等不同層面。[14]其中歲時、信仰可說是大部分的研究者，都一定會觸及的部分；其成果也深深影響著後世的民俗學者。而整個時代的研究風潮、關注課題，累積到皇民化時期的《民俗臺灣》出版之際，除了有良好的基礎之外，更強化了《民俗臺灣》中的臺日籍研究者研究的方向與趨勢。

　　上述的日治時期民俗研究者都對臺灣年中行事有一定的調查成果，而莊松林更以一位在地臺南人之姿，除了整理出臺南人的年中行事之外，更以神祇信仰為主軸整理出臺灣神誕一欄表。莊氏參照謝雲聲〈閩南神誕表〉一文，再加上臺南在地田調資料、善書、官方調查等資料彙整而成。在這樣的時代背景下，以臺南府城為研究場域，進行了十分詳細的臺南年中行事調查，一共發表了7篇。其中〈三日節と太陽公生〉一篇，談及這兩節日都與鄭成功有關。強調為鄭成功為首的漢人反荷蘭、反清的抵抗異族精神。[15]其研究取向與看法，反映了時代觀點與時

14　片岡巖，《臺灣風俗誌》，臺北：臺灣日日新報社，1921。鈴木清一郎，《臺灣舊慣冠婚葬祭と年中行事》，臺北市：臺灣日日新報社，1934。曾景來，《臺灣宗教と迷信陋習》，臺北市：臺灣宗教研究會，1939。增田福太郎，《臺灣の宗教：農村を中心とする宗教研究》，東京都：養賢堂，1939。梶原通好，《臺灣農民生活考》，臺北市：緒方武藏，1941。池田敏雄，《臺灣の家庭生活》，臺北市：東都書籍株式會社臺北支店，1944。

15　陳祈伍，《激越與戰慄：臺南地區的文化發展──以龍瑛宗、葉石濤、吳新榮、莊松林為例（1937-1949）》，頁348。

代背景。

3. 歷史與民俗文物的關注

　　除了以上的議題外，至日治時期莊松林亦開始重視臺灣歷史、民俗文物的記錄與蒐集，其中以碑碣最為著名。尤其臺南為清朝臺灣首府，碑碣數量眾多、碑碣年代久遠，為全臺之冠，碑碣文物的調查研究必可豐足臺灣歷史詮釋的視野。

　　昭和16年（1941）這一年，莊松林便開始與石暘睢（1898-1964）利用假日閒暇時間，一起開始於臺南市內外到處進行碑碣、匾聯、祠廟神印等文物的調查。其成果應就是於次年（1942）由石氏整理成〈臺南古碑記〉、〈臺南古碑記補遺〉二文，並於《民俗臺灣》中發表。[16]從石暘睢於〈臺南古碑記〉一文開頭：

　　　　一體我鄉土たる臺南の碑石や古碑が、改隷當時まで幾何存在してゐた。念の為めに、同好莊松林と同伴、市內外到處を廻って調査して見た。[17]

　　簡述了他與莊氏為了瞭解臺南當下的古碑，到底還存在多少數量？對於碑碣文物的重視，正是他們採集行動的出發點。昭和17年（1942）這一年的4月25日，在臺南法華寺的經費支援之下，莊氏與石暘睢、國分直一、盧嘉興、福田百合子、渡邊某等人合作發掘位於新昌里（臺南機場）「龍邑岱南鄉進士李先生（李茂春）墓」。同年10

---

16 石暘睢，〈臺南古碑記〉(《民俗臺灣》，2卷3號，1942)，頁46-52。石暘睢，〈臺南古碑記補遺〉(《民俗臺灣》，2卷6號，1942)，頁41。

17 石暘睢，〈臺南古碑記〉(《民俗臺灣》，2卷3號，1942)，頁46-52。

月，更與董祐峯發掘鄭氏時期洪夫人墓，並發現「皇明許公壽域」。在墓葬研究議題發燒的今日，以墓碑為研究素材，顯然也是走在時代的前端。

莊松林對於民俗文物蒐集的熱衷是一般外人較不了解的，或許礙於家庭經濟關係，他對於民俗文物的蒐集，並非如文物蒐藏家只關注於華美的器物或珍品的價格，與未來價格成長的空間，莊氏的民俗蒐藏可見符籙、木刻水印版畫、祠廟神印、圖書等一般蒐藏家較為忽略的部分。符籙多為法師所書繪之符咒，多達200餘張的各類符咒，有清淨、驅邪押煞、收押土神土煞等符令，以及陰陽錢、天狗錢等各類紙錢。

木刻水印版畫則是為臺灣保存了清代、日治的臺南米街（今新美街）吳隆發、王泉盈，以及泉州和成、美記等紙莊的水印版畫。臺灣木刻水印版畫源自於福建，尤其漳泉福州一帶。最早這類商品都是透過海運銷售到臺灣，後來臺灣本地開始有紙莊店鋪的成立，自刻自印，以供民需。清代至日治時期，臺南是臺灣版畫類的重鎮，其中以米街相關店鋪最多，成為當時全臺版畫最大集散地，更進一步帶動竹仔街、元會境街、杉行街。其中知名店鋪有松雲軒、王泉盈、王源順、吳聯發、吳隆發、成發、洪源裕、林坤記、吳源興、林榮芳等。[18]這些紙莊有的專營出版刊印，有些則兼營宗教民俗紙料，皆為我們保留了文物的美好，更有不少相關文物指定為文化資產。這裡列舉的莊松林收藏之紙品有「米街吳隆發紙莊出品糊製七娘媽亭用斗方」，題材取自董永與七仙女的傳奇故事，寓意仙女送子、狀元及第。四角印有「隆發選庄」等字，以標示來源。二為米街王源順紙莊出品糊製燈座用色龍，色龍用於天公座、三界公座之裝飾。雙龍生動活潑，左右各有源、順二字以做為商品標示。

---

18 楊永智，《版畫台灣》（臺中市：晨星，2004），頁25-28。

圖 6-1：莊松林所藏收押土神土煞符

圖 6-2：莊松林所藏臺南開元禪寺印

圖 6-3：米街吳隆發紙莊出品糊製七娘媽亭用斗方

圖 6-1 ～ 6-3 來源：莊明正先生提供

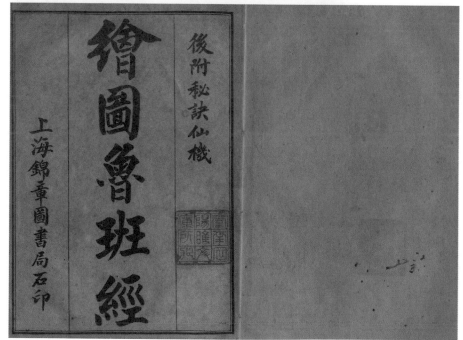

上圖 6-4：米街王源順紙莊出品糊製燈座用色龍一對

下圖 6-5：莊松林所藏《繪圖魯班經》

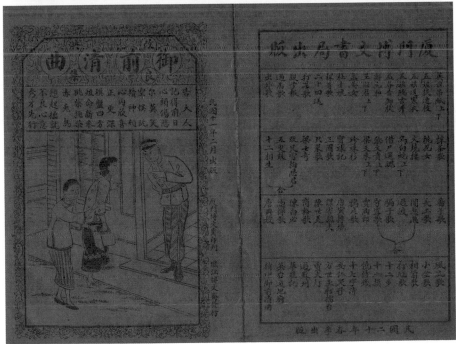

上圖 6-6：莊松林所藏《繪圖六畜相法》

下圖 6-7：莊松林所藏《改良御前清曲（洪集）》

圖 6-4 ～ 6-7 來源：莊明正先生提供

　　祠廟神印則是莊松林走訪古寺老廟時，同時會向廟方借神印來戳印於他的小冊子。圖書蒐藏則應是他年少時期於興文齋所購藏的上海、廈門書籍，如《繪圖魯班經》（上海錦章圖書局石印）、《繪圖六畜相法》（廈門文德堂石印）、《新樣唐寅磨鏡珠簪記》（上洋育文書局石印）、《改良御前清曲》（廈門博文齋印刊）等。

　　莊松林因其時代背景與自身的觀察與努力，關注於民俗與史料議題，並提出許多開創性議題，更有其研究延續性，可見其研究眼光獨到。而對於歷史文物的重視，可見到他對於民俗研究之外，對於文物文獻的重視與蒐集能力。日治時期的累積，更是戰後重新回到民俗研究圈的良好立基，也為臺灣民俗、歷史研究奠定基石與模範。

　　《民俗臺灣》的創辦者金關丈夫一直都十分期盼把這本雜誌作為平臺，培養出臺籍的民俗學子、學者。[19]同時他也將這樣的想法傳遞了給日本民俗學之父柳田國男（1875-1962）。柳田国男為東京帝國大學法學部畢業，是日本從事民俗學田野調查第一人。1934年、1935年分別出版的《民間伝承論》、《郷土生活の研究法》二書，成為日本民俗學最早的系統理論著作。1935年發起「日本民俗學會」創辦雜誌《民間伝承》。柳田雖為日本民俗學開山祖師，而他的民俗學概念與影響，因金關丈夫等人之緣故，而透過《民俗臺灣》間接地傳給了臺灣的民俗研究者，其他相對直接影響者還有池田敏雄、黃連發等人。[20]

　　雖然在莊松林的相關資料中，並未提及受到柳田國男的影響，但莊松林同樣身為《民俗臺灣》的撰稿人與讀者，比起金關丈夫、池田

19　金關丈夫，〈點心／民俗諦視新意義〉（《民俗臺灣》，3卷10期，1943），頁27。編輯部，〈柳田國男氏を圍みて：大東亞民俗學の建設と「民俗臺灣」の使命〉（《民俗臺灣》，3卷12號，1943），頁2-15。

20　王婷儀，〈從《民俗臺灣》看柳田國男對臺灣民俗研究之影響〉（《臺灣文獻》，68卷2期，2017），頁59-108。

敏雄的直接影響,對於莊松林來說應是間接地透過《民俗臺灣》了解。以柳田《民間傳承論》與《鄉土生活研究法》二書所架構之民俗範圍來看,[21]可發現與莊松林關注的民俗議題幾乎囊括了柳田所框架的民俗領域(除了居住、勞動、歌謠、舞踊、競技等),柳田學說亦可能影響了莊氏民俗知識體系的建構。而莊松林戰後所累積的成就,也回應了金關丈夫當時的期待,成為了一位臺灣民俗學大家。

二、歷史民俗雙擅——戰後研究之延續與擴張

莊松林被艋舺出身的民俗學家、作家與歷史文獻家王詩琅(1908-1984)稱為「臺灣民俗學的拓荒者」。能被同輩民俗研究者冠上這樣稱呼,除了奠基於日本時代民俗研究能力的培養與觀察力深刻之外,議題多元且具有開創性與戰後持續的深耕研究,都讓莊松林能躋身二戰後臺灣民俗、文化研究魁楚之列,史受到來自中國民俗研究者婁子匡的看重。

二戰後,原先於《民俗臺灣》發表文章的日籍研究者陸續返回日本。社會日漸恢復秩序之後,原先於《民俗臺灣》的臺籍研究者,也各自逐漸走向不同的道路。以《民俗臺灣》刊行期間發表最多的前5位戴炎輝、黃連發、楊雲萍、莊松林、吳槐來說,也邁向各自不同的人生與研究路上,且成就非凡。

當時以「田井輝雄」之日本姓名發表文章的戴炎輝,戰後任教臺大法學院、整理「淡新檔案」、也成為臺灣人第一位司法院長,《唐律通論》、《中國法治史》與《清代臺灣的鄉治》等成名著作可知其學術領

---

21 柳田國男,《民間伝承論》(《柳田國男全集8》,東京:筑摩書房,2006),頁5-8。柳田國男,《鄉土生活の研究法》(《柳田國男全集8》,東京:筑摩書房,2006),頁197-200。

域已經脫離了萬金赤山平埔族議題或民俗研究。

　　楊雲萍的研究則持續聚焦於歷史議題，尤其是對於臺灣歷史人物、臺灣古文書與南明歷史尤其專精，民國36年（1947）受聘為臺灣大學歷史系教授，首開臺灣史課程，為我國學院內臺灣史學術研究人才培育的開路先鋒，2011年兩位高足林瑞明、許雪姬整理編輯《楊雲萍全集》，由國立臺灣文學館出版。

　　最令人十分惋惜的是寫過〈「臺灣の童戲」追記〉、〈農村と子供〉、〈紅毛人採寶譚〉、〈臺灣童歌抄〉、〈臺灣童詞抄〉、〈本島兒童の玩具〉、〈兒童の習俗〉、〈臺灣兒童の惡戲〉等20餘篇民俗文章的黃連發（1913年生於屏東潮州），則於1944年與世長辭，金關丈夫更是為其寫了一篇〈黃連發君を悼む〉發表於《民俗臺灣》以之悼念，並曾想為黃氏所刊載過的文章、文稿整理，以書名《臺灣兒童民俗記》來出版，可惜32歲即英年早逝而未能付梓，其研究亦無法延續。[22]所幸長子黃基博（1935年生）延續父親遺志，耕耘兒童文學領域不輟，成為臺灣當代著名兒童文學作家、兒童戲劇劇作家，獲獎無數。在兒童文學的創作、教育、推廣孜孜不倦，[23]引發兒童詩創作熱潮。其著作《怎樣指導兒童寫詩》更是臺灣第一本兒童詩理論著述，也是屏東縣公立兒童劇團——木瓜兒童劇團的創立者。[24]

　　吳槐戰後獲派任臺北市大同區副區長，1946年當選大同區長，並曾於1948年擔任臺灣省通志館顧問委員；日治晚期發表於《民俗臺灣》的文章雖質量均佳，但戰後民俗相關研究幾乎停產，僅見1960年

22　金關丈夫，〈黃連發君を悼む〉（《民俗臺灣》，4卷8號，1944），頁40-41。

23　陳晞如、黃微惠，〈臺灣兒童戲劇的不老寫手：黃基博傳奇〉（《美育》，221期，2018），頁64-73。

24　陳晞如，《臺灣兒童戲劇作家作品研究：黃基博與木瓜兒童劇團》，國立臺南大學戲劇創作與應用學系碩士論文，2016。

代以前發表於《臺北文物》的13篇作品，且大多已轉向河洛語議題，之後便鮮見其作。[25]

唯有莊松林因日治時期大量發表的奠基，戰後仍延續了臺灣民俗的研究與發表，一直到逝世之前。雖曾因參與國民黨黨務工作而短暫中斷民俗研究，莊松林在民國38年（1949）之後就逐漸返回民俗的研究工作，並於民國40年（1951）聘任為「臺南市文獻委員會」委員。民國47年（1958）並與石暘睢、江家錦、吳樹、林斌、林朝均、張振樑、許丙丁、連景初、黃天橫、葉書田、盧嘉興、賴建銘、韓石爐、顏興等人，一同創立「臺南市文史協會」，並創辦該會刊物《文史薈刊》，一共發行2輯。也正因為有這一群人、這一個團體，以及文獻委員同好，讓莊松林在研究路上並不寂寞，同時展開更多的民俗調查與研究。

對於莊松林的研究歷程與興趣轉變了解深刻的同輩文史作家王詩琅，曾經評論說：「他是從抗日陣營轉入文學，然後三轉兩搞民俗及文獻工作的。他是省籍人士中最初對民俗學發生興趣的人，也可以說是臺灣民俗研究的開拓者。」[26]這樣的觀察與評論確實符合實情。莊氏早

---

25 吳槐，〈漫談台（臺）北市語音的變遷〉（《臺北文物》，1卷1期，1952），頁21-25。吳槐，〈龍峒聞見雜錄：地名報拾‧地勢臆說‧土名小考‧記冊四坎‧文人淵藪‧科舉門弟‧豪門殷戶〉（《臺北文物》，2卷2期，1953），頁54-59。吳槐，〈粽的起源〉（《臺北文物》，3卷1期，1954），頁67-71。吳槐，〈河洛語（閩南語）中之唐宋故事〉（《臺北文物》，4卷3期，1955），頁67-76。吳槐，〈河洛語叢談（一）：一、名源‧二、正名‧三、雅言〉（《臺北文物》，7卷4期，1958），頁1-19。吳槐，〈河洛語叢談（二）：（二）書經‧（三）禮記〉（《臺北文物》，8卷1期，1959），頁42-47。吳槐，〈河洛語叢談（三）：（四）方言〉（《臺北文物》，8卷2期，1959），頁99-105。吳槐，〈河洛語叢談（四）〉（《臺北文物》，8卷3期，1959），頁127-139。吳槐，〈河洛語叢談（五）：四、訓詁（爾雅）〉（《臺北文物》，8卷4期，1960），頁132-139。吳槐，〈河洛語叢談（五）〉（《臺北文物》，9卷1期，1960），頁120-128。吳槐，〈河洛語叢談（六）：乙、釋訓‧丙、釋同〉（《臺北文物》，9卷2期、3期，1960），頁131-136。吳槐，〈河洛語叢談（七）：（三）廣雅（甲、釋詁）〉（《臺北文物》，9卷4期，1960），頁73-80。吳槐，〈河洛語叢談（八）〉（《臺北文物》，10卷1期，1961），頁122-125。吳槐，〈河洛語叢談（九）〉（《臺北文物》，10卷2期，1961），頁68-75。
26 王詩琅，〈臺灣民俗學家群像〉，《王詩琅全集卷八臺灣人物表論》（高雄市：德馨室，1979），乙篇，頁26。

年所寫的〈鴨母王〉、〈林投姐〉、〈賣鹽順仔〉、〈郭公侯抗租〉、〈鼓吹娘仔〉、〈和尚春仔〉等民間傳說作品，可說是臺灣民間文學的1種，其中康熙60年（1721）鴨母王反清事件故事主角朱一貴、道光23年（1843）郭公侯抗租事件的主角郭光侯（郭洸侯），其事蹟均詳見史冊，是屬於臺灣史事相關的文學題材。

綜觀莊松林的民俗研究課題，包含了歷史、考古文物、語言、民間文學、歲時風俗、祠廟神祇、人物等，十分多元（文章清單詳參附錄）。雖然他早期在臺灣民間文學成就與臺灣世界語運動的表現亦十分突出，有些學者因此特別側重或強調莊氏與臺灣民間文學的關係，或是關注他在1930年代臺灣世界語運動的實踐。[27]然而廣義的民俗學原本就包括民間傳說、民間俗諺等民間文學，因此本文所定位的歷史民俗雙擅並非弱化或忽略亦具民間文學作家的身分，而是視民間文學為民俗學的一環。尤其是戰後，從其文章或論述內容來看，可以了解莊氏雖是民俗學者，卻是田調與文獻並重，非常重視文物的採集。而王詩琅就認定莊松林是一位從「（民間）文學」轉入「民俗及（歷史）文獻工作」的人物。以下分臺灣歷史與人物、考古文物、臺灣語言與民間文學、歲時風俗與祠廟神祇等4大課題，分別探討莊氏臺灣歷史、民俗研究雙擅的重要成果。

（一）歷史人物與史事考究

昭和10年（1935），莊氏便與趙啟明、黃耀麟、董祐峰、鄭明、徐阿壬等組織「臺南市藝術俱樂部」，下分文藝與演劇二部，並附設臺

27　前者如王美惠，〈莊松林的文學歷程及其精神〉《文史薈刊》，復刊8輯，2006），頁16-52；後者如呂美親，〈一九三〇年代普羅世界語運動的文學與文化：以莊松林的民間文學實踐為例〉《臺灣文學》，41期，2022），頁97-129。

灣舊文獻整理委員會。莊松林便在其中進行臺灣舊文獻之搜抄及整理、研究，奠定了他的文獻研究能力。

戰後莊氏的歷史研究並未停歇。文獻研究能力讓他於民國57年（1968）協助《彰化縣志》、《澎湖廳志》的校訂工作。民國59年（1970）亦受邀至私立淡江文理學院（今淡江大學）以「乾嘉年間之臺灣」為主題，進行演講。校訂工作與講座邀請，亦可展現他在歷史研究上有一定的成果。

戰後較為重要的歷史研究文章則有〈鄭氏在臺創建政制日期考〉、〈臺灣民主國在臺南二三事〉、〈施琅在臺受降時日及地點考〉、〈有關「倪象愷」幾點史料〉、〈澎湖與臺南之歷史關係密切〉、〈臺灣歷史人物印存〉[28]與《臺南市志稿・人物志・先烈篇》（與石暘睢合撰）等，皆是深具學術參考價值的文章。

莊松林的歷史研究，後續延伸至人物研究或傳記書寫。最早的1篇為〈臺南與胡適〉，是民國41年（1952）胡適（1981-1962）訪問臺南後所書寫，闡述胡適其家族與府城的關聯。民國42年（1953）臺南文史前輩黃清淵（1881-1953）逝世，莊氏以筆名朱鋒書寫〈有關黃清淵先生二三事〉一文以茲紀念。[29]

民國47年（1958）為《臺南市志稿・人物誌》撰寫乙未征臺前後人物傳，是研究清日政權轉換時期十分重要的參考資料。之後陸續有

28　朱鋒，〈鄭氏在臺創建政制日期考〉(《臺南文化》，2卷2期，1952)，頁50-54。朱鋒，〈臺灣民主國在臺南二三事（上）〉(《臺南文化》，2卷3期，1952)，頁29-33。朱鋒，〈臺灣民主國在臺南二三事（中）〉(《臺南文化》，2卷4期，1953)，頁28-31。朱鋒，〈臺灣民主國在臺南二三事（下）〉(《臺南文化》，3卷1期，1953)，頁29-33。朱鋒，〈施琅在臺受降時日及地點考〉(《臺南文化》，4卷1期，1954)，頁35-36。朱鋒，〈有關「倪象愷」幾點史料〉(《臺北文物》，3卷1期，1954)，頁96-101。莊松林，〈澎湖與臺南之歷史關係密切（演講筆錄)〉(《扶輪社刊》，4卷10期，1958。朱鋒、石暘睢、黃天橫，〈臺灣歷史人物印存〉(《文史薈刊》，1卷，1959)，頁113-131。

29　朱鋒，〈有關黃清淵先生二三事〉(《南瀛文獻》，1卷3期、4期，1953)，頁47-52。

臺灣人物故事的撰寫與整理，如〈懷念石暘睢先生〉、〈石暘睢先生遺作目錄〉、〈敬悼陳紹馨博士〉、〈茄萣鄉與薛玉進〉與〈導引日軍無事進入臺南城的陳修五的履歷書〉等文。[30]其中較特別的是他於55歲時（1964）回顧自己的一生，自編手寫的《莊松林年表》，探究其原因很大的可能是同年他面臨了文史前輩兼知己的石暘睢辭世。

至二戰後，莊松林開始一手寫民俗題材的文章，另一手則以臺灣歷史人物與史事為對象，詳加考證人物、制度、史事源流，影響學界後人相關議題之研究。

1. 鄭成功史事

鄭成功在臺灣，從永曆15年農曆4月1日（1661年4月30日）起，至永曆16年農曆5月8日（1662年4月23日）止，雖只有421天，然而莊松林認為鄭成功遺留在歷史上，有4個值得紀念的日子，分別是登陸日、創建政制日、荷蘭受降日與鄭成功逝世日；臺灣的創建政制始自鄭成功，對於考證創建政制的日期有其特殊的歷史意涵，因此在民國41年（1952）3月13日首先撰述〈鄭氏在臺創建政制日期考〉，於《臺南文化》第2卷第2期發表。[31]

臺灣省文獻委員會於民國39年（1950）以鄭氏誕生326週年，建議臺灣省政府制定陽曆8月27日（農曆7月14日）為鄭成功誕生紀念日，經核准後，於是日除舉行盛大的公祭之外，在臺北隆重舉辦鄭公遺蹟展覽會，並編輯《文獻專刊》與《鄭成功第三百廿六年誕辰紀念展覽會圖

30　莊松林，〈懷念石暘睢先生〉（《南瀛文獻》，10卷1期，1965），頁41-46。莊松林，〈石暘睢先生遺作目錄〉（《南瀛文獻》，10卷1期，1965），頁50-53。朱鋒，〈敬悼陳紹馨博士〉（《臺灣風物》，16卷6期，1966），頁27-28。嚴光森，〈茄萣鄉與薛玉進〉（《臺灣風物》，17卷4期，1967），頁65。朱鋒，〈導引日軍無事進入臺南城的陳修五的履歷書〉（《臺灣風物》，22卷4期，1972），頁43-44。

31　朱鋒，〈鄭氏在臺創建政制日期考〉（《臺南文化》，2卷2期，1952），頁50-54。

集》2冊書籍，備極宣揚鄭氏精神。莊氏參閱後發現2書對於永曆15年（1661）鄭成功建制的時間有不符合之處，《文獻專刊》記載：「五月成功改臺灣為東都，改赤嵌城為承天府，置天興（嘉義）萬年（鳳山）二縣，施兵農合一之屯田制。」《鄭成功第三百廿六年誕辰紀念展覽會圖集》則記載：「成功攻荷蘭駐兵，占領臺灣南部，荷蘭退据安平熱蘭遮城，降之。十二月驅荷蘭人離去臺灣，全臺遂歸鄭氏，改臺灣為東都，改赤嵌城為承天府，置天興（嘉義）萬年（鳳山）二縣，施兵農合一之屯田制，斬貪汙吳豪，楊朝棟等以肅官吏。」莊松林認為：「同一史實，惟時間前者為農曆五月，而後為農曆十二月，孰是孰非，盉須加以一考，以期史實之正確。」乃引述近人連雅堂《臺灣通史》、川口長孺《臺灣鄭氏紀事》、伊能嘉矩《臺灣义化志》、稻田孫兵衛《鄭成功》、土鐘麒《鄭成功》、余宗信《明延平王臺灣海國記》等著作，並據江日昇《臺灣外記》、鄭亦鄒《鄭成功傳》、楊英《從征實錄》等文獻史料進行核對考證，發現《從征實錄》對於時間之記載較為詳確，證實鄭氏在臺建制的日期為永曆15年農曆5月2日（即1661年5月29日），荷蘭受降日為永曆15年農曆12月12日（即1662年2月1日）。[32]

　　在考證建制日期的過程，莊松林同時提出有關鄭氏史事須糾正者有二：

(1)《臺灣外記》、《臺灣通史》諸書，以「祝敬任天興縣知縣事」者，實係莊文烈之誤，又以「莊文烈任萬年縣知縣事者」亦係祝敬之誤。

---

32 朱鋒，〈鄭氏在臺創建政制日期考〉，頁51-53。

(2)吳豪因貪污被誅，[33]亦係5月2日，非12月3日與楊朝棟、[34]祝敬
同時處刑伏法。[35]

2. 施琅受降時間與地點

　　莊松林閱讀郭廷以《臺灣史事概說》之際，[36]於在該書第四章「開
發的成就」第一節「施琅與臺灣善後」，發現有：「他一六八三年九月
二十二日（農曆八月十三日）抵臺受降」等語，激發莊松林將手裡的史
料，略加整理，撰述〈施琅在臺受降時日及地點考〉，署名朱鋒於《臺
南文化》第4卷第1期發表。[37]

　　根據《靖海紀事》與〈平臺灣序〉所記載的內容，莊松林進行施琅
在臺受降日期與地點的考證。《靖海紀事》作者施琅曾是鄭成功部將，
也是渡臺滅鄭的主角，內容多係征臺經過的奏章，史實正確可靠，從史
料而論是一件很有價值的原件。〈平臺灣序〉之作者沈光文，係明末遺
老，流寓臺灣多年，歷經荷蘭、鄭氏治臺兩個時代，嗣後與鄭成功之子
鄭經有隙，自是深居簡出。當施琅來臺受降之際，曾出而撰述一序，呈
獻施琅作為治臺施政之指針，內容包括臺灣歷史、地理、住民、物產、
風俗與民情等項，備述至詳。材料悉由他身歷其境、躬親目睹耳聞而
來，確為呈現當時史事的重要文件。

　　《靖海紀事》記載：「臣于本月十三日到臺灣鹿耳門，偽藩鄭克

33　吳豪為鄭成功的部將，統領宣毅前鎮，入臺後於永曆15年（1661）農曆2月2日坐劫掠罪誅，
　　由右武衛鎮右協魏國代統其軍。

34　楊朝棟為鄭成功部將，本於鄭彩麾下任部將，永曆3年（1649）投靠鄭成功，並因累功至五
　　軍戎政。永曆15年（1661）鄭成功欲攻臺時，楊朝棟力排眾議，極度贊成。鄭成功攻佔臺
　　灣後，特任命其臺灣承天府首任府尹，12月因剋扣軍糧，連同家屬遭鄭成功誅殺。

35　永曆15年（1661）4月隨鄭成功入臺，同年5月被任命為萬年縣首任知縣，至12月3日被控
　　以小斗散糧，剋扣軍餉，察核屬實後被處死，家屬發配。

36　郭廷以，《臺灣史事概說》，臺北市：正中書局，1954。

37　朱鋒，〈施琅在臺受降時日及地點考〉，《臺南文化》，4卷1期，1954），頁35-36。

墘遣小船前來接引入港，偽侯劉國軒、偽伯馮錫范率領各偽文武官員到軍前迎接。悉于本月十八日削髮。」[38]〈平臺灣序〉記載：「八月十三日，將軍侯旌懸赤崁，雷震安平，宏宣投鈇之盛，廓清蟻穴。」[39]據此兩段文獻的記載，僅農曆8月13日抵達臺南一點、互相符合，至于受降地點是鹿耳門或赤崁，或安平？時間究竟在那一天，都沒有明確寫明，使人無從考據。又根據施琅「靖臺碑記」[40]記載：「余□于□八日□□躬臨赤崁受降。」[41]可知，施琅受降地點是在「赤崁」，至其時日，因原碑磨滅太甚，難於辨識。因此推測施琅受降的日期是為農曆8月18日，或8月望日受降。

　　後來莊松林再根據臺南市中西區天后宮施琅「靖臺碑記」記載：「歲癸亥，余恭承天討澎湖，一戰偽軍全沒，□遂請降，余仰體皇上好生之德，以八月望日直進鹿耳門赤崁泊艦，整旅登岸受降。」確認受降時間是康熙22年（1683）8月15日。惟《靖海紀事》與「靖臺碑記」均出自施琅之手，如何有前後2次抵臺？對此，莊松林提出他的見解，農曆8月13日是施琅的先發部隊先行抵臺接管，一切就緒，施琅乃於農曆8月15日躬親直抵赤崁正式受降。

3. 倪象愷大畏民志

　　民國42年（1953）5月間，有民眾在臺南市中西區民權路與公園路的白金里（今三民里）一帶，發現一塊石額橫臥路邊，臺南市歷史館石暘睢接受通報後運回館藏。經檢視石額橫刻楷書「大畏民志」四大字，

38　施琅，《靖海紀事》（臺北市：臺銀本，1958），〈舟師抵臺灣疏〉，頁51。

39　范咸，《重修臺灣府志》（臺北市：臺銀本，1961），卷23藝文（四），〈平臺灣序〉，頁708。

40　林豪，《澎湖聽志》（臺北市：臺銀本，1964）記為〈施將軍廟碑記〉，石碑原立澎湖縣馬公市施公祠，輾轉移置馬公市公所前庭，後再遷立孔子廟前院；係康熙24年（1685）施琅所勒臺紀事碑，惜碑文慘遭磨平。

41　林豪，《澎湖聽志》，卷13藝文（中）〈施將軍廟碑記〉，頁432。

左刻「雍正八年臘月」，右刻「郡守倪象愷」，舉凡石匾以嵌入於城門、門樓、隘門等處門楣上為常，而此匾從其寸法、體裁等點，可以斷考定為隘門之用。莊松林認為在臺灣人物史上的研究上大家對倪象愷（1684-1745）較為陌生，但對於「大畏民志」字句，比任何匾額的辭句較為生動有力，而且語深意長，據此想像倪象愷是一個不平凡的人物。

按，「大畏民志」4字揭示為官之道首重民意，強調為官治事以明德服民的理念。其典出自《禮記‧大學》：「子曰：『聽訟，吾猶人也。必也使無訟乎？』無情者不得盡其辭，大畏民志。此謂知本。」係儒家理念下官僚治事的方法職責。莊松林由此引發興趣，欲再進一步窮知「其人其事」，查閱志書文獻後撰述〈有關「倪象愷」幾點史料〉一文。[42]

莊松林在查閱志書時發現《續修臺灣府志》卷三〈職官〉的「官秩」項，關於倪象愷之記錄資料有出入，在「臺灣府知府」條目記載：「倪象愷：四川威遠人，舉人。雍正七年任；八年陞本道。」[43]「分巡臺灣道」條目則記載：「倪象愷：四川榮縣人，舉人。雍正八年任；十年解任。」[44]文獻記載相異，令人疑慮有二：一是籍貫，威遠縣與榮縣均是四川省嘉定府，莊松林覺得當時修志人員太過胡塗了事，僅有一頁之隔，也不加以考訂，一直留到現在；另一是關於倪象愷陞任臺灣道的年代，據志書是雍正8年（1730），然據石匾之資料則雍正8年臘月時倪象愷仍以「郡守」職銜題署，究竟何者正確？莊松林認為石匾比較可靠，因為它是直接史料。[45]說明莊松林對於碑碣文物的重視，強調「碑

42 朱鋒，〈有關「倪象愷」幾點史料〉（《臺北文物》，3卷1期，1954），頁97-101。

43 余文儀，《續修臺灣府志》（臺北市：臺銀本，1962），卷3，職官，頁128。

44 余文儀，《續修臺灣府志》，頁127。

45 朱鋒，〈有關「倪象愷」幾點史料〉，頁98。

文證史」的意義與價值。進而指出:「其實舊志書係文獻的一部分,並不是全部,而且裡面的史料,謬誤亦不少,有時還須要舊志書以外的文獻,予以糾謬補缺;編志並不是寫作文、著小說,更不是抄襲舊志書新政書等消極工作,必須集體而廣泛地搜集史料,要以史學的方法加以整理,按步就班編纂成書的積極工作。這樣一來,才能編成一部完整的志書。」[46]從這裡也可以看出莊松林治史態度嚴謹、思慮縝密,志書內容難免有誤,即使同一作者、同一志書,僅是隔頁,都可能說法相矛盾,因此僅能當參考而非全然盡信,必需輔以直接的文物史料,互相佐證,以獲得正確的訊息。

在這篇文章中,莊松林更進一步透過奏摺檔案評論倪象愷的人品。在其閱讀的檔案中提到:「竊查臺灣道倪象愷情性偏執,與人不睦,是以由年前檄調回府,先經奏明。……但倪象愷既不睦於同官,更不得兵民之心,即回府治,恐亦未協,且報案纍纍,均非面訊不可。臣與撫臣趙國麟詳加商酌,會檄調回省城,恭請皇上敕旨,將倪象愷解任候審。」[47]雍正10年(1732)倪象愷因人中西社番亂而遭解職下臺。[48]莊松林認為「性情偏執,與人不睦」或「既不睦於同官」等語,就是倪象愷終被「解任候審」的主要遠因。其次莊松林認為,與人不睦、性情偏執的人官,未必都是貽害地方的劣員,例如清末臺灣巡撫劉銘傳,致力刷新政治建設臺灣,奠定臺灣現代化的基礎,確確實實是一個偉大的政治家。[49]倪象愷是一個將「大畏民志」信條作為一貫的政治抱負與作

---

46 朱鋒,〈有關「倪象愷」幾點史料〉,頁98。

47 不著撰者,《雍正硃批奏摺選輯》(臺北市:臺銀本,1972),頁232。

48 大甲西社位於臺中市大甲區德化里,為道卡斯族人部落,因官方勞役繁重而遭族人抵抗圍困,倪象愷因強力鎮壓且誤將運糧給官府的「良番」殺害,致使沙轆社(沙鹿)、牛罵頭社(清水)、吞霄社(通霄)、阿里史社(潭子)等10餘社群起反抗,歷經7個月才彌平。事平後,大甲西社被改為「德化社」,後為德化村,今為德化里。

49 朱鋒,〈有關「倪象愷」幾點史料〉,頁100。

風，以致仕途坎坷。

4. 臺灣民主國之史事

　　臺灣民主國為1895年5月25日起短暫成立的一個共和國政體。起因於中日甲午戰爭戰敗，《馬關條約》簽訂，臺灣和澎湖依約必須割讓給日本。「臺灣民主國」成立，原臺灣巡撫唐景崧擔任大總統。但不久，唐景崧內渡中國大陸。同年6月下旬，民主國在臺南擁立原大將軍劉永福為第2任大總統。同年10月19日，劉永福亦兵敗內渡；2日後日軍平和進入臺南城，臺灣民主國壽命僅約5個月。

　　除了在臺北的12天外，臺灣民主國大部分都在臺南，相關的專文討論頗多，所以莊松林撰述〈臺灣民主國在臺南二三事〉一文，針對發生在臺南的劉永福與日軍議和經過、劉永福轉進（離臺）、日軍進城等3件史事分析討論。

　　日軍佔領臺灣北部，立即開始布政，而對於中南部抗日政權，乃改變方式，以赴事功，先以臺灣總督樺山資紀名義，於8月20日（農曆7月1日）發送所謂勸降書，劉永福於8月23日（農曆7月4日）午刻由英國兵艦收到該勸降書，隨即命幕賓吳桐林作一覆書。日軍接到覆書，已知勸降無效，乃於9月16日（舊7月27日）在臺北編成南進軍，以臺灣副總督陸軍中將高島鞆之助為軍司令官，并擬就作戰計畫，即分三路向南部夾攻。

　　劉永福坐鎮臺南，原有感於臺民之忠義，期能通心合力，捍衛國土，抵禦外侮。隨則設立議院，集中民意，一面籌辦團總籌防兩局，致力招募民軍充實軍力，及發行官銀票股份、股郵票等，藉以確立戰時財政；又一面派員內渡爭取援臺等事，一時聲勢浩大，無如嗣後富者相繼內渡，籌防欠佳；而奔走援臺，為清廷偵知，通令阻撓，應者寥寥無幾，使財政日趨困難，而且在戰事方面，雖經迭次英勇的戰鬥，予日軍

莫大打擊，但驍勇部將相繼陣亡，而主要陣地亦先後失守，使日軍的進攻，日見迫近。莊松林以這段期間劉永福與日軍往來的書信內容，說明劉永福與日軍議和的經過。[50]

　　面對日軍逼近的惡劣環境之下，劉永福尤感左右為難之際，適由福建將軍與粵督解到公私款銀共1萬8千兩，劉永福即將該款項散發部屬，然後始決意離臺，於10月19日（農曆9月2日）夜，偕同部屬入安平，登英國的「爹利士號」（Thales）內渡。在日軍嚴密警戒之下，劉永福如何巧妙地突破其警戒網內渡，在一段頗長的時期宛如一個射不中的猜謎，令人不可解。莊松林在文中列舉出當時的幾種說法，如當時在臺美國先驅報（Herald）通訊記者，後任為駐臺領事James. W. Davidson，在其《過去與現在的臺灣島》記載：「嗣後發現他化裝作苦力，搭乘的厘士輪內渡。」及1897年刊行REV. Jao Johnson著《中國與臺灣》記載：「安息日早晨五時，扮裝如抱嬰孩的乳母，這樣地衝出了日軍的警戒而內渡了。」然莊松林認為兩說均屬傳聞，不足置信。在日軍的紀錄中，對於此點不予重視，它只管派兵艦，拚命「迫」與「搜」而已。只有羅香林輯校《劉永福歷史草》一書，敘述最為詳確，因此書作者黃海清曾隨劉永福効力行伍，至劉永福晚年里居時聘其為兒孫課書，並曾令其撰寫黑旗軍事蹟，由劉永福口述，黃海清記錄，約有10萬言，成稿8冊，為劉永福事蹟唯一之原始史料，後經羅香林輯校為一書。所以莊松林抄錄有關此事之一節，說明劉永福搭船內渡廈門的過程。[51]

　　劉永福潛乘英國商船爹利士號脫逃到廈門，消息傳到府城後，黑旗軍崩潰，城內氣氛極為緊張。10月20日府城仕紳及商人代表共19人，

50　朱鋒，〈臺灣民主國在臺南二三事（上）〉《臺南文化》，2卷3期，1952年），頁29-33。
51　朱鋒，〈臺灣民主國在臺南二三事（中）〉《臺南文化》2卷4期，1953），頁28-31。

藉由太平境教會吳道源長老[52]與巴克禮、[53]宋忠堅的關係，[54]一起到新樓拜託巴克禮。下午巴克禮接到宋忠堅的緊急通知，要求立刻到新樓宋忠堅的宿舍，那裡有許多府城仕紳和商人聚集在宿舍陽臺，訴說劉永福逃亡，衙門找不到一個人，為避免城內紛亂搶奪事件發生，所以懇求巴克禮、宋忠堅牧師與日軍進行交涉。當晚，巴克禮、宋忠堅牧師等一行人共21人從小南門出發，晚上9點抵二層行庄進行會談；21日上午8時40分巴克禮和15名臺南士紳作嚮導，引導日軍由小南門城和平入城完畢。[55]巴克禮等人引導日軍進臺南城一事，當時的統治者日人給予高度肯定，而臺南府城的民眾也因日軍和平進城得以保全身家性命，對於巴克禮等人也極為感激。莊松林在文章內〈臺灣民主國二三事〉這樣說：

　　當本省的首府——臺灣府（後改稱為臺南府）——將被日軍圍

52　吳道源（1868-1928）：本名吳海，字瑞清，醫生出身，太平境教會用地奉獻者，並於1926年、1927年分別創立牛挑灣教會與臺南教會。育有6子3女，六男吳國信任二二八事件處理委員會委員時，提出撤銷警備組織、軍隊繳械、釋放臺灣人戰犯而險遭槍斃。吳國信之子吳杰（1956年生）現為臺南市北區和順里里長、臺灣獨立建國聯盟臺南分部召集人。楊森富，〈吳道源醫生事略〉，《聖靈月刊》303期，2002。

53　巴克禮（Rev. Thomas Barclay M.A.，1849-1935）：生於蘇格蘭，從小學至大學成績優越，均名列前茅。1864年入格拉斯哥（Glasgow）大學，精於理數。1874年9月19日由英國出發，於12月18日抵達廈門學習閩南語，1875年6月5日在打狗（高雄）上岸，暫居旗后。1876年12月遷居臺南宣教。他一生奉獻給教會，特別是臺南的宣教工作，直到1935年10月5日病逝於臺南，總計一生奉獻給臺灣60年。舉凡設立臺南神學院並擔任校長、推行白話字、翻譯臺語聖經、刊行「臺灣教會公報」、成立「聚珍堂」書房（俗稱「新樓書房」），都是他對教會、臺灣與臺南重大的貢獻。巴牧師對於電氣知識頗豐富、熟悉，為當代罕見之人才，他的芳名刊登於大英百科全書（Encyclopedia Britannica）之上，成為受崇敬的偉人之一。

54　宋忠堅（Duncan Ferguson，1860-1923）：出身蘇格蘭，長老教會的宣教師，1889年，派駐臺南，爾後擔任《臺灣府城教會報》主筆，更曾任長老教中學校長。1923年逝世於英國。妻子為醫師宋伊莉莎白（Elizabeth Blackburn Ferguson，1868-1901），長年在南臺灣從事醫療及宣教工作。

55　戴文鋒、曾國棟，〈和平之約：巴克禮與乃木希典會談歷史場域考〉《臺灣文獻》，73卷3期，2022），頁109。

攻的時候，長老教會的傳道者——巴克禮與宋忠堅兩先生——所演
的是重要的角色，於危難之中，獲得千萬人的信任。和本省各地所
發生的事件一樣，正當無數的生命頻於滅亡，城市臨於毀滅之際，
靠了他倆的勇敢與賢明的作為，從血腥的圍迫之下，拯救了城市與
市民。[56]

莊松林認為日軍對待被征服者是最殘酷的，不但無度毀滅生命與財
產，而且使城鎮變為廢墟；而當時基督徒夾在兩面砲火之間，黑旗軍說
他們是漢奸加以殺害（指麻豆事件），日軍對於基督徒也毫無分別。然
而在日軍包圍臺南府城面臨危急存亡之際，巴克禮與宋忠堅毅然扮演仲
裁人的角色，使日軍和平入城。

莊松林在結語說：「一個東方最早的民主國，在海島一隅，歷經近
五個月的存續，因外無應援，內而兵單彈絕，終告夭折了。但是經過了
時代的考驗，綜合起來，可以看出民族精神的3方面：第一，革命抗倭
的組織雖然瓦解了，然而革命的勢力和種了並未消滅，反而轉入地下，
一直延續至日據時期；第二，為了抵禦外侮，成立民主國，但以唐景崧
的定國號為永『清』與劉永福的沿用「光緒」年言，似有矛盾，其實，
這正充分表示了臺灣與大陸的密切關係，自古以來臺灣與大陸，地理上
雖有一衣帶水之隔，實是永不可分，而具有一整體性的；為三，對於
兩個總統的前後內渡，外人均以ESCAPE（遁逃）一語評之。但以民族
精神的立場，予以分析，誠不可以同日而語。如唐的及早內渡，是一種
『懦怯的逃走』：而劉的最後內渡，則是一種『勇敢的轉進』，其間殊
有天淵之別。」莊松林從臺灣民主國的存亡論述臺灣的歷史特性，並比
較唐、劉二人的人格特質，認為唐是「懦怯的逃走」，劉則是「勇敢的

56 朱鋒，〈臺灣民主國二三事（下）〉，頁29-33。

轉進」，高度肯定劉永福，稱讚劉永福「忠肝義胆，自有其值得我們歌功頌德之處」。[57]

5. 黃清淵其人其事

　　黃清淵，號柑園主人、憚園居士，為日治時期本土文人，祖籍福建漳州北溪頭社，世居臺南州曾文郡下營庄茅港尾，以經營藥鋪為業，曾出任嘉南大圳組合議員。拜於連橫門下苦學，潛心鄉土史之研究，治志嚴謹，一身掌故，豐沛的憂國情操使他成為鄉土文史家，曾撰修地方志書《茅港尾紀略》，獲得日本學者前嶋信次之讚賞。之後又益以《茅港尾人物誌》，記載茅港尾繁華時期。乙未之役後，年紀輕輕的黃清淵在日治時期不肯屈作異族順民，抱持不學日文、不合作、不妥協的態度，大肆宣傳反壓迫、反殖民思想，積極從事「非武裝抗日運動」。黃清淵畢生致力於臺灣歷史文化的貢獻，尤其是文獻的功績，嘉惠後世文史研究者。

　　黃清淵於民國42年（1953）7月7日逝世，「他畢生致力於本省的歷史文化的貢獻，尤其是文獻工作的功績，實屬莫大，堪與其導師連雅堂先生媲美，亦無不過，所以他的死，確是文獻工作上的一大損失。」[58]莊松林為此撰寫〈有關黃清淵先生二三事〉一文，概述黃清淵《茅港尾紀略》一書的價值，《茅港尾紀略》「雖非一部數十萬言之巨著，然而其文獻價值很高。舉凡修志之程序是由下而上的，所以修省志不難，修縣志難，修鎮志更難，而修村志更是難中之難。」[59]莊松林認為茅港尾昔為南北交通之要衝，歷經2百年來之滄桑，現已變為一寒

57　朱鋒，〈臺灣民主國二三事〉（下），頁33。
58　朱鋒，〈有關黃清淵先生二三事〉（《南瀛文獻》，1卷3、4期，1953），頁47。
59　朱鋒，〈有關黃清淵先生二三事〉，頁47。

村，竟能由黃清淵一人之手，編成一志略，實屬不易；其材料之來源既不如《臺灣通史》有許多文獻可徵，亦非出於杜撰，純由他卓越的史才，能從零碎殘缺之史料拾遺而成一書，具有史乘之規模。

莊松林在文章中也特別提到黃清淵不但是一位鄉土史的作者，同時也重要史料的蒐集者，昭和5年（1930）舉辦「臺灣文化三百年記念會」，黃清淵提供一張乾隆27年（1762）麻豆社蕃契，是該次史料展覽會的珍貴文物。除了對黃清淵在文史著作與收藏的高度評價外，莊松林也說：

> 黃清淵先生是連雅堂先生的門徒，他的史學受了連先生影響最大，但在採材方式卻有不同，因連先生多取自志書典籍，因此，難免不無遺漏疏忽誤謬之處；而黃先生偏重於採訪，因此，發見了許多新史料。他倆卻有一個良好的史德，就是黃先生善於糾正，而連先生樂於接受，互相配合，以求正確。[60]

推崇黃清淵的史德與史才，同時也展現莊松林對於前賢的觀察入微，並做出最貼切的評價。

6. 胡適在臺南

胡適（1891-1962）的父親胡傳（1841-1895）於光緒18年（1892）2月24日抵達基隆，出任全臺營務處總巡，考察臺灣防務，隨後又擔任臺南鹽務總局提調兼辦安嘉總館，辦理臺南鹽務，光緒19年（1893）6月代理臺東直隸州知州，兼統鎮海後軍各營屯；[61]期間將妻

---

60 朱鋒，〈有關黃清淵先生二三事〉，頁52。

61 胡傳，《臺灣日記與稟啟》（臺北市：臺銀本，1960），頁6-10。

兒接到位於臺灣道署居住，當時道署位址在今臺南市永福國小，故胡適幼時曾在臺南生活過。民國41年（1952）12月26日在市長葉廷珪陪同之下，胡適蒞校重遊故居，當天林秋楓校長、全體師生以及臺南市文獻委員會的委員都在校門列隊歡迎。胡適與葉廷珪市長、市府官員在故居門前留影，並當場揮毫，留下「維桑與梓、必恭敬止」墨寶留存學校永誌留念；由市府秘書林斌介紹和臺南市文獻委員會委員見面，一一握手並合影。[62]莊松林當天也出席歡迎胡適的活動，所以撰述〈臺南與胡適〉，探討胡適在臺南活動的相關史蹟。

莊松林在在這一篇文章的探討議題有二，其一是胡適住在臺南的地點，其二是胡適住在臺南的時間。莊松林彙整日人前嶋信次〈臺南行腳〉、屠繼善《恒春縣志》以及胡鐵花《臺灣紀錄兩種》等文獻，爬梳論證胡在臺南的居住地點與時間。

臺南鹽務總局在道署之內，「道署遺址則在今之永福國校及中正路左側（北邊）店鋪一帶，道署的規模本來是很大，但自日據之後，歷充官衙學校，幾經拆毀，現只剩下北邊一座殘破磚屋榕樹一株及歷史館門前石獅一對而已，已無昔日景觀」。[63]胡傳擔任鹽務提調期間，就住在臺灣道署。胡傳於光緒19年（1893）2月26日將妻、子等家眷自上海接抵臺南，胡適母子住在鹽務局2個月16天，後來胡傳奉調臺東，也是隻身先行，胡適母子於5月13日搬至道署西邊暫住，直到12月7日離開臺南前往臺東，計6個月25天；依據莊松林計算，胡適住在臺南前後總計住了9個月11天。[64]

62　衡五（黃典權），〈「維桑與梓、必恭敬止」：胡適之先生臺南訪舊追記〉（《臺南文化》，2卷4期，1953），頁25-27。

63　朱鋒，〈臺南與胡適〉（《臺南文化》，2卷4期，1953），頁21。

64　朱鋒，〈臺南與胡適〉（《臺南文化》，2卷4期，1953），頁21。

圖 6-8：臺南市永福國小校園是胡適幼時曾居住過的臺灣道署

來源：中央研究院臺灣史研究所提供

圖 6-9：胡適與臺南市文獻委員會委員合影（前排左起胡適、林咏榮、
林斌、莊松林、賴建銘，後排左起林秋楓、黃典權、高惠如、謝碧連）

來源：臺南市政府文化局提供

（二）史蹟源流考證

臺南市原是一個古老的都市，傳統的建築物特別眾多，雖經日治時期市區改正及新式建築物之興建，被拆除或改建者已經不少，然而舊的遺存，仍有可觀的數量，可作為傳統建築研究的資料。傳統建築大體可分為衙署、寺廟、商舖、民宅等，衙署都於日治時期拆除無存，其形制構造僅可在府縣志書卷首，窺看約略而已。寺廟為民眾公有物，歷年屢經鳩資鼎新翻修，時常保持煥然一新景象，商舖與一般民家多早已無昔日之真面目，惟昔日富家宅第雖殘破失修，屹然猶存，得以保持原型原狀，實屬難能可貴的資料。究其原因，在於規模宏大，子孫眾多，各據一方居住，如要翻修，子孫貧富不均，難於鳩資，只許各自修補而已，如要出售，意見亦不一致，甚難成功，所以才能遺存迄今。[65]

莊松林在民國40年（1951）之後對於歷史古蹟等文化資產也屢屢發文，探究史蹟源流，每有其獨到的見解，更留下珍貴的採訪紀錄資料。

1. 古厝宅第

莊松林於民國40年代採訪記錄臺南市殘存的清代宅第有8座，計有石鼎美、萬福庵陳厝、施厝衖、鴨母寮呂厝、莊雅橋吳厝、東門林厝、陳子方街曾厝、新街謝厝。

石鼎美古厝係府城三郊董事石時榮於道光23年（1843）興建，據莊松林在民國40年代的紀錄，宅第「原為三進大厝，左右均有護龍完整，臺南市歷史館石暘睢氏之祖厝」。[66]後因部分族親改建，今存前二落建物。石鼎美古厝前廳與正廳的石雕、木雕皆精美，各有寓意，屋脊

---

65 朱鋒，〈臺南近十年來考古工作概要（三）〉，頁5。

66 朱鋒，〈臺南近十年來考古工作概要（三）〉，頁70。

起伏變化也頗為特殊。宅邸雖經整修，但大部分建材仍保留原物，乃是見證清代府城三郊貿易及石氏在府城發展的建築物，深具歷史意義。現為臺南市直轄市定古蹟。

萬福庵陳厝即為「陳世興宅」，陳登昌為登瀛陳家來臺第一代祖，原居府成寧南坊；因家族人口繁眾，至第三代祖陳奇策於乾隆15年（1750），在首貳境萬福庵南側自有空地上，興建大宅院，舉族徙居。據莊松林在民國40年代的紀錄，陳厝「前有門樓已拆除，三落，左右均有雙重護龍。」[67]陳世興宅為臺南市區現存極少數保存相對完整的閩南式樣態合院建築；原有3落大厝中，除後廳僅留存中港間之外，由門廳、中庭、正廳及兩護龍，形成一個完整的大宅第院落空間。山牆的鐵剪刀是陳世興宅的重要特徵之一，尤其鐵剪刀的數量與類型豐富，含括S型、T型及X型，凸顯閩南建築在臺灣融合西洋建築技術之狀況。現為臺南市直轄市定古蹟。

施厝衙在民族路萬福庵廟（明末阮駿夫人之房舍）前，創建於明永曆年間，原為鄭氏部將住宅，後為施琅公館，故稱「施厝衙」，據莊松林在民國40年代的紀錄，施厝衙「二落，左右均有窗重護龍」。[68]現已毀不存，原址已改建樓房。

鴨母寮呂厝創建於道光年間，據莊松林在民國40年代的紀錄，該古厝「前有門樓早已拆除，三落，僅有左護龍」。[69]現已毀不存，原址已改建樓房。

莊雅橋吳厝為府城富商吳春貴的堂弟吳春祿於磚仔橋北邊所建宅第，稱「吳昌記」，位於磚雅橋街之東側（約今友愛街至永福路二段間）；吳春祿第六子吳尚霑仿其堂兄吳尚新所建立的「吳園」，也在自

---

67 朱鋒，〈臺南近十年來考古工作概要（三）〉，頁70。
68 朱鋒，〈臺南近十年來考古工作概要（三）〉，頁70。
69 朱鋒，〈臺南近十年來考古工作概要（三）〉，頁70。

圖 6-10： 山牆的鐵剪刀是陳世興宅的重要特徵之一
來源：楊家祈先生拍攝

己宅第南側建立庭園，稱「宜秋山館」（為北白川宮能久親王御遺跡所，後改為臺南神社，今為臺南美術館二館）。據莊松林在民國40年代的紀錄，莊雅橋吳厝「三落，左右護龍完整，原有三座平列，此座因被指定為北白川宮遺蹟，餘二座被拆除為神社內苑」。[70]殘存古厝於民國63年（1974）拆除改建為體育館。

東門林厝創建於乾隆年間，坐落在臺灣府城東門城內西側，坐北朝南，建築七包三進。昭和4年（1929）日人實施「臺南市區改正計畫」東門路三町（東門路）拓闢，後進被拆毀。據莊松林在民國40年代的紀錄，該古厝「三落，後因開闢道路被拆除，左右均有護龍」。[71]及至民國63年（1974）林厝全部拆除，改建為住宅。臨街道路改為店面，今僅存「公廳」部份。「公廳」前有天井，圍高牆，屋脊甚高，近年

---

70 朱鋒，〈臺南近十年來考古工作概要（三）〉，頁70。
71 朱鋒，〈臺南近十年來考古工作概要（三）〉，頁70。

「公廳」被屋主蓋上鐵皮屋頂。

　　陳子方街曾厝即臺灣總兵曾元福所建宅第，曾元福地位顯赫，在臺灣府城內的陳子方街（今臺南市中西區忠義路2段158巷）建宅第，氣局宏大，前後五進，稱為「曾鎮公館」，於是後人稱其門前之巷道為曾厝巷，即今之忠義路2段158巷20弄的小巷道。[72]曾元福故宅係由次子登洲一脈的裔孫居住，第二次世界大戰末期盟軍轟炸臺南市，公館遭炸，部分建物倒塌；所以莊松林在民國40年代謹記錄其殘存2落。[73]民國50年代以後，曾氏後人搬離公館，宅第因長年無整修以致毀損愈加嚴重，如今已成斷垣殘壁，殊為可惜。

　　新街謝厝創建於嘉慶年間，據莊松林在民國40年代的紀錄，該古厝「三落，古為巨商蔡長勝建，後售於謝汝川氏之祖父。」[74]新街謝厝位今民生路二段郭綜合醫院西側；蔡長勝為清代府城富商，在道光、咸豐、同治年間屢捐款協助天后宮、天壇、普濟殿、北極殿、崇福宮、元和宮、新街福德祠等廟宇之修建。謝汝川曾任臺南市第1任西區區長，其父謝國文，即謝星樓，與臺南文人趙雲石、陳瘦雲等共同創設傳統漢詩社團「南社」；謝汝川之祖父即謝友我（1869-1926），字瑞琛，號獻秋，光緒19年（1893）秀才，繼承父親謝四圍之事業，持家有道。謝厝現已不存，原址改建為便利商店與停車場。

　　莊松林所記錄這8棟宅第的時間點民國40年代，至今已經超過70年，當時尚無《文化資產保存法》（1982年通過），如今「石鼎美」與「萬福庵陳厝（陳世興宅）」均已指定為臺南市直轄市定古蹟，「東

72 有關曾元福總兵在臺事蹟與「曾鎮公館」之研究，參見戴文鋒、曾國棟，《臺南市政府文化資產管理處典藏，〈陷敵圖〉、〈大敗敵人圖〉歷史文物調查研究期末報告書》，臺南市政府文化資產管理處，2018。

73 朱鋒，〈臺南近十年來考古工作概要（三）〉，頁70。

74 朱鋒，〈臺南近十年來考古工作概要（三）〉，頁70。

「門林厝」殘存部分建物，「陳子方曾厝」殘存一面高大的清朝古宅牆面，目前（2023年）仍列冊追蹤中，施厝衙、鴨母寮呂厝、磚仔橋（莊雅橋）吳厝新街謝厝皆無拆除不存，不管是這些宅第有無文資身分，或是拆除不存，莊松林當時的紀錄成為了解臺南昔日重要宅第建築的珍貴參考資料。

此外，莊松林對於歸仁區看西里的著名庭園「歸園」，也留下紀錄資料。清代臺南吳姓有3大望族，即枋橋頭吳，故居在民權路二段臺南公會堂一帶；磚仔橋吳，故居在今南美館二館一帶，以及竹仔街吳，故居在民權路二段。前二吳本是同一源頭，來臺始祖為吳國美，至其孫吳春貴、吳春祿時，始分居兩地，枝生磚仔橋吳一系。竹仔街吳來臺始祖吳錫泰，來臺較早，推定在永曆年間。吳錫泰傳庚、補（名輝、字袞仲，大學生）兩子；補傳郡山（文海，例貢生）、郡海（文漢）、郡林（文清）三子；郡山傳世同（候補訓導）、世繩（臥盧，候補詹事府主簿）、世和三子。

次子世繩主持家政，家道一時鼎盛，田園萬頃、南北兩路設公館有17處之多。是時適枋橋頭吳在其宅第後興建「四春園」，吳世繩亦不落人後，乃擇地於郊外歸仁北里下宅興建巨大宅第及公館一所。本預定落成後，舉族遷居於此，不期竟於道光11年（1831）以58歲病逝。所遺工程，僅公館部份由其次子國雨繼續完成；而宅第工程從此中輟。至日治時期公館轉售於當時臺南市西區之陳江山，經其一番整修並易名為「歸園」（取自陶淵明〈歸去來兮〉）。[75] 連景初也記錄民國50年代「歸園」當時的情景說：「佈局優雅，惜現已荒蕪不堪，宿草沒腔，無人問津。惟磚砌月形門尚完整，額有『歸園』兩字，其後吳仁舍的後人，將園售之城姓，城姓卅年前又售之陳姓，年來該園人跡罕至，幾已

---

75 文史，〈臺南歸園沿革〉（《臺灣風物》，17卷2期，1967），頁62。

被人遺忘。」[76]民國70年前後，陳家人將歸園剷平改建樓。

2. 宮廟歷史源流

　　民國40年前後，莊松林在《公論報》的專欄「臺灣風土」發表多篇介紹民俗的短文，其中〈臺南的水仙宮〉、〈臺南的開山宮〉、〈臺南的三老爺宮〉、〈臺南的普濟殿〉等文皆是臺南古廟，莊松林於專文中爬梳釐清這幾座廟的歷史源流。

(1)臺南水仙宮

　　〈臺南的水仙宮〉一文，主要探討其創建的時空背景以及由盛而衰的轉變因素。水仙宮創建於清領有臺灣後，漳泉商郊集資用竹篾所建簡易草廟，供奉水仙尊王，位於府城五條港中北勢港港口。乾隆6年（1741）臺廈商賈陳逢春捐資購地、填廟前港道、增建後殿，此時建築規模最為宏偉、華麗，為其他諸廟宇所不及。乾隆28年（1763）北郊蘇萬利等商號再次集資整修，重新彩繪神尊、廟宇，自此後本廟為三郊管理。水仙宮經歷代多次整修，又日治末期（二次大戰前）時因建防空洞後殿被拆除，今僅存前殿。

　　當時泉漳諸商為什麼不惜重資，建立這座壯麗的水仙宮於海口呢？莊松林認為其原因在於「泉漳諸商入臺後，已掌握了海上權，為了貿易順利，期求海上安全，乃建廟崇奉海神。其後商業大振，組織日趨完備，最後發展為『三郊』的龐大機構」。[77]

　　水仙宮外的陸地化，卻促使了商人競相興建街屋店鋪，反而促進了水仙宮一帶更加繁榮。尤其自咸豐9年（1859）天津條約開放安平為通

76　連景初，〈臺南名園的今昔〉（《臺南文化》，9卷1期，1969），頁49。

77　朱鋒，〈臺南的水仙宮〉，《公論報》「臺灣風土」，136期，1951年6月1日，收錄於林佛兒總編，《臺灣風土‧第三冊》（臺南市政府，2013），頁41-43。

商港口以後，洋商紛紛入臺，多集中於水仙宮附近，於是水仙宮和城西附近再度躍昇成為臺南的商業中樞，極一時之殷盛。隨著商業發展的隆盛，一時茶室、酒家、娼寮到處林立，桃色文化如雨後春筍似的開始附庸滋生，也是臺南特種酒家的胚胎，這俗稱叫做「城西文化」。[78]

　　水仙宮在清代盛極一時，從甚麼時候開始沒落呢？莊松林認為是在日人統治臺灣之後，洋商退出臺灣，三郊也喪失營業地區，臺南的商業中樞漸移入城內，於是水仙宮日益衰微，先是充為公學校校舍，繼則作為幼稚園，或充為民眾集會所，最後在二戰末期，「把廟祠拆為防空曠地，而神像遷居海安宮，又於盟機轟炸中遭了殃。一百八十餘年雄峙南都的海神水仙王，現在只遺下一座破碎的山門，在淒風苦雨之下殘存著，只供人家憑弔與紀念而已。」[79]並提到咸豐年間，廟前原本豎立1對聳入雲霄的大旗杆，象徵著水仙宮在全盛時代的標識，不幸這對旗杆，在日治時代為了建菜市場而拆下，1枝放在海安宮廟庭，另1枝放在中山公園，前者早被賣作船桅，而後者於光復後被某機關盜賣，充其私囊。

　　這篇在民國40年（1951）的文章，概述臺南水仙宮於民國43年（1954）重建之前的情形，記錄水仙宮與郊商從清朝、歷經日治到二戰後初期的歷史興衰，深具文獻價值。

(2)臺南開山宮

　　〈臺南的開山宮〉一文，主要探討該廟主祀神的真正身分。開山宮最晚建於鄭氏時期（1662-1683），主要奉祀保生大帝吳夲，俗稱大道公、大道真人、吳真人，同祀隋虎賁中郎將陳稜神位及天醫真人（孫真人）、感天大帝（許真君）。連橫在《臺灣通史》的論述則主張開山宮

78　朱鋒，〈臺南的水仙宮〉，頁43。
79　朱鋒，〈臺南的水仙宮〉，頁43。

的主神應為陳稜。[80]莊松林對於開山宮主祀神的身分，早在日治時期就認為：

> 廟既號為「開山」與前兩神均不符，如陳稜僅略地至澎湖，與臺灣本土毫無關係，當不得其號；至於吳真人僅奉為一醫療之神，亦為福建一鄉土神，雖為鄭氏及其部將所崇奉，更不堪值得其號，而且自有其固有廟名，不必另標一號。在臺灣歷史上能得其號者，除了鄭成功之外，恐無他神可堪，而且同時已有「開山王廟」之存在，並亦有被民間共稱為「開山王」之史實，因而推測開山宮與開山王廟為同一神。[81]

及至二戰後，莊松林復根據原供奉在開山宮的鄭成功像，認為該廟真正的主神是鄭成功，但是為什麼會弄到神與廟不符的離奇現象呢？莊松林提出的看法是：「鄭氏在臺灣的復國大業，終於康熙二十二年，為其降清叛將施琅所滅，嗣後又經過了一段嚴密的肅清工作之下，明的遺民為了東山再起之大計，並不忍崇奉鄭氏的寺廟被其毀滅起見，不得不另塑一不關緊要的神像，或把原有神像改名換姓，或變容化裝，藉以掩護及欺瞞滿清的耳目，避其鋒鋩，暗地裏來紀念鄭氏功勳，並加強其反清復國的意識表現，也是亡國之遺民應有的悲痛之隱衷。」[82]

除論證開山宮主祀神的真正身分外，莊松林在這篇文章也提到二戰結束前1年，開山宮被拆毀作為防空設施，戰後由附近居民鳩資，就原廟址右邊重建。同時也提到開山宮的名稱，從創建以來，就以「開山

80 連橫，《臺灣通史》，卷二十二〈宗教〉，頁584。
81 朱鋒，〈臺南的開山宮〉，《公論報》「臺灣風土」，140期，1951年7月27日；141期，1951年8月10日，收錄於林佛兒總編，《臺灣風土·第三冊》（臺南市政府，2013），頁45。
82 朱鋒，〈臺南的開山宮〉，45。

宮」見稱，但後來有一次不知怎樣，竟把其改為「開仙宮」，殊屬不通之至，不久又改回原名。[83]

(3)臺南三老爺宮

〈臺南的三老爺宮〉一文，主要探討該廟的創建時間與主祀神的真正身分。相傳開基建廟於鄭氏時期（1662），主祀三老爺，為朱王爺、曹王爺、魏王爺，乾隆15年（1750）境內三老爺街、安祿境以及鴨母寮街等里民合力捐建擴大廟宇，嘉慶12年（1807）董事方獻三、黃汝濟等發起倡修，今廟內留存嘉慶12年（1807）「重興三老爺碑記」即是該次重建紀錄；而後屢有修建。莊松林根據謝金鑾《續修臺灣縣志》之記載：「舊志、府志載……查各坊里社廟，以王公大人稱者甚夥。」[84]認為清代高拱乾《臺灣府志》的撰修始於康熙31年（1692），因此研判三老爺宮的建立時間應在康熙31年（1692）之前。

三老爺究竟為何人？一直是討論議題的重心；其中主祀朱王爺一般認為清代百姓不敢直諱稱呼鄭成功，採行變通權宜之計。雖然廟內也供奉玄天上帝，廟方則以朱府延平郡王稱呼神明，以強調本廟與鄭成功的關係，每年農曆正月16日，民間傳說鄭成功壽誕日，三老爺宮也舉行慶典予以祝壽。莊松林為了探究出一個真相，前後曾作綜合研究；第一步首先對《續修臺灣縣志》所記載有關寺廟作實地踏查，結果才明白了凡所謂王公廟、大人廟、代天府的主神，同因寺廟合併，而有雜姓之王爺，總不外「朱、池、李」三王爺為數最多。第二步工作，就是進行神像比照研究，發現大王的神貌色白而皙，似朱王爺；二王的色黝，類仙池王爺；惟三王的色赭，卻不似其他，另具有雄而毅的獨特容貌。第三步工作，即下手於神誕的對照。對於「民間曾有傳說，大王為鄭成功；

---

83 朱鋒，〈臺南的開山宮〉，44。
84 謝金鑾，《續修臺灣縣志》（臺北市：臺銀本，1962），卷五〈外篇〉寺觀，頁341。

二王為鄭經；三王為鄭克塽，則三老爺為鄭氏三代之替身。至其改姓易名及聖誕顛倒，亦在清統治之下，一種不得已的辦法」。他認為這種傳說，實屬一種無稽之談，不足徵考。[85]

(4)臺南普濟殿

〈臺南的普濟殿〉一文，主要討論普濟殿建築物坐向問題，並探討主祀神池府王爺的信仰。本廟原奉祀觀世音菩薩，名曰：「普濟寺」。相傳明永曆年18年（1664）寧靖王朱術桂（1622-1683）來臺後，經常遊憩於寺前一帶，而賜名改為「普濟殿」，俗稱「普濟廟」。清初有同安縣商賈奉池府王爺神尊來臺，將神像寄放廟中，後來池府王爺經常顯示神蹟，信徒逐漸增加，遂成為主神，為臺南市最古老的王爺廟之一。

民國40年（1951）莊松林所記錄的普濟殿：

> 以寺廟建築而論，固屬小型之廟，現座西面東，前有一片寬廣的廟埕。除本殿之外，左側尚有附屬建築一棟，其後有舊式住宅一座，由屋外以一片八角型圓拱門連接之，內有古井一口。對其本來座落，考之日據時代之重興碑記，雖有座南面北改為座北面南之說，然據前述情形推之，可以斷定座東面西之說，實較為確切。[86]

據普濟殿大正12年（1923）「普濟殿重修碑記」記載，該廟原本坐南朝北，後來因擴建廟宇而改坐北朝南。莊松林根據普濟殿當時的建築格局予以考察，斷定「坐東面西」的方位較符合實際情況。

---

85 朱鋒，〈臺南的三老爺宮〉，《公論報》「臺灣風土」，142期，1951年8月24日，收錄於林佛兒總編，《臺灣風土·第三冊》（臺南市政府，2013），頁46-47。

86 朱鋒，〈臺南的普濟殿〉，《公論報》「臺灣風土」，144期，1951年10月19日，收錄於林佛兒總編，《臺灣風土·第三冊》（臺南市政府，2013），頁48。

針對主祀神池府王爺的信仰，莊松林引述黃叔璥《臺海使槎錄》所記載：

> 三年王船備物建醮，志言之矣。及問所祀何王？相傳唐時三十六進士為張天師用法寃死，上帝敕令五人巡遊天下，三年一更，即五瘟神；飲饌器具悉為五分。外懸池府大王燈一盞，云偽鄭陳永華臨危前數日，有人持柬借宅，永華盛筵以待，稱為池大人，池呼陳為角宿大人，揖讓酬對如大賓；永華亡，土人以為神，故並祀焉。[87]

這一段內容作分析論述，他認為三十六進士之說，為過去所謂「王爺」之惟一來歷，考之有關該神之文獻，實屬荒唐無稽之談；而關於「陳永華死後被當地人士為作王爺祭拜」的這一段記載與敘述，實具有考據價值卻常為人所忽略，應加以重視。[88]

3. 北線尾島論證

清領有臺灣後，首開鹿耳門與廈門對渡，鹿耳門因此成為出入臺灣的唯一正口。及至道光年間的大風雨，臺江陸浮致使鹿耳門失去港口機能，其後在清末日治初期又發生3次較大規模改道；先是是同治10年（1871）7月，當時因暴風雨導致山洪暴發，曾文溪主流改道向南偏移，下游出海口附近的鹿耳門古廟也遭大水所侵，最後被沖毀在鹿耳門溪道內。[89]日治初期，明治37年（1904）曾文溪再度改道，主流在公地

---

87 黃叔璥，《臺海使槎錄》（臺北市：臺銀本，1957），卷二〈赤崁筆談〉祠廟，頁45。

88 朱鋒，〈臺南的普濟殿〉，頁48。

89 盧嘉興，《鹿耳門地理演變考》（臺北市：中華學術獎助委員會，1965），頁109。

尾向北改由北支流的三股溪經國賽港（今七股區三股里龍雄2號橋邊）入海，鹿耳門溪成為支流，溪水在公地尾南下經十份塭與土城仔東面，再經媽祖宮庄的北面由鹿耳門入海。及至明治44年（1911）又因暴風雨，曾文溪下游再次發生變化，致使鹿耳門溪斷源，水量縮減，河道規模更加縮小。[90]

　　鹿耳門的地理位置在歷經滄海桑田、海陸劇烈變遷的情況下，昔日特殊的形勢已消逝，僅成為一個區域空間名詞，鹿耳門的確切地點不再為時人所知悉，造成日後關於古鹿耳門位置的爭議。[91]由於鹿耳門古廟是見證鹿耳門港道的歷史地標，所以在民國50年代的鹿耳門位置爭議，也演變成媽祖宮庄鹿耳門天后宮與土城仔鹿耳門聖母廟的正統之爭。

　　對於鹿耳門的爭議，莊松林認為：「鹿耳門本來僅是一古水道而已，本不值得研究，一如『鄭成功有無髭』問題一樣，僅是一種趣味研究而已。對于臺灣史事沒有什麼史料價值，也不能有多大貢獻。」[92]他認為重要的，「還是以鹿耳門，至安平大港之間，約有五公里的狹長的沙洲——北線尾島。因為這個沙洲與安平具有悠久歷史，在古昔的中西交通史上亦有同等的重要性，而且在地理上很有研究價值，前曾引起日本學人之重視。」[93]所以他爬梳關於北線尾與鹿耳門的中外文獻及輿圖，針對北線尾島的地理演變、里程與面積作比對論證，再透過實地踏查所得遺蹟與遺物，作為考證與補充文獻不足的地方。因此，他認為「臺灣大學的歷史學教授楊雲萍先生，曾赴其地，實地踏查，遂以遺跡

90　黃文博、吳建昇、陳桂蘭合著，《鹿耳門志》（臺南市：鹿耳門基金會，2011），頁22。原文作「三份村」，應是「三股村」之誤植。今縣市合併升格直轄市後，各行政村改為里。

91　黃文博、吳建昇、陳桂蘭合著，《鹿耳門志》，頁23。

92　朱鋒，〈北線尾島（Baxemboy）雜考〉（《臺南文化》，7卷3期，1962），頁72。

93　朱鋒，〈北線尾島（Baxemboy）雜考〉，頁72。

遺物為依據，並參酌各種文獻，考定鄭成功復臺登陸地點是在顯宮里一帶這是頗有獨特的卓見」，[94]而深佩楊雲萍的論斷正確。

在這一篇文章，莊松林特別彰顯北線尾「東背塭田里，西臨大海，南對安平，北接鹿耳門溪，在殘存沙丘上，除有古廟、古墓、古砲城外，有一片青翠的防風林及海岸植物互相掩映，又有一所宏大的鹼業工廠雄據其間，再有高大的煙窗，聳立空中點綴，週圍佈滿了無數的魚塭與鹽田。若從遠處眺望之，誠為海岸的一幅幽美景觀，令人心曠神怡」。[95]並呼籲政府如能在與安平之間架設一橋並拓寬日治時期的海岸道路以利交通，進而將二鯤鯓、安平及北線尾3處連成一體，形成海岸線地區，不但可助長北線尾長足的發展，而且也促進臺南市不斷的繁榮。

串聯二鯤鯓與安平的安億橋於民國70年（1981）興建完成，連接安平與北線尾的四草大橋也於民國85年（1996）底竣工通車，政府似乎呼應了此一呼籲。如今二鯤鯓、安平與北線尾都成為臺南知名觀光風景區，印證了莊松林透過文史的研究，早在民國50年代就已看到這一區域後來發展的前瞻性。

（三）考古文物

對於歷史的重視，也反映在莊氏熱衷於文物採集上。日治時期所累積的文物採集工作經驗，在戰後亦延續了下來。1948年為慶祝第三屆光復節，中國國民黨臺灣省臺南市黨部假臺南市議會舉辦「臺南市歷史文物展覽會」，籌辦期間莊松林與石暘睢二人更是緊密合作調查、採集文物資料及會場佈置。採集工作的熱情一直延續至1950年代，參與者

---

94 朱鋒，〈北線尾島（Baxemboy）雜考〉，頁79。
95 朱鋒，〈北線尾島（Baxemboy）雜考〉，頁79。

除了莊松林外，亦有石暘睢、吳新榮、盧嘉興、江家錦所組成的「古碑採集小組」，其採集成績皆發表於《臺南文化》。莊氏曾發表〈臺南古碑的片鱗〉，視「古碑是一種原始史料」，並指出文獻工作者應有的態度是：

> 古碑是一種原始史料，碑文的採集是一件重要工作。
>
> 我們文獻工作者，今後應當站在史的立場，不以其文字之工拙，文詞之美俗，或碑文完整與殘缺，凡有一文一字，悉予採錄，這才是我們應有的態度與精神。[96]

古碑與文物的採集工作以臺南縣市為中心，再擴及高雄、嘉義、雲林、彰化、澎湖、臺束、金門等地，並納入墓碑、神主牌、楹聯、匾額等不同類型的歷史文物。

在此之後，以古碑採集作為史料、研究的素材與媒介，在臺南這座城市，可說很完整的傳承下來。在1970年代國立成功大學歷史學系成立初期，由臺南文獻研究者、教授帶領著學生進行歷史田野調查。對於古碑資料的採集，亦納入調查的行程之中，並將其成果亦刊載於1972年創刊的《史蹟勘考》中。[97]而後陸續有何培夫、曾國棟對於臺灣碑碣有諸多研究與整理，使得臺南至今成為國內碑碣整理與研究人才培育之領頭羊，這正是莊松林、石暘睢那一代的文獻工作者視古碑文物為史料與文獻的嚴謹態度一路延續下來的結果。

日治時期莊松林便開始考古研究與相關挖掘工作，如昭和17年（1942）發掘李茂春墓、洪夫人墓等。戰後，民國52年（1963）3

---

96 朱鋒，〈臺南古碑的片鱗〉（《臺南文化》，3卷4期，1954），頁49-54。
97 《史蹟勘考》為年刊，於1973年創刊，時系主任為陳捷先，內容為師生從事臺南地區史跡踏查與勘考工作的成果，發行9期後停刊。2021年發行《史蹟勘考》復刊第1號。

月，與黃天橫、江家錦等陪日籍考古、民俗學者國分直一赴高雄湖內大湖、臺南仁德牛稠仔進行考古遺跡調查，並往臺南左鎮菜寮、山上隙仔口等地採集化石及平埔族群的風俗等。民國55年（1966）10月，偕林勇、江家錦等3人參加臺東鯉魚山考古及探查東臺巨石文化遺跡。同年12月，與黃天橫、林勇、黃典權、王延壽、邱國棟等參加臺南市五妃廟前古墓發掘工作。次年11月中旬，再度與江家錦、林勇前往臺東採訪先史文化遺跡。

　　莊松林爬梳、整理戰後10年臺南的考古工作，撰成〈臺南近十年來的考古工作概要〉一文，內容除了地下挖掘出的考古文物外，更包含許多歷史文物（如下），為後人在相關歷史文物的研究工作立下良好的基礎。

1. 古碑：聚焦介紹戰後新發現的石碑、戰前後毀失的石碑與臺南縣古碑種類及年代、分類統計。

2. 明墓：介紹舊志書所記載明墓，並戰前至戰後發現明墓及墓碑一覽表。

3. 宋硐：也就是安平壺，於臺南、安平一帶出土甚多。

4. 楣徽：莊松林所指的「楣徽」，便是「門印」，為傳統建築門楣外的構件，與「門簪」將門楣和連楹結合、固定之用。（參見圖6-11）一般門印多為木製，亦可以石打製，莊氏於此討論的便是石製的，於文中羅列府城明倫堂、報恩堂、祀典武廟等10處楣徽位置，其中部分民宅楣徽已經消失。（參見圖6-12、6-13）

5. 石礎：便是柱礎，又稱石柱、柱珠。是安置於柱下的基石，用以負荷與防潮。臺南為古都，祠廟豪宅眾多，柱礎造型眾多，深含工藝之美。

6. 石砣：為石製度量衡器。清朝時期臺南商業發達，行郊為了標榜公平與信用，多備有公認石砣，以便交易度量，依用處不同約有公砣、糖砣、鹽砣及米砣等4種。

7. 遺牌：這裡的遺牌，指的是神位、祿位牌。臺南歷史悠久，有眾多重要歷史名人之神主或祿位，可作為歷史研究之素材，一共採集了40塊祿位神牌。

8. 肖像：此處指的是神像，但是針對生前為人的，主要採集有二類，一類為清代官員塑像，為感念功德之用。二是祖先塑像，作為先祖崇祀之用。此類神像較鮮少人注意，莊氏文物視野可說十分敏感，記錄官員、祖先塑像各紀錄了5尊。

9. 墓誌銘：在臺南近郊出土不少墓誌銘，能透過銘文了解墓主或其家族事跡，能作為歷史研究之材料。

10. 匾聯：臺南歷史久遠人文薈萃，眾多祠廟、宅第都有精美的匾聯，不僅有高度的紀念性、更有書法藝術之美，以及富含歷史研究價值。

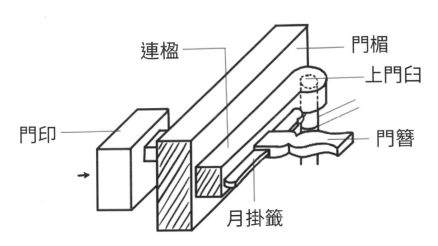

圖 6-11：「門印」、「門楣」與「門簪」組立圖

來源：李乾朗，《臺灣古建築圖解事典》（臺北：遠流，2003），頁101。

圖 6-12：臺南孔廟明倫堂入德之門「楣徽」（正面視角）

圖 6-13：臺南孔廟明倫堂入德之門「楣徽」（仰視視角）

圖 6-12、6-13 來源：楊家祈先生拍攝

11. 宅第：在70年代之前，古都臺南還不乏眾多仕紳宅第，朱鋒
    之紀錄可說為後來已拆除的宅第做了部分記錄。

12. 雜刻：指的是建築上的雜類雕刻，如木、石、磚刻等。

以上共分成12類，共分3篇刊載，[98]有許多統計表與調查成果資料，並於刊載該期附上由黃天橫拍攝的照片，供讀者參考。[99]這3篇文章展示莊松林除了地下考古的能力外，同時關注眾多的文物，展現對於考古與歷史文物的專業。

（四）臺灣語言與民間文學

日治時期提出閩南語借字、用字討論之文章，雖然在戰後轉向詞彙背後的故事為主，如〈蓮霧〉、〈檨仔〉、〈差操〉與〈草地人〉等。[100]另外在語言相關作品的發表，較為重要的有受邀撰寫《臺南縣志稿‧人民志》第三篇〈語言〉，以及民國47年（1958）於《臺北文物》發表〈臺灣方言之語法與語源〉一文。[101]可說莊氏的臺灣語言研究，在戰後可說是一個集大成的狀態。

戰後，莊松林民間文學採集工作，依舊沒停下來，類型主要可以分成民間故事、俚諺、童話三方面。民間故事較為知名的有〈李晉王與鄭

---

98 朱鋒，〈臺南近十年來的考古工作概要（一）〉《臺北文物》，6卷2期，1957），頁89-103。朱鋒，〈臺南近十年來的考古工作概要（二）〉《臺北文物》，6卷3期，1958），頁101-104。朱鋒，〈臺南近十年來的考古工作概要（三）〉《臺北文物》，6卷4期，1958），頁52-74。

99 黃天橫攝影、朱鋒簡介，〈臺南近十年來的考古工作概要照片〉《臺北文物》，6卷2期，1957），目次後4-7頁。黃天橫攝影，〈臺南近十年來的考古工作概要照片（二）〉《臺北文物》，6卷3期，1958），目次後5-13頁。黃天橫攝影、朱鋒簡介，〈臺南近十年來的考古工作概要照片（三）〉《臺北文物》，6卷4期，1958），目次後7-10頁。

100 朱鋒，〈蓮霧〉，《中華日報》，1950/05/10。朱鋒，〈檨仔〉，《中華日報》，1950/05/17。朱鋒，〈差操〉，《中華日報》，1950/07/17。朱鋒，〈草地人〉，《中華日報》，1950/10/16。

101 朱鋒，〈臺灣方言之語法與語源〉《臺北文物》，7卷3期，1958），頁1-24。

延平〉、〈鼓吹娘仔〉、〈「使飛瓦」知府蔣允焄〉、〈趕牛車提督：陳林每〉、〈「瘋阿舅」蔣知府〉等；俚諺則有〈臺南俚諺〉、〈漁村俚諺拾錦〉、〈洲仔尾俚諺一則〉、〈關廟鄉俚諺兩則〉等；童話故事則有〈鹿角還狗舅、戇虎〉，以上皆用筆名發表於報紙或期刊。[102]

（五）歲時風俗與祠廟神祇

歲時風俗與神祇信仰是民俗研究的大課題，莊氏延伸此主題至戰後。這一類議題可分成4大類：歲時、風俗、祠廟神祇與綜合論述。

臺南有許多歲時祭儀有其獨特性與歷史性，歲時正是莊氏十分看重的民俗研究主題。而有了日治時期的調查基礎，戰後有多篇文章皆圍繞著此主題進行討論，使其成為臺南歲時研究專家。著名歲時研究有〈清明和三日節〉、〈臺南的端午節〉、〈半年節〉、〈臺南的七夕〉、〈臺南的普渡〉、〈臺南的重陽節〉、〈臺南的冬節〉、〈臺南的年終〉、〈燈節與臺灣〉、〈女性月餅與秋節〉等。

風俗議題方面，有〈臺灣的古昔喪禮〉、〈臺灣古昔的喜慶〉、〈祭祀物品簿〉、〈牲禮〉、〈三角肉〉（喪俗之豬肉菜餚）、〈迎聖蹟〉等文章。莊松林注意到生命禮俗、祭祀供品與少見風俗等議題，可以說涉略的議題十分廣泛。其中〈迎聖蹟〉記錄了府城已經式微許久的儒家儀軌「送字紙灰」（sàng-jī-tsuá-hu）。

祠廟神祇研究多集中於臺南府城的祠廟，如〈黃寶姑碑記〉、〈臺

---

102 朱鋒，〈李晉王與鄭延平〉（《臺灣文獻》，12卷3期，1961），頁155-158。朱鋒，〈鼓吹娘仔〉，《徵信新聞報》，1966/12/03。朱鋒，〈「使飛瓦」知府蔣允焄〉，《徵信新聞報》，1967/03/11。牛八庄，〈臺南俚諺〉（《臺南文化》，3卷1期，1953），頁49。牛八庄，〈漁村俚諺拾錦〉（《臺灣風物》，16卷1期，1966），頁46。豬八戒，〈洲仔尾俚諺一則〉（《臺灣風物》，17卷4期，1967），頁14。己酉生，〈關廟鄉俚諺兩則〉（《臺灣風物》，17卷4期，1967），頁34。朱鋒，〈鹿角還狗舅、戇虎（臺灣民間童話）〉（《臺灣風物》，21卷2期，1971），頁50-60。

南的水仙宮〉、〈臺南的開山宮〉、〈臺南的三老爺宮〉、〈臺南的普濟殿〉、〈安平的迎媽祖〉等文。另有〈北港義民廟沿革記〉一文,為莊氏少數書寫外地的祠廟文章。

綜合論述有〈鄭氏精神與臺南民俗〉、〈關於民俗改良〉等文。〈鄭氏精神與臺南民俗〉一文發表於《臺南文化》,以鄭成功為討論主軸,為府城的節慶風俗源流考究做出貢獻,並與當時臺南的研究者們,一同推進了在國民黨統治時期下的鄭成功反清復明精神與文化。[103]

民國45年(1956)莊松林與林條均合撰《臺南市志稿·住民志·禮俗篇》,次年撰寫《臺南縣志稿·人民志·風俗篇》,並與郭水潭、賴建銘共著《臺南縣志稿·文化志》。至民國57年(1968),《臺大考古人類學專刊》第5種「臺灣研究會討論紀錄」中刊載了莊松林的〈臺南的民俗研究〉一文,可見莊氏已經被視為臺南民俗研究的專家。

莊松林的歲時風俗與神祇信仰研究,是他民俗研究上的大宗,同時對於後世研究者有著深遠的影響,如范勝雄《府城的節令民俗》,[104]都可以視為受其影響。

三、民俗學的標竿與領航

莊松林在《民俗臺灣》發表的臺灣民俗議題,除了民間傳說以外,主要是臺語語言文字的探討、飲食文化以及臺南特有的歲時節慶。二戰後莊松林在《中華日報》的「海風」以及《公論報》的「臺灣風土」、《徵信新聞》的「臺灣風土」等報紙專欄再度出發,寫下臺灣戰後初期又一次的文獻民俗研究成果。另一方面,莊松林也在《臺南文化》、

---

103 朱鋒,〈鄭氏精神與臺南民俗〉(《臺南文化》,1卷1期,1951),頁33-37。

104 范勝雄,《府城的節令民俗》,臺南市政府,1991。

《文史薈刊》、《臺灣風物》、《臺北文物》等刊物撰文，對臺南地方的文獻與民俗研究貢獻他的文化成就。[105]

《中華日報》為中國國民黨中央宣傳委員會直屬刊物，民國35年（1946）2月20日創刊，副刊「海風」是該報文化專欄之一。「臺灣風土」是《公論報》的副刊，創刊於民國37年（1948）5月，至民國44年（1955）5月停刊止，7年間總計刊行195期。「臺灣風土」刊行與《公論報》創辦人李萬居之理念相契，李萬居認為漢人移居臺灣，開疆闢土、堅忍不拔的精神正是中華文化的精髓。「臺灣風土」副刊正足以凸顯他對臺灣史地研究與關懷的宗旨。該副刊徵稿內容包括臺灣文化、歷史、掌故、風俗、賢哲傳略及軼事、名勝、古蹟及歌謠、俚曲、民間故事等，內容兼具普遍化、通俗化及趣味性。該副刊執筆者多達百餘人，就其職業背景來看，可歸納為三個主要系統，一是臺灣大學的教職員，二是各地文獻會職員及編輯地方志而網羅的文史工作者，三是傳播媒體工作者；當時作者群幾乎全是學院及民間的菁英文史研究者。[106]在「臺灣風土」寫手中，莊松林正是民間的文史研究菁英之一。

二戰後，莊松林再度重返文獻、民俗研究之路，將成果選擇在南、北兩報紙發表，應有其文化推廣的認知與企圖。陳祈伍認為莊松林在「臺灣風土」發表的文章，比較多是在民俗文獻方面的學術研究，表現其想走入文化中心的意圖；在《中華日報》「海風」發表的文章則比較多民俗隨筆的書寫，多的是文學寫作的作家意圖。基本上還是有些許的差異；前者比較著重文獻深度研究，後者則多是地方性風俗習慣說明與隨筆性質的文學趣味書寫。莊氏選擇在報紙專欄書寫，應與報紙刊載可

105　陳祈伍，《激越與戰慄：臺南地區的文化發展─以龍瑛宗、葉石濤、吳新榮、莊松林為例（1937-1949）》，頁359。

106　羅雅如《〈公論報〉「臺灣風土」副刊與戰後初期臺灣研究》（國立臺灣師範大學歷史學系碩士論文，2008），頁49-54。

以迅速達到文化普羅大眾化的目標有關。[107]

　　莊松林於二戰後在報紙及文獻刊物發表的文章，數量眾多而且內容多元，有少數文章在日治時期的《民俗臺灣》發表過，經翻譯改以中文發表。茲依莊氏文章內容的性質別為歲俗節慶、生命禮儀、民俗文物、方言俚語等四項民俗、文獻議題，討論戰後莊松林在臺灣民俗學的標竿與領航成果如下。

（一）歲俗節慶

　　歲時節慶的習俗是人們生活經驗的積累，它會形成固定的儀式和象徵意義，同時會隨著時代變遷、社會發展產生改變。現今存在於臺灣的傳統節慶，大多是隨著漢人移民帶進臺灣，在臺灣發展出的禮俗文化，一方面傳承來自大陸原鄉的文化及習俗，但由於臺灣本身的地理環境、歷史發展、社會型態、族群（含日臺）互動、生活方式畢竟不同於原鄉，因此這些傳統節慶的禮俗文化，也隨著時空的推移而在臺灣產生變化，有些簡化，有的消失，也有外來，有些結合當地生活而在地化，發展出具有臺灣本身特色的節慶習俗活動。

　　歲時節慶的活動是隨季節、時間推移和氣候的轉換而展開，與民眾的生活及生產活動習習相關，所以清代臺灣志書，往往於「風土志」或「風俗志」列有「歲時」篇，以記錄臺灣府、廳、縣年中的各項民俗節慶活動。莊松林透過文獻資料的爬梳，並參以自身的踏查紀錄，去探索觀察、分析闡述節慶禮俗中的文化意義，尤其對臺南一年當中的歲俗節慶留下珍貴的文獻紀錄。

107　陳祈伍，《激越與戰慄：臺南地區的文化發展——以龍瑛宗、葉石濤、吳新榮、莊松林為例（1937-1949）》，頁360。

1. 臺南的祭牙

　　莊松林曾在《民俗臺灣》發表〈語元とあて字：祭牙その他〉專文，討論「祭牙」一詞的語源及習俗，認為連橫《三六九小報》第66號：「祝衙：猶社祭也。仲春之日，農工商各集其侶祭祀會燕，謂之頭牙；季冬十六日復如之，謂之尾衙。」他認為連橫此文「衙」字的用字有誤，正確用字為「牙」。並提到小說《儒林外史》有「牙祭」之文作為「牙」字正確的論據。而他也討論到《儒林外史》「牙祭」與臺語「祭牙」相反，實屬正常，因為中國北方有許多用語正好與中國南方相反，如「喜歡」南方人就稱為「歡喜」，如「熱鬧」南方人就稱為「鬧熱」。[108]這些都可得知莊松林對於臺語語源與用字造詣頗深。

　　二戰後改以通俗隨筆的方式撰寫〈祭牙〉一文，在《中華日報》「海風」發表，至民國59年（1970）又在《臺灣風物》20卷2期刊載。在〈祭牙〉一文（頁69）敘述到：「祭牙由二月起，至十二月，每月初二和十六日兩次分別舉行，而一月因為元旦起至元宵節後，大家都歇了業，忙於新正的熱鬧，陶醉於新春的氛圍氣裡。不必舉行。一年中總計共舉行廿二次，二月二日為頭一次，叫做『頭牙』，而臘月十六日為最後一次，叫做『尾牙』。」說明祭牙的時間與次數，並解釋為何正月沒有祭牙的原因。

　　臺灣「頭牙」的日期，原不是與土地公的聖誕2月初2日同一天。高拱乾《臺灣府志》云：「土地之祭，每歲以仲春二日、中秋望日，土俗喧鼓，裝扮雜劇、侑觴，亦祈報之意。本府屬及各官署皆立祠，朔望行香。蓋菆土者，祀以庇民也。」[109]仲春二日即農曆2月初2日，是官方於春天祭土地之神的祀典。又據康熙時期黃叔璥於〈赤崁筆談〉云：

108　朱鋒，〈語元とあて字：祭牙その他〉（《民俗臺灣》，2卷4號，1942），頁43-44。

109　高拱乾，《臺灣府志》（北京：中華書局，1984），卷6〈典秩秩〉土地祠，頁852。

「正月十六日,各市廛競屠酒肉,名曰頭壓;自是以為常。臘月既望,踵而行之,名曰尾壓。」[110]成書於乾隆17年(1752)王必昌的《重修臺灣縣志》亦作如是敘述,乾隆29年(1764)王瑛曾的《重修鳳山縣志》則引〈赤崁筆談〉之內容,可知早期的「頭牙」是商家於正月16日所舉行的歲俗節日,而2月2日則是官、民祀土地公之日。嘉慶年間的志書皆未言及「頭牙」之事,至道光16年(1836)的周璽《彰化縣志》則提及2月初2日除農家祀福神外,商賈亦然,雖未明言此日的祀福神曰「頭牙」,但可知商家的歲俗節日「頭牙」已有和土地公聖誕日結合的跡象。同治10年(1871)陳培桂《淡水廳志》已明載:「二月二日,農工商賈皆祀福神,曰頭牙。」[111]光緒年間的《安平縣雜記》亦作類似的敘述,但稱為「做頭牙」。[112]

從上述引文可知,清代早期臺灣的「頭牙」在正月16日,道光年間以後,農工商賈皆於農曆2月2日祭祀福德正神,始將「頭牙」改於農曆2月初2日,相沿成俗,而且正月新春、元宵期間,商家大都歇業,所以祭牙從農曆2月初2日開始。

該文也提出「頭牙「和「尾牙」反映民間的雇傭制度,昔時雇傭期間依慣例定為1年,在這期間除非犯了重大事情之外,雇主(頭家)不得隨便任意解雇夥計及工友,至12月尾牙這天,頭家考核夥計及工友過去1年間的工作績效及表現,做為繼續聘僱的依據。宣告的方式依業別而有不同,有的發柬邀請吃尾牙酒,被邀者就是續聘,沒有被邀者便是不續聘。有的全部邀請,在席上頭家贈「紅包」者留,否則便是辭退。還有更巧妙者就是染房,尾牙當天員工提前下班,各人整頓工作崗

---

110 黃叔璥,《臺海使槎錄》(臺北市:臺銀本,1957),卷2〈赤崁筆談〉習俗,頁41。
111 陳培桂,《淡水廳志》(臺北市:臺銀本,1963),卷11〈考一風俗考〉風俗,頁300。
112 不著撰者,《安平縣雜記》(臺北市:臺銀本,1959),頁13。

位，把平日所用圍巾端正地安放在架上，然後入席吃酒。頭家娘依頭家的指示，將不續聘者的圍巾收集在一起，待尾牙宴席結束後，各回崗位一看便明白，從此各謀去路。由於頭牙每個人都興高采烈地喝拳猜掌痛飲牙酒，而尾牙時則籠罩着一層即將面臨職場上去留的陰影，二者情境迴異，因而民間流傳「食尾牙面憂憂，食頭牙燃嘴鬚」的俗諺。[113]

2. 臺南迎聖蹟

　　敬聖亭亦稱惜字亭、敬字亭、聖蹟亭、字紙亭、聖跡亭、字紙爐。文字是人類從原始跨越文明的重要工具，漢民族對於文字極為敬重，深信文字為倉頡聖人所造，其所造之文字敬為「聖蹟」。寫有文字的字紙必須謹慎使用，廢棄的字紙經由收集後，送至聖蹟亭焚化，以視對文字的敬重。「敬文重字、崇尚文風」是先民深受儒家思想薰陶後的傳統觀念，清代臺灣官府或民間常於地方的街坊、寺廟或書院設置「敬字亭」，以供鄉民焚化字紙。

　　民國39年（1950）2月20日《中華日報》「海風」刊登莊松林〈迎聖蹟〉一文，至民國59年（1970）又在《臺灣風物》20卷2期刊載。在〈迎聖蹟〉敘述農曆2月初3日據說為文昌帝君（梓潼帝君）的誕辰，早期在這一天臺南市的文人學子，淨除平日寒酸氣，打扮得很盛裝，聚集文昌祠，隆重而嚴肅地舉行祭典，然後舉辦了一年一度的「迎聖蹟」。

　　《安平縣雜記》曾記載：

　　　　迎送聖蹟，名曰『送字紙』。十二年一次。值年之時，郡城內
　　外紳士商民演樂迎送，將積年所拾之字紙燒灰，一概箱貯，護送出

113　朱鋒，〈祭牙〉，頁69。

海,付水飄流,甚為敬意。[114]

經日累月的字紙灰也不能當做垃圾隨處投棄,必須擇定每年文昌誕辰那一天,把其集中文昌祠,珍重地裝入清潔而端正的大木箱,貼上「敬惜字紙」的紅封條,等待典禮後,用「檻」由一群文弱的文人學子扛擔,伴奏着優雅而嚴肅的樂隊,整隊遊行繞街,然後用船送到安平港口,把其投入海中,才算完一樁大事。這種「迎聖蹟」行事,俗稱「送字紙灰」。莊松林認為這樣的儀式活動,其精神在於珍重文字愛惜書籍,同時寓含衛生、防火、保密等的社會意義在其中。[115]

臺南市區昔日原有多座敬字亭,自日治時期或闢建道路,或蓋新建物,以致敬字亭多已拆除,今僅德化堂內留存有1座,以及祀典武廟右側的敬字亭,昔日迎聖蹟將紙灰送到安平港海口的活動已成歷史往事,僅留存已成紀念性質的敬字亭建築見證「迎聖蹟」、「送字紙灰」的風俗。

3. 三月十九太陽公生

農曆3月19日是太陽公生日,乃是府城傳統歲時祭典的特色,也是臺灣民俗的特色。莊松林於昭和19年(1944)以日文寫成〈三日節と太陽公生〉,發表在《民俗臺灣》發終刊號。[116]及至民國38年(1949)3月29日將這篇舊作翻譯成中文,於《公論報》「臺灣風土」發表,在這篇短文莊松林對於農曆3月19日太陽公生的由來提出其見解。

---

114 不著撰者,《安平縣雜記》(臺北市:臺銀本,1959),頁15。
115 朱鋒,〈臺南的七夕〉(《臺灣風物》,20卷2期,1970),頁82。
116 朱鋒,〈三日節と太陽公生〉(《民俗臺灣》5卷1期,1945),頁38-40。

　　莊松林曾針對太陽公生的祭祀調查，他認為這個節日似乎只有在臺灣各地舉行，閩南一帶好像是沒有的。習俗相沿至今，人們只當它是由來於崇拜太陽的原始觀念，其實它卻是1個鄭氏時代的國家祭典。依據連橫《雅言》所載：

> 　　三月十九日，相傳太陽誕辰，寔則明思宗殉國之日也。聞之故老，謂明亡之後，遺民不忍死其君，又慮清人猜忌，乃藉言太陽。太陽，日也；日，君象也，故曰：「太陽一出滿天紅」，以寓復明之志。是日，以麵製九豬、十六羊，供為犧牲，則少牢之禮也。今中華再建，日月重光，亦可以慰景山之靈矣。[117]

　　李自成闖入北京，明思宗（崇禎）奔煤山吊死殉國，皆為3月19日；一般認為明崇禎17年（1644）3月19日闖王李自成攻陷京城，崇禎皇帝不願受辱而自縊於煤山，為國殉難；後人緬懷追祀，又為逃避清人耳目，遂假託為太陽公生日。這個祭典與其他的祭典不同之處，是一定在屋外舉行；屋外光明，取意於「明」，而再點燭照耀，蓋欲其「大明」也。這個節日，在鄭氏時代也許以什麼名稱公開地舉行很盛大的祭典，但不幸在永曆37年（1683），鄭氏被清朝所敗，「南明」最後在臺灣的一脈斷絕。明朝遺民，在清之淫威之下，藉太陽公之名，瞞統治者的耳目，舉行這種祭典，亦自有其不得已之處。[118]

　　文中他對於臺南市昔日太陽公生的祭祀情形也有詳細的介紹：

117　連橫，《雅言》（臺北市：臺銀本，1963），頁82。

118　朱鋒，〈三日節和太陽公生的由來〉，《公論報》，1949年4月18日，第6版，收錄於林佛兒總編，《臺灣風土·第三冊》（臺南市政府，2013），頁339-342。朱鋒，〈三日節和太陽公生的由來〉，頁342。

　　農曆三月十九日這一天，大約在清晨八九點鐘，剛剛太陽升到二十五度的時候，臺灣的家家戶戶在他們的庭院裡，設置著一張圍著棹裙的小棹子，棹上排列著一對燭臺，點著紅燭，棹子中間安置著一個焚著淨香的烜爐，其前面排列敬果之外，還羅列了糕製的小型豚九隻和羊十六隻。盛裝的婦女們向著東方雙手捧著一柱香，虔誠地向著太陽禮拜祈禱。[119]

　　時至今日局勢，既不反清也不復明，思宗殉國的悲情早已遙遠，於是「太陽公生」祭俗活動逐漸被淡忘，以往家家戶戶在庭院設香案祭祀的情形已不復見，僅部分如水仙宮市場、開基玉皇宮、臺灣首廟天壇、中和境開基三官廟、大觀音亭興濟宮、開基武廟、樣仔林朝興宮、馬兵營保安宮、營子腳溫陵廟朝興宮等傳統府城（中西區）範圍內的廟宇，仍會設置供桌，讓民眾以九豬十六羊糕點為供品前來祭拜太陽公。[120]

　　由於以往家家戶戶在「庭院」（屋外）設香案祭祀的情形已不復見，反而衍伸現今持香祭祀的方式有二：廟內設有太陽星君神像或神位者，直接面向神像或神位祭拜，這樣的祭拜方式已經脫離莊松林所強調的：「祭祀一定是在屋外舉行；因屋外光明，取意於『明』，並且再點燭照耀，蓋欲其『大明』也」的原始寓意。廟內無太陽星君神像或神位者，則朝向廟外主東方太陽的方向祭拜，例如坐東朝西的臺南水仙宮，水仙宮菜市場的攤商會在宮廟旁戶外，擺設供桌與九豬十六羊等供品，中午以前持香向東方祭拜。[121]如今祭俗活動冷淡，祭祀者少了，連帶製

119　朱鋒，〈三日節和太陽公生的由來〉，頁341。

120　戴文鋒，《臺南市民俗類無形文化資產保存維護計畫成果報告書》（臺南市政府文化資產管理處，2019），頁281。

121　戴文鋒，《臺南市民俗類無形文化資產保存維護計畫成果報告書》（臺南市政府文化資產管理處，2019），頁277。

作九豬十六羊糕餅業者也減少。太陽公信仰散見於臺灣，以臺南最密集、靠近臺南的高雄茄萣次之，而以九豬十六羊為供品的太陽公祭祀風俗，目前則多集中於臺南府城，因具有民俗文化資產之稀有性與特殊性，臺南市政府於民國103年（2014）公告登錄「太陽公生及九豬十六羊祭品」民俗為無形文化資產。

4. 臺南的七夕

依據王必昌《重修臺灣縣志》所述：

> 七月七日，士子以為魁星降靈，多備酒肴歡飲，村塾尤盛；又呼為「乞巧節」，家供織女，稱曰七星孃。紙糊綵亭，備花粉、香果、酒飯，命道士獻畢，將端陽男女所結絲縷剪斷，同花粉擲於屋上；以黃豆煮熟，洋糖拌裹，及龍眼、芋頭相贈貽，名曰「結緣」。[122]

臺南市開隆宮主祀七星娘娘，俗稱七娘媽；民俗相信七娘媽職司護祐孩童，家有小孩者必於七夕祭祀酬神；並認為年過16者，才脫離七娘媽的呵護而成年獨立，故有「作十六歲」的崇祀行為，用以答謝神恩。莊松林〈臺南的七夕〉一文，刊登於民國39年（1950）8月20日《中華日報》「海風」，至民國59年（1970）又在《臺灣風物》20卷2期刊載，莊氏對於早期臺南七夕做十六歲的民俗活動有著深刻的觀察。

七夕當天臺南市的婦女們都遠道而來，虔誠地燒香禮拜，一心一意，求子女的成長。除前往參拜開隆宮之外，各家庭都備辦豐富的牲禮，於下午在廳堂致祭七娘媽，尤其是家有16歲子女的家庭，特別隆

122　王必昌，《重修臺灣縣志》（臺北市：臺銀本，1961），卷12〈風土志〉風俗，頁398。

上圖 6-14：開基三官廟太陽公生祭典

下圖 6-15：九豬十六羊祭品

圖 6-14、6-15 來源：曾國棟先生拍攝

重舉行成年大典禮。除應備祭品之外，又從紙店購買一座華麗的「七娘媽亭」，與各親朋送來的禮品合在一起致祭。先由雙親主持典禮，嗣後由成丁的子女致謝恩，俗叫做「出姐母間」（清朝文獻作「出姐母宮」），亦即離別母胎到成丁的中間，承蒙七娘媽部屬姐母的愛護，而今已成丁可以獨立，為了答謝「姐母」辛苦看顧，透過「出姐母間」這一儀式表達誠摯謝意。最後在庭院裡焚燒七娘媽亭，典禮就告結束，俗稱「做十六歲」。

「做十六歲」習俗，最初發源於今臺南市中西區一帶，是清代臺灣府五條地區，而居住各港的五大姓的勞動者，各佔一港，為沿港岸的各進出口的行郊，以搬運貨物為生活。他們本來生活清寒，所以平時不得不耐勞克苦的勞動著，儉腸攝肚地過活，細心地撫育子弟。子弟既長成16歲時，在勞動者的家庭，早已跟父親伯叔輩到碼頭當苦力工人，為家庭經濟的幫手，減輕父親的負擔，所以他們認為16歲為成丁，於此日舉行隆重的典禮。這種習俗，不久由城西傳入城內，由勞動者傳入一般家庭，再由臺南市傳至南部一帶而普遍至全臺，最後由男子傳入女子，現在已演變為臺灣共通的成丁典禮。[123]

至少在乾隆19年（1754），福建已有做十六歲的相關記載。家中有子女在十六歲時，會請道士，並在家裡設祭壇，向神明稟告家中的子女已經成年了，這樣的儀式叫「做出幼」。只是這種習俗在臺灣民間講得比較直白，直接稱為「做十六歲」。府城開隆宮、安平開臺天后宮、永華宮、臨水夫人媽廟、或是施氏宗祠都有做十六歲的習俗。做十六歲，最重要的儀式，就是要出姐母宮，鑽過姐母亭，最後把這婆姐亭或是姐母亭把它化掉。這樣的用意表示已經告別了幼年階段，已經成年了，就是人類學家談的一個過度儀式，由幼年過度到成年的一個儀

123　朱鋒，〈臺南的七夕〉（《臺灣風物》，20卷2期，1970），頁70。

式。[124]

　　七夕乞巧原是傳統社會的民俗活動，後轉換成為做十六歲的民俗活動，使臺南成為全臺灣唯一保留至今的成年禮，民國97年（2008）臺南市政府公告登錄「七娘媽生，做十六歲」民俗為無形文化資產。在莊松林的紀錄中，指出早期做十六歲是在家庭舉行，然而隨著社會環境以及家庭結構的改變，現在臺南「做十六歲」主要有開隆宮、臨水夫人廟、崇福宮、西羅殿、安平開臺天后宮等廟宇進行相關儀式，除特定廟宇舉辦「做十六歲」，臺南市文化資產管理處近年提倡「在家做十六歲」，以傳承早期在家庭「做十六歲」的民俗風貌。

5．臺南的普度

　　農曆7月15日中元節原是道教三官大帝中的「地官大帝」之誕辰，因地官大帝掌管赦罪，因此道教會在這一天舉行普度，祈請為亡靈赦罪。佛教傳入後，又以此日為「盂蘭盆節」。相傳到了這一天，閻羅王會打開地獄之門「鬼門關」，讓關押的鬼類出來自由活動。因此，民間盛行為死去的親人舉行超渡法事，以消災祈福，化解怨氣。《安平縣雜記》曾記載：

　　　　七月十五日，各家皆祀祖先。縣憲仍親往北門外致祭屬壇。請城隍神主祭。是日，地官大帝誕。相傳為地官校籍之辰。臺沿漳泉遺俗，作普度盂蘭會，甚形熱鬧。計自七月初一起，先豎燈篙，燈之四面，書「普照陰光」四紅字於其上。徹夜燃燈，家家有之，光耀通衢。[125]

---

124 〈臺南市定民俗：七娘媽生、做十六歲〉，戴文鋒口訪影片，Youtube，2020年11月。
125 　不著撰者，《安平縣雜記》（臺北市：臺銀本，1959），頁15。

上圖 **6-16**：蕃薯港施氏宗祠七夕做十六歲

左圖 **6-17**：氍七娘媽亭

圖 6-16、6-17 來源：曾國棟先生拍攝

臺南農曆7月可以說為「普度之月」，莊松林也以這一民俗撰述〈臺南的普度〉，於民國39年（1950）9月1日《中華日報》「海風」刊登，至民國59年（1970）又在《臺灣風物》20卷2期刊載。這一篇文章詳細記錄當時臺南農曆7月普度的情形：

> 七月初一那一天，家家戶戶都備辦佳釀，排在門口施捨餓鬼；又從此夜起一個月間，屋簷下裝了一個竹笠，下面吊一個寫着「普度植福」的四角型油燈，俗叫做「路燈」，通宵達旦點著火，以利餓鬼夜遊之便。七月初一開始施捨餓鬼，俗叫做「孝月頭」，七月十五日的普度叫做「孝月半」，月底最後一天叫做「孝月底」。這三天家家戶戶普遍供祭之外，自古以來把這一個月劃分為一個固定日程表，各街各境按日分別舉行公普。公普前幾天各境值東頭家爐主，向境眾挨戶募捐緣金，於普度前一晚上，頭家爐主乘轎整隊，伴着一隊樂隊，繞街至海濱放水燈邀請水鬼赴會。普度那一天在廟庭搭結一座彩壇，前面搭一長列的棚子，等黃昏時分命工役扛檻，把境眾要恭奉的碗菜集中搬來排在棚架。祭壇的一邊羅列了高高低低的「米糕棧」，另一邊裝置一雞鴨魚肉山，壇前的廣場搭了好幾臺的戲臺。時刻一到，萬千燈光一亮，儼然一座不夜城，於是和尚道士登壇誦經佈法。[126]

時至今日，臺南府城在農曆7月仍可見各種形式的普度，尤其是以「米糕棧（栫）」作為普度供品正是府城獨有的普度特色，但似乎直到2013年辛啟松〈臺南市特有普度祭品「米糕栫」〉（《蘋果日報》）、孟慶慈〈南市普度祭品米糕栫／申列無形文化資產〉（《自

126　朱鋒，〈臺南的普度〉，《中華日報》，706期，1950/09/01。

由時報》）等文披露後才稍為人知曉，其實莊松林民國39年（1950）《中華日報》「海風」就已提到此一特殊供品。目前府城米糕栟製作者黃銅山，家住在普濟殿旁，為第3代傳人，祖父黃塗開始從事米糕栟製作，為府城最早的米糕栟業者，黃銅山除了吸引臺南社大前來拍攝紀錄片外，也應邀至臺南社大開講百年老行業「米糕栟」。[127]

　　莊氏前文所提昔日普度以竹笠製作的「路燈」，除在舊聚落偶可見一兩盞外，在多數街區已不復見；或許是因現在照明設備已遍及大街小巷，足以提供幽界亡魂通宵達旦。莊松林此文留存日治晚期至戰後初期臺南普度的珍貴紀錄，但他也認為臺南的整個農曆7月，每天都要普度，「七月是為一年中生意最不佳，而把有用錢財花費於迷信最多的月份，為什麼民間要做這樣虧本的生意呢？一方面因為過去日政府的放任政策，另一方面因為本省人尚鬼觀念太過根深蒂固。」[128]在從事民俗研究的過程中，莊松林似乎也站在一個民俗觀察者的立場，提出普度是迷信與浪費行為的呼籲。

6. 臺南的冬節

　　冬節，又稱冬至、冬至節，冬至節是一年中白晝最短、黑夜最長的一天。大約新曆12月22日左右，太陽會達到赤道以南23.5度之處，因此赤道以南23.5度之緯度也稱為「冬至線」。冬至之後陽光直射位置開始向北移動，北半球白晝時數日漸增長，正午太陽高度也日漸升高，日影逐漸縮短。臺灣民間習俗在冬至日家家戶戶作「冬至圓」，向祖先牌位以及神明各供奉3碗冬至圓、三牲、點香、插燭、燒金銀紙、燃放鞭

127　戴文鋒，〈米糕栟：一種專屬於府城獨特的普度祭品〉，《臺南普度文化面面觀》（臺南市政府文化局臺灣文化大學歲時課程講義，2017），頁5-11。

128　朱鋒，〈臺南的普度〉，《中華日報》，706期，1950/09/01。

圖 6-18：鹿耳門寄普與米糕栲

圖 6-19：蓋有竹笠的普度燈

圖 6-18、6-19 來源：曾國棟先生拍攝

炮。其中，冬至圓要在井、灶、門、窗、桌、櫃、雞舍、豬舍等處各貼黏一、兩顆，以示犒賞與感恩、並祈將來圓滿之意。[129]

　　冬節與元宵、端午、清明、中秋節均為臺灣年中的大節，因此，家家戶戶都有自製應節品之舉，莊松林於民國39年（1950）12月29日於《公論報》「臺灣風土」發表〈臺南的冬節〉一文，介紹臺南冬至的民俗特色為菜包與圓仔的製作：「所謂菜包，就是先把糯米糰用手滾仔碾平為薄胚，再用飯碗壓斷為包皮，盛裝肉燥、蔬菜、土豆麩、白糖等佐料，包成為半月型，然後放在蒸籠裡，用火炊熟，打開蒸籠檢點，有破裂者則分發給家人共享佳味，完整者一部分贈送給親友，另一部分留為祭祀之用。」其實，臺南「冬節包」是冬至期間所做半月型或耳朵形的「菜包」，昔日每個家戶都會自製這種菜多於肉的包子，現今已有業者為了素食者之需求，製作僅以香菇與菜類為餡料的純素包。外皮，以前是以糯米製成「粿粹」，較費工費時（傳統菜市場尚可買到「粿粹」的冬節包），現在則多改以麵粉皮，較為省事，但無論何種外皮的冬節包，因傳統習俗忌諱全白，所以都會點印上紅色的色料以象徵喜氣。「食冬節圓、配冬節菜」、「食甜配鹹」正是府城冬至歲時的民俗特色。至於「冬節圓」莊松林又提及：

　　　　入夜，一家老少圓圓地環圍著竹篩，把剩餘的糯米糰，各以雙手搓為圓仔。所謂圓仔，依其顏色可分為紅、白兩種，依其形體可分為大、小兩種，大的約一寸大，叫做「圓母」，需搓12個，象徵著一年有12個月；小的約指頭大小，叫做「圓仔」，數量眾

---

129 鈴木清一郎，《臺灣 慣冠婚葬祭と年中行事》（臺北市：臺灣日日新報社，1934），頁499。池田敏雄《臺灣の家庭生活》（臺北市：東都書籍株式會社臺北支店，1944），頁354。

多，象徵一年有365日之意。此夜的一舉一動，如一家老少環圍，竹篩的圓型及手搓揉出的圓仔，均取於團圓之意，而圓仔的大小及其數量，則寓於年月循環之義，至於紅色取意於吉祥，而白色象徵著潔白，處處都表現傳統固有的思想習慣。[130]

除了約略像雞蛋大小的「圓仔母」以外，另外也會利用染有色料的「粿粹」，做成「圓仔」大小的牛、羊、豬、狗、雞、魚等形狀之物，稱為「做（捏）雞母狗仔」。[131]至其歷史源流，有說是早期傳統農業社會裡物質缺乏，窮人無力購買雞、鴨、魚、肉，只好以米粿捏成家禽、家畜的形狀來祭祖，而以前家戶也多有畜養家禽，捏製「雞母狗仔」實可能亦寓含祈求六畜興旺之義。

（二）生命禮俗

為了體現每個人不同的生命，建構每個階段不同的價值，承擔起不同的責任，而衍生出的相關儀禮與習俗，也就是俗謂的「生命禮俗」。世界各民族的社會生活中，都會重視社會成員的生命禮俗；從出生、成年、結婚、壽誕，以至死亡、祭祀等，都是人生各個生命階段中重要的變化。這是為了區隔於前一階段，並迎接下一個階段的來臨，在不同的社會文化傳統下，乃各自依據古來相傳的禮俗，形成各式各樣的生命禮俗。臺灣社會所存在的生命禮俗，原住民各族各有其生命禮俗，而不同的漢人族群在各移居區內分布，從明鄭到清領時期，生命禮俗也從內地化逐漸土著化、在地化，此乃因應自然環境與人文因素而自行調整，就

---

130 朱鋒，〈臺南的冬節〉，《公論報》，1950年12月29日，6版，收錄於林佛兒，總編《臺灣風土‧第三冊》（臺南市政府，2013），頁354。

131 吳瀛濤，《臺灣民俗》（臺北市：眾文圖書，1990），頁31。

成為同中有異的地方習俗。[132]

　　莊松林對於臺灣生命禮俗的涉略始自日治時期，最初是研讀《家禮大成》、《家禮會通》等家禮書籍，雖獲得豐富資料，但經比對自家收藏之《家禮簿》，發現紀錄出入頗多，難於整理。歸納其原因有二：一歸因於時代演變發生差異，二因家禮之一部分早已分工，或為龜粿店、鼓吹店之專業，有關文獻不予記錄。[133]如要整理一部完整的臺灣家禮，實屬困難之至，遂擱置直到民國48年（1959）才彙整舊稿，並參考《家禮大成》，再根據調查採訪作補充，而完成〈臺灣的古昔婚禮：臺灣家禮之一〉、〈臺灣的古昔喪禮：臺灣家禮之二〉、〈臺灣的古昔喜慶：臺灣家禮之三〉等3篇生命禮俗探討的文章，先後於《臺北文物》發表。

1. 婚禮禮俗

　　我國婚禮，古有六禮，即問名、訂盟、納幣、納采、請期、親迎等，而臺灣自昔僅有四禮，即問名（提字仔thê-jī-á）、訂盟（捾定kuānn-tiānn），納幣納采合而為一，稱為完聘（插簪tshah-tsiam），請期合併親迎（嫁娶kè-tshuā）等4種。莊松林認為當代之婚禮，因受時潮之影響，由繁趨簡或採用新式禮制，形成另一體制，但若細察之，遺制痕跡略有可辨，也可作為古昔婚禮探討之線索，乃就臺灣婚禮之四禮逐項討論，除文字與表件的整理敘述外，還有蔡草如的插畫。[134]

132　李豐楙，《慶典禮俗》（臺北縣蘆洲市：國立空中大學，2010），頁3。

133　朱鋒，〈臺灣的古昔婚禮：臺灣家禮之一〉（《臺北文物》，8卷1期，1959年），頁11。

134　朱鋒，〈臺灣的古昔婚禮：臺灣家禮之一〉，頁2-18。

(1)問名

　　媒人就適婚男女並符合選定條件進行議婚，主要的禮俗事項有「選定條件」、「提字仔」與「比手指辦」3項逐步進行。

　　選定條件即是評估男女雙方的條件。第一是門風，即社會地位，是否科甲或軍功之家，或是白手之家，門風是否適當；第二是財富，田園厝宅多寡家，或有無產業；第三是才幹，男有無文才，女有無技藝；第四是美醜，男是否一表人才，女有無三寸金蓮；第五是健康，男女有無宿疾。如以上條件有符合或接近，就可進行探查。

　　之後男女開始進行「合八字（年、月、日、時的干支）」階段，即排算雙方八字合不合，男方八字俗稱「字仔（jī-á）」、女方八字俗稱「婚仔」。雙方的「字仔」與「婚仔」各擺置於自家廳堂神案卜吉，從排算雙方八字起3日之內，無發生打破器物碗盤、爭吵打架、失竊損財等事故，即認吉祥。按照約定吉期併以紅紙量定新娘戒指寸法，稱為「比手指辦」，以供男家訂製戒指1對，進入訂盟之階段。

(2)訂盟

　　訂盟亦稱「文定」或「小聘」，俗稱「掮定」，為締結婚姻之第1階段，男家於擇定吉日，備辦戒指等物4種並具禮帖由媒人以竹籃提帶，偕同男家姻母或姊妹，乘轎至女家觀看新娘並送戒指。女家將禮品收起排於神明祖先之前，點燃香燭奉告祖先。俟新娘上廳戴上戒指完畢，女家將禮物收起並以芎蕉、鳳梨、芋頭、柑橘等物品具禮帖回敬。

(3)完聘

　　完聘或納采俗稱「插簪」，是訂婚的第2階段。此日男家備辦各種禮品，由媒人乘轎前導，伴奏鼓樂，用檻抬扛，繞街遊行送至女家納聘。莊松林對於完聘禮俗的介紹，除詳細說明該階段的相關禮俗細節外，也表列蔬盒（轎前盤）禮物目錄、男家納聘禮物一覽表、女家回聘禮物一覽表等清冊，並說明各項禮物在婚禮中的吉祥寓意。

(4)嫁娶

納聘完畢之後男女雙方進行婚禮當中最重要的嫁娶儀式。這一階段的禮俗有提日、辦嫁妝、裁衣、安床、兄弟棹與姊妹棹、把盞、單頂娶與雙頂娶、吃旬湯、罩烏巾、進房、翻床、弄新娘、請出廳、探房、圍碟盤、看桌、轉厝、請伸謝、脫髻、做客、捧鞋筐、滿月等事項。

2. 喪禮禮俗

喪禮是處理死者殯殯奠饌的禮儀，古代屬於「凶禮」之一。臺灣傳統社會對喪禮非常重視，一旦親人斷氣離世後，家屬就會替遺體淨身整容，並穿上壽衣，是為小殮。然後，親屬會奔走相告所有散居各地的親友及左鄰右里，是為「報喪」。親朋戚友趕赴先人家中祭祀，是為「奔喪」。之後，先人遺體通常會在廳堂停留數天，期間子孫後輩需要守靈，直至大殮出殯。先人遺體下葬後，整個儀式才算基本完成。

莊松林認為喪禮在家禮中，是次於婚禮之重要，而且內容甚為繁雜，歷經時代演變，沖淡失真、早已「禮」變為「俗」。因此，他取自於世故老人之口述，並參考喪禮習俗相關專著，撰述〈臺灣的古昔喪禮：臺灣家禮之二〉，以記錄臺灣喪禮習俗的真面目。[135]

莊松林對於喪禮各個階段，從臨終、襲殮、殯葬、旬祭的細節逐一記錄說明，留存完整的喪禮禮俗資料。傳統喪禮的禮俗程序繁複，講求細節，在全球化和現代化的今日社會，部份核心禮俗雖有保留，但更多的禮俗已被簡化，甚至淡忘；例如〈臺灣的古昔喪禮：臺灣家禮之二〉所提到的「乞火炔（灰燼）」習俗即是如此。在喪禮的入殮禮俗中有乞水為亡者沐浴的習俗，俗稱「乞水」或稱「買水」。孝男穿孝服捧陶缽，由一長者引導至附近水井或河溝溪邊，先投串紅線之銅錢2枚，

---

135 朱鋒，〈臺灣的古昔喪禮：臺灣家禮之一〉（《臺北文物》，8卷4期，1960），頁1。

然後順流以缽（忌逆流）汲水，沿途哀泣而歸。乞水後，孝男穿孝服捧一米斗，赴鄰右三家乞火烌。到鄰右大門口先將米斗顛倒置下，背米斗跪下，低頭兩眼直視街道，靜待該家施給火烌。人家從廚下取烌放於米斗，然後孝男後轉捧斗再至鄰右一家乞灰，遵循此法乞火烌而歸。這些火烌留待收殮（入木jip-bok）之時使用。[136]現今雖仍有乞水儀式，但皆由禮儀社人員事先以水桶盛水備好，並未到水井或河溝乞水；至於乞火烌的習俗，昔日爐灶以柴燒有灰燼可取，現在家家戶戶皆使用瓦斯或天然氣，使得該項習俗已被淡忘且不存。

莊松林透過口訪調查並參考文獻資料而整理臺灣的喪禮禮俗，並就喪禮中與臺灣歷史文化關聯者進行探討，〈套衫〉與〈大明的套衫〉即是針對臺灣傳統喪禮亡者以「明裝」收殮之論證。[137]

鄭氏在臺灣的抗清復國之鴻圖大業，終因主客觀情勢，不幸竟被滿清所滅，然而其遺志還遺留在民間各角落。這不單表現在臺灣地名、語言、歲序、傳說、民間信仰裏面，就是人生最後的一幕，死的喪制，也有其色彩濃厚的痕跡。明朝遺民面對易朝改制，在滿清統治之下，表面上免不得陽奉陰違，但在人生最後的一刻，他們都殷切地囑命其子孫需以明裝收斂，以誌其身份，赴九泉之下重見先烈。這一種的表現或相傳是清入關的時候，明朝遺臣間相互約定的3件事，即「生降死不降，男降女不降，官降吏不降」之說。[138]對於這種說法，莊松林認為以死、女、吏喻為不降者，與鄭氏偉大精神相悖，更是清廷一種侮蔑反宣傳。臺俗以明裝收殮之外，還有更值得稱讚的，就是收殮前之所謂「套

136　朱鋒，〈臺灣的古昔喪禮：臺灣家禮之一〉，頁2。

137　朱鋒，〈套衫〉，《中華日報》「海風」，1950年8月14日。朱鋒，〈大明的套衫〉，《正氣中華》，1950年8月29日，3版。

138　「生降死不降」等三約定的說法可能係源自洪承疇（1593-1665）投降清朝後，皇太極接受洪氏懷柔建言：給予漢人「十降十不降」之條件。

衫」。[139]

每一個家庭，凡發生喪事那一夜全遺族圍在死者舖前守夜，俗稱「守舖」，婦女們特別忙碌，死者若老人則打開其衣箱，檢點其生前所準備之壽衣；若年壯者，則徹夜趕製應備之衣冠，以備翌日之收殮。隔日孝男到鄰近乞些水，由親遺族或央請「土公仔thóo-kong-á」代為死者沐浴及整容，然後命孝男在門外，頭戴竹笠，腳站在小竹凳，把雙手水平地展開，做了一架套架，土公仔把盛在竹筐裏的明裝，一領一領面向著孝男套起來，套妥了又做一起地脫起來，竹笠扔上屋頂，凳子收進去。接著土公仔一面把死者的衣服脫掉，一面把套好的明衣套進去，將死者打扮得整整齊齊，然後就準備進木（棺）的工作。

根據莊松林考證，遺民最後一刻，仍然不忘思明復國，所以套衫一定要在光明燦爛之門外，取意於「大明」；戴竹笠取意於與不義者不共戴天之仇；而站竹凳取意於忠貞之民不願足踏被暴虐之輩污染之地上，充分發揚大明魂。所以莊松林認為套衫這一項禮俗，純由民族正氣而產生，可以證實三約之荒謬與附會，亦可認識鄭成功遺志及其精神，如何侵透民間及其悠久不滅。[140]

3. 喜慶禮俗

莊松林於整理〈臺灣的古昔婚禮：臺灣家禮之一〉、〈臺灣的古昔喪禮：臺灣家禮之二〉這兩篇關於臺灣生命禮俗的文章之後，有感於《家禮大成》及《家禮大成》、〈家禮簿〉等家禮書籍，對於生命禮俗之喜慶記載太少而且不詳細，因此以自身記憶及採訪紀錄撰寫〈臺灣的古昔喜慶：臺灣家禮之三〉，將臺灣的喜慶禮俗分為生育、進泮、成

---

139 朱鋒，〈大明的套衫〉，《正氣中華》，1950年8月29日，3版。
140 朱鋒，〈大明的套衫〉，《正氣中華》，1950年8月29日，3版。

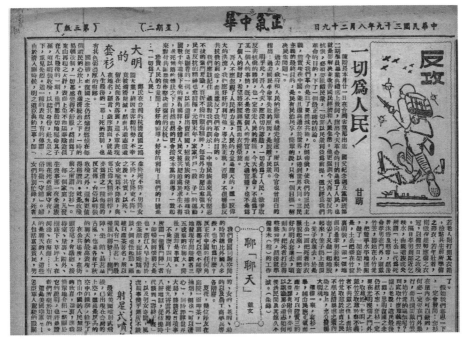

圖 6-20： 1950年朱鋒〈大明的套衫〉發表於《正氣中華》

來源：〈大明的套衫〉，《正氣中華》，第3版，1950年8月29日。國立公共資訊圖書館提供。

丁、壽誕4項，以作為「臺灣家禮」系列文章的結束。[141]

(1)生育禮俗

　　生育是賦予一個人生命的開始，經由生育，非但能夠繁衍後代子孫，使人類得以綿延不絕。傳統社會的生育觀念之中有明顯偏好男嗣，這種明顯的性別偏好，與農業社會、宗法精神、儒家倫理有很大的關聯。婦女為了傳宗接代，在婚禮常常用種種方式祝賀新娘早生貴子，若是婚後好久沒有生育，必然要祈求神明，早賜麟子，於是出現各式各樣的生育禮俗。

　　莊松林這一篇文章中，鉅細靡遺介紹生育禮俗的情形，包括栽花換

---

141 朱鋒，〈臺灣的古昔喜慶：臺灣家禮之三〉（《臺北文物》，9卷2、3期，1960），頁1。

斗、換肚、過房與分子、病子、安胎、補胎、踏巢、伴手、拾鳥媽、滯月內、做月內、押胸仔衫與胐掐褲、尿墊、磧腹、生子裙、食密水、月內風、月內房、高麗湯、三朝、烏豆茶、報喜與送庚、滿月、過橋趕來鴉、四月日、收涎餅、度晬、生日等，並表列臨產時必用物品一覽表、男家報喜物件、女家送庚物件、岳家致賀婿家生育禮物一覽表、置度晬盤物一覽表，從出生前到出生後的禮俗，做了完整的紀錄。[142]

(2)進泮

進泮又稱入泮，係指明、清兩代生員考入府、州、縣學就讀而言，也稱為游泮或進學。緣西周諸侯的大學稱為泮宮，宮前有大池稱為泮水，後代學校均沿此慣例，明、清生員入學時都要到學宮拜謁孔子，遂稱為入泮。

莊松林在這篇文章中的進泮內容，就傳統教育的學制與科舉考試做了詳細的考證，包含私塾與義學、破筆仔、課程與教法、童生、童生籃、進中、生員、貢生、舉人、進士、連捷進士、三元及第、報仔、舉鄉同慶、拜訪、陞掛匾額等事項，並表列兒童出入學必帶禮品一覽表，記錄科舉制度之文獻資料。[143]

(3)成丁

莊松林在這一篇文章中有關成丁內容，主要介紹床母、出姐母宮、七娘媽亭三項分別說明。[144]

床母是保護嬰孩的女神，自從嬰兒誕生時起，至成丁止，由七娘媽派遣婆姐在床上隨時呵護嬰孩。嬰孩在襁褓期間，睡眠中自動微笑等跡象，就是床母與之戲弄。每個家庭對於床母崇奉甚為重視，所以在年節時都會準備祭品在床前致祭，祈求加倍愛護嬰兒。

---

142 朱鋒，〈臺灣的古昔喜慶：臺灣家禮之三〉，頁1-6。
143 朱鋒，〈臺灣的古昔喜慶：臺灣家禮之三〉，頁6-9。
144 朱鋒，〈臺灣的古昔喜慶：臺灣家禮之三〉，頁9。

每年農曆7月7日是七娘媽的誕辰，家有子女未達成丁年齡者，當天上午婦女們都帶香燭、金紙到七娘媽廟禮祝神誕，並祈求不斷保佑，使子女發育健全。年達16歲者，在家隆重舉行成丁典禮，俗稱「出姐母宮」或「做十六歲」，就是說子女從出生到成丁之間，承受姐母的愛護，而今已成丁獨立，為酬謝辛苦，特於此日盛典致祭，以聊表感謝之情。

有子女年達十六者，從坊間購買紙製華麗彩亭，俗稱「七娘媽亭」一座，置於廳堂桌上，所有祭品以及親友贈送的禮物排列其前，至下午時分，焚香點燭開始祭典，先由父母率領屆齡子女跪拜致祭，次則禱告「子女幼少，承神庇佑，今晨成丁，謹具祭品，奉獻謝恩，敬祈鑒納。」祭畢，將七娘媽亭燒化於庭前，並即將祭品分送親友，入夜則大張盛宴邀請親朋，共慶成丁之喜。

(4)壽誕

壽誕俗稱「做大生日」；我國自古規定六十為小壽、七十為中壽、八十為大壽、九十為耆壽。男女自成丁以後始有「生日」可言，每逢誕辰由家屬簡備素麵數盞陳設於神前，焚香點燭禮敬神明祭祀祖先，並祈告倍加庇佑，同時以麵線混煮雞蛋二枚，供當事人進食，以慶佳辰，藉以延年益壽。年屆中年，有子女長大，且有婚嫁者，誕辰一事規模比前較大，女婿及媳婦姻家必備豚腳、壽麵、壽燭、壽桃等物祝壽。如壽女者，除壽桃更換壽龜外，餘者不變。誕辰當日，女婿必須親自到岳家拜壽，以盡孝恩。[145]

莊松林在這一篇文章中有關壽誕內容，除敘述傳統壽誕與生口的習俗外，就祝壽禮品、禮品涵義、花薦與桃薦、拜壽、紅龜、壽宴、壽戲等祝壽相關禮俗與活動，一一論述其文化涵義。

---

145 朱鋒，〈臺灣的古昔喜慶：臺灣家禮之三〉，頁10。

（三）民俗文物

　　莊松林長期投入碑碣、匾額、楹聯等文物之調查採錄，除歷史文物的研究外，在民俗文物的研究，前後發表多篇研究成果，闡述其對民俗文物的見解與看法。

1．安平壺之考察

　　宋硐也稱為安平壺，日治時期宋硐在安平一帶大量出土，所以命名為「安平壺」，然而宋硐不僅出土於安平一地，就是臺南市區及附近地區，亦有出現，只是它的數量與盛名不及安平而已。莊松林早在民國41年（1952）撰述〈宋硐〉一文，對於宋硐進行詳細的文物描述，並對宋硐的用途產地及傳入年代做論證。而後因見聞日多且有關史料不斷發現，所以在隔年發表的〈安平拾錦〉再度論述其對安平與臺南兩地之宋硐差異比較。

　　莊松林認為以外形而論，臺南的宋硐有陀螺型與橢圓桶型兩種，大小不一，底凹；而安平只有陀螺型一種，規格似一類，底平。以胎而論，臺南的胎壁厚於安平；以色彩而論，臺南是青釉，且濃淡不一，而安平僅有淺白色一種而已。並進一步提出二點看法；一是宋硐形體也由大小不一而趨於規格化，胚胎由厚而薄，甚至連彩釉也由濃而淡，係供應市場之急需，以實用為目的；二是臺南地區的西拉雅平埔族，在其信仰的「公廨」內，地上羅列各時代的瓶罐等器物，瓶罐之中有宋硐、明代棕釉小壺、清代雍正青花小瓶、醬油瓶、日本以及近代的酒瓶，其中以宋硐為最久，以形胎色而論與臺南的係屬一類；並推論臺南出土的宋硐年代比安平早。[146]

146　朱鋒，〈安平拾錦〉（《臺南文化》，3卷3期，1953），頁14-15。

近年學者對於安平壺的研究已有諸多成果，咸認安平壺是盛行於17世紀的中國國際貿易物品，福建邵武窯為窯址之一。此瓷器常在日本、東南亞出土，在臺灣是漢民族渡臺的標誌，以臺南安平出土最多，用途為貯存物品或醃漬食物，臺南西拉雅族用於祭祀祖靈，相傳鄭成功作為火藥罐。[147]不過，2021年臺大藝術史講座教授謝明良似乎持有不同看法，他認為以往包括他本人在內學者的研究，在邵武四都窯址安平壺式標本相對年代尚未釐清之前，就逕將臺灣出土或沉船所見薄安平壺胎視為福建邵武窯製品的看法，有必要再予評估。因為安平壺來自多個窯場，也不排除福建省以外中國沿海窯場亦曾燒造的可能性。[148]不管如何，莊松林民國41年（1952）對安平壺的研究成果，為後人研究安平壺時提供了重要的觀察紀錄。

2. 安平石將軍之由來

民國42年（1953）莊松林在安平進行田野調查時，現供奉在安平開臺天后宮將軍祠的兩尊石將軍「被放置在西門國校偏北教室壁畔冷落的磚龕中，無人問津而已。但幸得附近少許居民的虔誠崇奉，間有幾縷清香的享受，差堪告慰素來的寂寞」。[149]根據當時的紀錄資料，石將軍有二像，一像風化頗甚，無法辨認面目，狀似翁仲，高有130公分；其傍一像較低，高109公分，略有風化，然線條較為清晰，狀如武人，頭戴頭巾，身着戰甲，兩手伏劍。莊松林認為其由來應該很久，且屬珍奇之品，只因雕刻工藝較為拙劣，所以長期以來沒有受到重視，乃撰文探其由來。

---

147 陳信雄，〈安平壺：漢族開臺起始的標誌〉（《歷史月刊》，146期，2000），頁4-15。
148 謝明良，〈從新發現的一處安平壺窯址再談所謂安平壺〉（《臺灣文獻》，73卷2期，2021），頁283-284。
149 朱鋒，〈安平拾錦〉，頁15。

圖 6-21：安平石將軍

來源：楊家祈先生拍攝

關於石將軍的可能來源，連雅堂《雅言》推斷為：

安平舊天后宮之後，有兩石像；所謂石將軍者也。余曾考其石質、觀其刻工，一為荷蘭教堂之物，而一則鄭延平墓前之翁仲也。安平天后宮為荷蘭教堂之址，歸清以來改建廟宇，此像則在其間。其石為泉州石，雕一平埔番人半身像，長約二尺八寸。以布纏額又覆其肩；兩手在胸，合握劍柄。觀其眼睛與華人不同，而刻畫手勢亦與華人有異，乃知其為荷人之物也。延平郡王初葬臺灣，『舊誌』雖不載明其地，顧以大勢而論，當在小北門外之洲仔尾。地與安平相近，一水可通，此像則見於此。百餘年前，乃移於安平提標館前以鎮水害；其後復移於此。像為澎湖石，現已折斷，僅存上部

自頂至胸,約長三尺二寸,為古武士裝,與南京孝陵、北京長陵之石像形狀相同。但體制略小,當為王墳之物。臺灣三百年間,唯賜姓封王,故有此禮。立其前者應有二石,而一不見,疑為海沙埋沒。蓋自歸葬以後,無人管理,久而荒廢。然則此兩像,均為希世之寶;不特可為考古資料,亦足以見當時之美術也。[150]

　　莊松林對於兩尊石將軍來源與連橫有不同的看法,並針對連氏之說逐一反駁。先就尺寸而言,連氏所言狀如翁仲的石像高有3尺2寸,實則有4尺2寸(130公分),高出1尺。另一尊連氏指為平埔番人半身石像高為2尺8寸,實則3尺6寸(109公分)。就形體而言,狀如翁仲者,連氏說「現已折斷,僅存上部」,實則此像並無折斷痕跡,全身附座均完整無缺;反而狀如武人者,頭雖曾折斷,然早經水泥黏接復原。[151]

　　莊松林經現場觀察記錄,認為實物與連橫之說相距太甚,質疑連橫記載的根據是來自於傳聞,抑或由實地探訪而來。他認為石將軍或許是昔時衝路辟邪「石敢當」的一種變型;觀其刻畫技巧,此二像決非出於先住民之手,亦非乾隆以降之物,必為明末清初之早期石刻。[152]

　　莊松林認為石將軍是做為類似石敢當作用的民俗辟邪物,這樣的見解在田野調查的材料中是可以得到印證的。據當地耆老相傳,道光15年(1835)增建大西門的外城兌悅門,由於城垣弧形彎曲,其狀宛如彎弓,而城門下的碇砱石街則如一支筆直的箭,蓄勢待發,形成「城弓路箭」的風水格局,射向西方海口以鎮海寇。因「城弓路箭」的形勢隔著臺江正對安平,以致安平人認為該風水格局不利安平,遂在安平天后

150 連橫,《雅言》,頁54。
151 朱鋒,〈安平拾錦〉,頁15。
152 朱鋒,〈安平拾錦〉,頁15。

宮後殿外牆東邊豎立2尊石像坐鎮，希望藉由石像鎮壓沖煞，以求趨吉避凶。[153]

3. 北極殿地基主考證

在民間信仰中地基主如同家中守護神，但在位於民權路的中和境北極殿卻特別供奉地基主，並衍生出「明拜地基主，暗祀鄭成功」的說法，一般咸認北極殿祭祀的地基主，其實就是鄭成功。

關於北極殿供奉之地基主，民國55年（1966）莊松林曾撰文〈明裔朱戀王爺神像〉考證其身分。莊松林在日治時期整理的〈臺灣神誕表〉曾記錄「七月廿日，明裔朱諱戀王爺誕」，及至民國35年（1946）在採訪記錄北極殿道光18年（1838）「大上帝

圖6-22：北極殿地基主神像
來源：曾國棟先生拍攝

廟桐山營、四條街公眾合約碑」記載：「廟之建，不知始自何時，內有明季寧靖王匾額；又有國初陳道憲（璸）聯對。詢諸父老，或云有桐山人攜帶神袋到此靈感，里眾乃為建廟；或云明裔朱氏名戀，牧豕其地，祈神靈感，里聚乃以其地建廟，兼塑其像於西廊。」因而發現得知朱戀

153　范勝雄，《府城叢談》（臺南市：日月出版社，1997），頁48。

王爺奉祀於北極殿。參觀其神像，朱王爺是無髭座像，左右各有部屬立像一尊配祀，狀甚莊嚴。同時探問廟祝，此像為何神，其神誕是何時；廟祝答稱神為地基主朱王爺，每年七月廿日為其神誕。[154]據此，證實地基主為朱懋王爺神像；莊松林早在民國55年（1966）已考證地基主的真實身分，今人卻訛傳為鄭成功，實是不察。

4. 臺南風獅爺

臺南地方民家的壓勝物種類很多，其中有一種叫做「風獅爺」，乃一或二尊陶質土偶立於古老的屋脊上。風獅爺也稱「瓦將軍」，傳說就是黃帝勁敵蚩尤的化身，驍勇善戰，力能呼風喚雨、飛沙走石；後世曾經奉為武神崇拜，民間則在屋頂泥塑其像，用以鎮風制煞。或認為風獅爺乃是神話人物中的黃飛虎、申公豹或趙公明，甚至道教的張天師；不過，他們的座騎有牛有虎，但都不是騎獅。又有風獅爺是風神轉化而來的說詞，因為風神亦稱「風師」，而古字「師」與「獅」通用，遂有今日臺灣南部地區所見武人騎獅的造型。

民國50年代莊松林在進行田野調查時發現，臺南市區在二次大戰末期，因遭受美機轟炸，及至戰後興建新建築物，以致原有的風獅爺大多被摧毀，當時僅殘存2尊，而戰火波及稍輕微的安平雖倖存較多，然亦不過10尊而已（完整者4尊、殘破者3尊、修復者3尊），如再經過10年，定必橫遭滅跡的命運，誠為民俗物的毀滅而憂。為此，民國54年（1965）他撰寫〈風獅爺〉短文於《臺灣風物》刊登，探討風獅爺民俗的由來，也藉以喚起大家的注意。[155]

莊松林在調查記錄風獅爺時，係攀登屋脊做近距離詳細觀察紀錄，

154 朱鋒，〈明裔朱懋王爺神像〉《臺灣風物》，16卷1期，1966），頁21-22。
155 朱鋒，〈風獅爺〉《臺灣風物》，15卷2期，1965），頁17-18。

圖 6-23：安平民宅屋脊上的風獅爺
來源：曾國棟先生拍攝

「此物是紅陶質土偶；技術拙劣，卻具有藝術之美。同時由風化及房屋古老程度，可以推定確為清代之物，而且此物為數不多，因為城市瓦屋始能裝置，昔時鄉下多茅屋，是無法裝置，所以不及獸牌、八卦那樣普遍，是顯明的事實」。[156]對於民俗厭勝物風獅爺的造型特徵與安置方式詳細記錄，並客觀分析風獅爺所以不及獸牌、八卦排那樣普遍的原因。

5. 樑籤的意義

　　莊松林於日治時期曾途經今高雄市茄萣區白沙崙「萬福宮」，係奉祀五府千歲為主神，當時廟內除懸掛光緒年間楹聯外，尚有光緒年間的石碑一基嵌於壁間，但當時沒有記錄碑文。及至民國53年（1964），莊松林為了採訪高雄沿海地帶的民俗，又途經其地，發現該廟拆毀重修，急欲查訪石碑的下落，經詢廟方董事，皆說不知。其後，在得知好友蔡草如承受畫製萬福宮門神，遂獨自騎乘腳踏車到約莫10公里的萬福宮，進入廟內巡視仍未發現石碑，卻在該廟左廂找出樑籤4件：2件為清代、1件為大正5年（1916）、1件為民國37年（1948）之物。[157]

　　早期臺灣，舉凡官衙、宮廟以及公共場所新建或修告竣時，非雕刻石碑，即刊刻木牌或書寫樑籤，以資紀念，並留傳後世。經濟富裕者雕

156　朱鋒，〈風獅爺〉，頁18。
157　朱鋒，〈臺灣的樑籤〉(《臺灣風物》，15卷1期，1965)，頁23。

刻石碑樹立，普通者刊刻木牌懸掛；較差者書寫楹籤安置，以應世事。所謂「楹籤」就是以長條木板，上端製成葫蘆形，塗刷朱色為籤頭；中、下端較長為籤身，塗刷白色，從中端起，以毛筆書寫該宮廟新建或重修年代、董事姓名，以及捐緣者姓名和金額至下端為止。然後橫釘於楹木之下，因此稱為「楹籤」。又因籤上書列捐緣者姓名和金額，以資徵信，故也可稱為「捐籤」。

　　莊松林在白沙崙的萬福宮偶然發現楹籤共有4件之多，且年代一貫，甚覺珍貴；並以這4件楹籤合併舊有楹聯、石爐等文物，而考證萬福宮之創建沿革。經其研究得知該廟創建於光緒3年（1877），新建於光緒7年（1881），第一次重修於光緒19年（1893），第二次重修於大正5年（1916），第三次重修於民國37年（1948），及至民國53年（1964）再度重修。「楹籤具有石碑的性格，且與區聯一樣很有史料價值，惟因位居楹棟，且被香煙燻黑，文字甚難辨白，遂被人忽視，向不列入史料範疇，甚感遺憾。」[158]經此次萬福宮捐籤的發現，莊松林深刻體會到楹籤文物對於考證工作有莫大幫助，且對於鄉土史的研究貢獻甚大。

（四）方言俚諺

　　臺灣早期的聚落發展率皆以廟宇為中心，在日聚愈眾的情況下形成聚落、城鎮，並常以廟名作為地名；不僅街巷名稱眾多，而且寺廟到處林立，在民間也就流傳許多跟街巷寺廟有關的逸聞趣事。莊松林曾據地方趣談而撰寫短文〈臺南市街巷名巧對〉，相傳昔口曾有一文人雅士，偶有所感，以府城街巷寺廟名撰寫一對聯「四嫂腳踏金葫蘆，直進嶺前拜上帝」，令人唱對。隨即有人唱對「七娘手提紅布袋，轉入竹行拜觀

158 朱鋒，〈臺灣的楹籤〉，頁24。

音」，一時傳為巧對的佳話，流傳至今。[159]

「四嫂」係指昔日一慈悲為懷的婦女，樂善助人，坊里皆尊稱四嫂而不呼其名，其所住陋巷便稱為「四嫂巷」，即今民權路1段199巷；在四嫂巷的東側有一茶葉店，店內櫃臺擺放一隻木質金色葫蘆做招牌，時日一久，「金葫蘆」由商標變成街道名；「嶺」是指「鷲嶺」，嶺前指的是「嶺前街（即民權路）」；上帝是指民權路中和境北極殿的上帝爺公。七娘指開隆宮的七娘媽，開隆宮前的小巷稱為「紅布袋巷」，舉行成年禮之前，胸前所掛庇祐平安的綵，也稱「紅布袋」；竹行位址在今民族路大遠百華納威秀影城，觀音指大觀音亭。四嫂巷、金葫蘆、嶺前街、紅布袋、竹仔行皆是府城街巷的名稱，而北極殿、開隆宮、大觀音亭俱為古老寺廟的名稱。

此外，〈金同利允了未必然〉一文，也是藉由逸聞趣事呈現昔日府城商業的某些現象。莊松林在這一篇短文記錄光緒年間，臺灣縣的下橫街（今臺南市中西區民權路與民生路之間的永福路）有一家王姓專售鴉片烟土的鋪戶，號曰「金同利」，生意甚興。由於店家對夥計很刻薄，因此夥計甚感不滿，全體辭職，另起爐灶，自經營一烟土鋪於其鄰，號曰「允了」，藉以打擊舊舖號並搶其生意，一時利市興隆。

金同利店家經一番自我檢討，發覺原係本身「薄彼厚己」，乃決意徹底改善員工待遇，重整旗鼓，在「允了」對面另開新店，號曰「未必然」，藉以抗衡。從此上下同心，銳意經營，日有進展。不久「允了」發生內訌，生意日下，終蝕本而結束營業。致使「未必然」一枝獨秀，欣欣向榮大展鴻猷。這一段故事一時傳遍全城市，成為茶餘酒後的話題。[160]

159　牛八庄（莊松林），〈臺南市街巷名巧對〉（《臺灣風物》，17卷6期，1967），頁101。

160　赤嵌樓客，〈金同利允了未必然〉（《臺灣風物》，18卷4期，1968），頁22。

第七章

結語：深耕臺灣民俗的文化人

　　近20幾年來各縣市積極發展在地的「地方學」，各自深耕縣市的在地歷史文化與風土特色，地方意識透過在地課程之開設，特別是1998年開始的各地社區大學，推動地方環境生態的保護，公民意識之提昇與論壇，開啟了對於在地的重新認識與深刻探索，當然，歷史人文的脈絡把梳是當中重要的一環。例如北投社區大學自2002年開始發展「北投學」，每年度辦理研討會，2004年擴大為「臺北學」；嘉義市社大於2009年成立地方學研究中心，以「在地學」的概念，逐步推展在地文史保存的工作；屏北社大則發展「屏東學」；臺南縣、臺南市社大也推展「南瀛學」與「臺南學」，而「基隆學」、「宜蘭學」、「臺東學」、「金門學」、「澎湖學」、「苗栗學」、「彰化學」、「雲林學」、「嘉義學」、「屏東學」紛紛出現，形塑出一股從認識地方鄉土到積極關懷在地的力量，並以「在地學」的概念，逐步推展在地文史保存與地區共識的工作，地方學已經起飛，正在臺灣各地蓬勃發展。

　　2010年臺南縣市合併升格為直轄市以後，許多文化界、學術界與藝文界的朋友對於大臺南市未來有一個很深的期許，換言之，建構「臺南學」與「再造臺南文化古都」的議題一直是文化界注目的焦點。「臺南意識」在一代一代的文化人手中接力，持續在形塑和移動之中，向著厚實的學術、寬廣的文化層面前進。這股由下而上、伏流般的民間研究脈流，莊

松林在其中扮演著承先啟後的重要角色。

一、橫跨大臺南兩大地方學研究之先驅

　　近2、30年各縣市「地方學」興起，實奠基於戰後各縣市文獻委員會的設立與推動地方文獻刊物的刊行。文獻委員一方面進行志書（或志稿）修纂工作，一方面也陸續展開地方文獻期刊的出刊。這些期刊有年刊、半年刊或是季刊，依創刊年代先後有《臺南文化》（1951創刊）、《臺北文獻》（1952創刊，原名《臺北文物》）、《臺東文獻》（1952創刊）、《南瀛文獻》（1953創刊）、《雲林文獻》（1953創刊）、《花蓮文獻》（1953創刊）、《高市文獻》（1952創刊，原名高市文物）、《宜蘭文獻》（1965創刊）、《嘉義縣文獻》（1955創刊，原名《嘉義文獻》專刊）、《高雄文獻》（1980創刊）、《苗栗文獻》（1983創刊，只刊3期，同年停刊）《嘉義市文獻》（1983創刊，只刊4期，1988停刊）、《屏東文獻》（2000創刊）。其中能夠長期出刊、維持較久的就是《臺北文獻》、《臺南文化》與《南瀛文獻》，這3種刊物不論在創刊年代或發刊頻率上都是名列前茅。《臺南文化》與《南瀛文獻》之所以能夠稿源不絕、出刊不輟，主要原因是文史研究人才濟濟，多元匯流。

　　臺南這波文史研究的源流，有來自漢學的淵源（傳統方志書寫、采風傳統），也有20世紀後由日籍學者教師帶來的近代研究方法（包括考古學、人類學、地理學等），以及透過展覽形成的臺南歷史館所，多元的人才在日治末期《民俗臺灣》就有交集合作，戰後經歷政治動盪持續深耕在地文化，在臺南最具代表性的人物當推石暘睢與莊松林。他們的史料意識起步很早，從臺灣文化三百年記念會以來就累積豐富的蒐集整理經驗，把史料帶入臺南市民生活空間的實質成果包括臺南大南門第

一碑林、赤崁樓小碑林的具體陳列，以及「臺南市歷史館」的館藏，居功厥偉。

不過，經歷美軍轟炸空襲、政權轉移、民間缺乏文資保存觀念等原因，之前所累積的不能保證永存，之前未曾發現的也有突然出土的可能，人生機緣遇合未可逆料，有失有得。所以勤於筆耕記錄的莊松林，始終身處搶救文物的第一線，將他歷年的文章對照閱讀，不只能看到臺南各類一手史料出土的現場，也同時見證著史料的凋零和流轉。例如〈臺南近十年來的考古工作概要〉一文中，他記錄臺南市光復後新發現石碑21座，有些得自民宅，有些則是從溝蓋、階石中被辨識出來，迎入碑林。但也有17座石碑毀於轟炸、被竊、被賣入石舖琢滅。得失之間，悲喜交集，這些歷程其實也就是一部臺南各類文物的「研究史」。而現今已然不存的福井、水仙宮清界示禁碑，後人唯一可見的只有他與文史同好所製作的拓本，彌足珍貴。

這群文史研究者，身經百戰，在戒嚴時代，他們寄身各地文獻會，小心翼翼地披荊斬棘，將臺南、臺灣的文史安置於「鄉土文獻保存」的大傘下，孜孜不倦地書寫，事必躬親地踏查、採訪、摹拓，數十年如一日地累積無數田調成果。雖然他們的文章不符合現代格式的學術論文，但後代治臺南學的學者，得力於這些望之不似學術論文者多矣。[1]

有賴這批臺南文史研究先行者紮實的墊基工作，在他們的碑碣考察基礎上，國立中央圖書館臺灣分館（今國立臺灣圖書館）委託國立成功大學歷史學系何培夫副教授執行「採拓整理臺灣地區現存碑碣計畫」與「採拓整理金門、馬祖地區現存碑碣計畫」（詳見本書第五章），正是1990年代碑碣踏查研究的系統性延伸，也是後輩學者的致敬與傳承。

---

1 葉瓊霞，〈文獻家的時代意義〉（盧嘉興原著、呂興昌編校，《台灣古典文學作家論集（上）》，臺南市立藝術中心，2000），無頁碼。

二、深耕臺灣歷史與民俗的文化人

在日本，民俗研究的重要人物柳田國男（1875-1962）是將民俗學變成大學正式研究科目的研究者，更被尊稱為日本民俗學之父。中國近代民俗研究則是始於教育家蔡元培（1868-1940）的推行，故被視為中國近代民俗研究的先驅。1920年「北京大學歌謠研究會」成立，1927年於廣州成立「中山大學民俗學會」，1930年「杭州中國民俗學會」創立，1944年「中國民俗學會」於重慶成立，皆是中國早期的民俗研究團體，其中不少成員為相互重疊。

莊松林得益於優秀的中日文雙語能力、留學廈門的經驗，以及參與《民俗臺灣》與金關丈夫、國分直一、池田敏雄等人的合作，對於1920-30年代中日兩地民俗學的理論建構和實踐過程，應該都不陌生。而臺灣民俗的研究路上，源起於日治時期臺灣總督府民政部法務課「臺灣慣習研究會」的慣習調查事業，這些慣習調查成果被官方編輯成《臺灣慣習記事（一～七卷）》，成為官方了解臺灣舊慣與舊俗之基石。大正年間以後，陸續有以個人為主的臺灣民俗專書出版，其中小林里平《臺灣歲時記》、井田麟鹿《澎湖風土記》、片岡巖《臺灣風俗》與《臺灣風俗誌》、佐佐木舜一《綱要臺灣藥用植物誌》、山根勇藏《臺灣民族性百談》、鈴木清一郎《臺灣舊慣冠婚葬祭と年中行事》、赤星義雄《臺灣の奇習》、梶原通好《臺灣農民生活考》、東方孝義《臺灣習俗》、西岡英夫《臺灣の風俗》、池田敏雄《臺灣の家庭生活》，皆是日治時期臺灣民俗研究最具代表性的日籍人物與專著。[2]

2　臺灣慣習研究會編，《臺灣慣習記事（一～七卷）》，臺灣總督府民政部法務課發行，1901-1907。小林里平，《臺灣歲時記》，東京：政教社，1910。井田麟鹿，《澎湖風土記》（1985成文出版社影印油印本附排印本），1910。片岡巖，《臺灣風俗》，臺南市：臺南地方法院檢察局內臺灣語研究會，1914。片岡巖，《臺灣風俗誌》，臺北市：臺灣日日新報社，1921。佐

　　勉強而言，當時與臺灣民俗稍有涉及的臺籍人物與專著只有3本，一是昭和11年（1936）李獻璋（1902-1977）《臺灣民間文學集》，但這不是李氏撰述，而是他主編收錄臺灣民間童謠、謎語、故事的專書；二是曾景來（1902-1977）《臺灣宗教と迷信陋習》，但此書是以破除民間迷信陋習的立場論著，也不全然是民俗領域；三是有「文學少女」稱譽的黃鳳姿（1928-）《七娘媽生》、《七爺八爺》、《臺灣の少女》等臺灣民間故事、艋舺地區的風俗習慣之書籍，黃氏之書較為直接涉及臺灣民間傳說、民俗領域。[3]其中《臺灣民間文學集》他全程參與，個人提供4篇作品，而黃鳳姿的作品多發表於《民俗臺灣》，他當時也是作者群之一，更不陌生。可以說，莊松林在臺灣民俗開始成為一個學門領域的過程中無役不與，全程投入。

　　《民俗臺灣》在皇民化運動及戰爭期間曾帶起一波民俗研究熱潮，但戰後不少曾為《民俗臺灣》撰稿的作者，如廖漢臣、郭水潭、曹永和、李騰嶽、戴炎輝、黃得時、楊雲萍、吳守禮等人，逐漸轉向各自專門的研究領域。這些當時的老將可說僅存莊松林持續不停於民俗領域耕耘，並延續一生。《臺灣風物》主編毛一波，追憶其撰寫《臺北縣志》風俗篇時，除了根據清代臺灣舊志外，還特別閱讀了在《民俗臺灣》有

佐木舜一，《綱要臺灣藥用植物誌》，臺北市：晃文館藏版，1924。山根勇藏，《臺灣民族性百談》，臺北市：杉田書店，1930。鈴木清一郎，《臺灣舊慣冠婚葬祭と年中行事》，臺北市：臺灣日日新報社，1934。赤星義雄，《臺灣の奇習》，臺北市：財界之日本臺灣支社發行，1935。梶原通好，《臺灣農民生活考》，臺北市：緒方武歲發行，1941。西岡英夫，《臺灣の風俗》，東京：雄山閣版，1942。東方孝義，《臺灣習俗》，臺北市：高等法院檢察局通譯室研究會，1942。堀川安市，《臺灣の植物》，臺北市：東都書籍株式會社臺北支店，1943。池田敏雄，《臺灣の家庭生活》。臺北市：東都書籍株式會社臺北支店，1944。

3　李獻璋，《臺灣民間文學集》（臺北市：古亭書屋，1971印行臺灣新文學社刊本），1936。曾景來，《臺灣宗教と迷信陋習》，臺北市：臺灣宗教研究會，1939。黃鳳姿，《七娘媽生》，臺北市：東都書局臺北支社，1940；《七爺八爺》臺北市：東都書局臺北支社，1940；《臺灣の少女》，東京：東都書籍株式會社，1943。

「朱鋒」名字所發表的文章,並稱譽莊氏說,在臺灣為「最有歷史的民俗學家」。[4]

　　針對莊松林終身卷帙浩瀚的作品與研究成果,2005年「臺南市文史協會」刊行《莊松林先生臺南專輯》,僅就與臺南地區相關者歸納為9大類:「民間文學採集與改寫、臺南歷史與地理考證、臺南年中祭典節慶、臺南寺廟、臺南城市掌故、臺南人物、臺南物產、臺南禮俗與俚諺、臺南文物與考古。」總編輯葉瓊霞認為:從這九大類就可瞭解這位前輩文獻家治「臺南學」的範疇之廣、考據之深,且莊氏之著作量大,足以出版《民俗專輯》、《碑碣專輯》、《民間文學專輯》、《歷史文獻專輯》等系列。[5]

　　莊松林作品有以下幾個特色:(1)數量眾多,(2)議題多元,(3)議題具開創性。洋洋灑灑9大類的作品,正是其議題多元、涉略廣泛的明證。然而這位文史前輩的功力若集中火力而論,可分成「歷史(文獻)考據」與「臺灣民俗」兩大領域,即本文所謂歷史、民俗雙擅的學者。前者包括:臺南寺廟、臺南城市掌故、地理考證、臺南人物、臺南文物與考古;後者如:民間文學採集、年中祭典節慶、臺南物產、臺南禮俗與俚諺等(詳見第六章)。

　　面對1951年以降,各地成立文獻機構開始編志,莊松林有他的觀察與憂慮:

　　　　近年來編志之呼聲甚熾,省縣級文獻機構,如雨後春筍紛紛

4　毛一波,〈追憶莊松林氏〉《臺灣風物:悼念民俗學家莊松林先生特輯》,25卷2期,1975),頁68-69。

5　2005年《莊松林先生臺南專輯》總編輯之一葉瓊霞在與「臺南市文史協會」莊明正理事長、各理事討論後之分類,葉瓊霞〈編輯後記〉詳述此一分類的情形。見《莊松林先生臺南專輯》(《文史薈刊》,復刊7輯,2005),頁221。

成立，而從事文獻工作者日益漸多，成為一種可喜可嘉的現象，但又有一種可怕的現象正在醞釀中，就是有些人抱持著兩種錯誤的見解：一種是把舊志書視為絕對而上乘的史料，只要擁有多種的舊志書，就可以解決一切問題；又一種是認為「編志」是一種古今史料抄寫的彙集的工作，非常容易。[6]

以上兩個論點，他用自己數10年勤懇紮實的田野調查研究，有力地做出回應，對於過去的歷史研究過度依賴「文獻史料」提出深刻的省思，也示範了文獻與踏查結合的基本功。

最經典的例子是關於黃寶姑的勘誤。辜婦媽廟同祀的黃寶姑，連橫《臺灣通史》記載她未婚夫到嘉義經商，同治元年（1862）適逢戴潮春事件發生以致客死異鄉，家人保密不告知未婚夫之死訊，黃寶姑隱約聽聞，數日後凌晨藉著到法華寺禮佛時跳入寺前半月池自盡身亡。但莊松林根據同治元年〈黃寶姑碑記〉，黃寶姑投池自盡實因其吳姓未婚夫因家道中落而提出退婚，寶姑之父認為吳家已貧，女兒豈能託付終身，且係男方主動毀約，因而將寶姑另許他人，但寶姑「恐改聘失節，違命又為不孝」，決然投法華寺前魚池。可見歷史研究時論證與解讀，絕對不可過度依賴間接史料，漠視直接史料的發掘和解讀，往往這些新史料讓歷史的詮釋有意想不到的大轉彎。

以碑證史，首要功夫當然是碑文採集。有鑑於某些石碑剝泐風化，拓本不易辨識，故「乃以觀看方法，加以運用光線水力，彩色等手段，將拓不出的文字，多予認出」，並且不厭其煩花費人力與時間，前後往返校勘數次，力求『真』與『實』。在前賢秉持「搶救主要史料湮滅

6　莊松林，〈有關倪象愷幾點史料〉《臺北文物》，3卷1期，1954年5月1日），頁96-101。

並作前人未竟之工作，獻給文獻界作為參考。」[7]他長年閱讀累積的史識，以及多年田野調查的日常，深厚的功力厚積薄發，在遇到關鍵史料的時刻，就能廓清疑雲，呈現史實。他一生的作品，兼具民俗的廣度、歷史的深度，像這樣紮實精彩的考證，更是絕佳示範。

三、「有求必應」的史料達人

莊松林博採眾家之長，與亦師亦友的石暘睢先生多年合作，早在1940年，他們對於史料採集就有以下共識：

1. 舊文獻的史料有限，且史料來源聞多於見，因此遺漏和傳誤很多，認為需要積極採集新史料，作為補充與糾誤之資。

2. 採集工作，單靠個人或一二人能力，是不濟於事，必須有集團合作，始有宏大收穫。

3. 時機處於日政府推行正廳改善之後，進行寺廟整理之前，如不及時迅速著手史料調查和採集，不單遭受日政府故意摧殘，而且將來或遭二次大戰盲目的毀滅，則殘存史料必定同歸於盡，終是歷史文化的大損失。[8]

徵諸他的調查研究軌跡，他的確一直身體力行，特別是「集團合作」，正需要他這樣的人格特質和組織長才，加上他對於史料的敏感度極高，兩相結合，在戰後臺南文史領域成為不可或缺的史料達人。他向不藏私，樂於分享，縱橫於各個更專精的研究議題之間，瞭解每個文史

7　石暘睢、江家錦、朱鋒、盧嘉興、吳新榮，《臺南縣志·附錄之一：古碑志》，頁7。

8　莊松林，〈懷念石暘睢先生〉，《臺南文獻半世紀》，頁133。

同好的興趣專長，也清楚史料文獻的收藏動向，與研究者、收藏者互動良好，適時扮演穿針引線的角色。這種人格魅力、人際網絡和積極行動力，令人歡服不已。

董祐峰曾珍藏一批臺灣文獻史料，在他逝世後，莊松林知道吳樹有興趣，便勸他購買下來，吳樹時常持以向莊松林請教。戰後，莊松林知道顏興正鑽研南明史事，又徵詢吳樹，將這一批資料轉讓給顏興。吳樹將林鶴年《福雅堂詩抄》讓售予楊雲萍，也是在莊松林的牽線下。這些珍貴的史料文書在人世流轉，透過莊松林的人脈連結，最後到了最需要它們的研究者手上，雙方都對莊松林全然信任，所以不只得書者欣喜，讓售者還表示「幸能得人而讓之」，[9]大家的共識就是把文史研究承續下去。而莊松林最重要的一次穿針引線，應屬推薦黃天橫接續石暘睢庋藏史料一事。1962年石暘睢先生病重，杜聰明有意收購石先生的藏書到高雄醫學院保存，莊松林希望這批臺南文物可以留在臺南，徵詢黃天橫，黃天橫立即將之承購下來，妥善珍藏，最後並慷慨提供臺灣文學館予以數位化掃描，[10]這批石暘睢珍藏不致分散流失各地，以其完整的脈絡留存在同樣致力臺南文史研究的同好手中，這是何等佳話！莊松林一生無私的襟懷和識見氣度，在這些互動的交流中得到最佳的印證。

另外，在臺南市文史協會成立後，他也主動出擊，將《文史薈刊》刊物主動寄予日本公私立學術機構，協會獲得日本方面回贈期刊，10餘年不輟，日籍學者前來臺灣進行民俗考察，莊松林也是必定會被徵詢的耆老、田野調查最佳引路達人。「不管你是本國學人也好，抑屬外國

9　吳樹，〈悼莊松林先生〉（《臺灣風物：悼念民俗學家莊松林先生特輯》，25卷2期，1975），頁60。

10　陳美蓉、何鳳嬌，《固園黃家：黃天橫先生訪談錄》（臺北市：國史館，2011），頁213、220。吳毓琪、黃天橫，《固園文學史暨石暘睢庋藏史料圖錄選》（臺南市：國立臺灣文學館，2014）。

來臺灣從事文獻以及民俗調查研究的人也好，凡是到南市縣工作去找他，幾乎無一不受過他的協助和照料。本省的文獻工作及民俗研究工作，他的功勞不但不可沒，而是最大的，這一點恐非過言。」[11]這是同為走過日治和戰後，也同樣跨足社會運動、文學創作和文獻工作的老友王詩琅，為莊松林做出的客觀評價。

---

11 王詩琅，〈從文學到民俗〉（《臺灣風物：悼念民俗學家莊松林先生特輯》，25卷2期，1975），頁55。

徵引文獻

一、文獻、專書與研究計畫

1901-1907　臺灣慣習研究會編《臺灣慣習記事（一～七卷）》，臺灣總督府民政部法務課發行。

1905　臨時臺灣舊慣調查會《調查經濟資料報告（下卷）》，東京市：臨時臺灣舊慣調查會。

1916　杉山靖憲《臺灣名勝舊蹟誌》，東京：臺灣總督府。

1910　小林里平《臺灣歲時記》，東京：政教社。

　　　井田麟鹿《澎湖風土記》，1985 成文出版社影印油印本附排印本。

1914　片岡巖《臺灣風俗》，臺南市：臺南地方法院檢察局內臺灣語研究會。

1915　相良吉哉《臺南州祠廟名鑑》，臺南市：臺灣日日新報社臺南支局。

1921　片岡巖《臺灣風俗誌》，臺北市：臺灣日日新報社。

1923　石坂莊作編《北臺灣之古碑》，臺北市：臺灣日日新報社。

1924　佐佐木舜一《綱要臺灣藥用植物誌》，臺北市：晃文館藏版。

1930　山根勇藏《臺灣民族性百談》，臺北市：杉田書店。

　　　劣民（林占鰲）〈迷信的由來〉，林宣鰲編《反普特刊》，臺南市：赤崁勞働青年會。

　　　奮民（林占鰲）〈談天說地〉，林宣鰲編《反普特刊》，臺南市：

赤崁勞働青年會。

奮民（林占鰲）〈特刊鳴（防陋室銘）〉，林宣鰲編《反普特刊》，
臺南市：赤崁勞働青年會。

CH（莊松林）〈我們的反普運動〉，林宣鰲編《反普特刊》，
臺南市：赤崁勞働青年會。

KK（莊松林）〈誰之過〉，林宣鰲編《反普特刊》，臺南市：
赤崁勞働青年會。

韓石泉《由死滅到新生》，自印出版。

1934 鈴木清一郎《臺灣舊慣冠婚葬祭と年中行事》，臺北市：臺灣
日日新報社。

1935 赤星義雄《臺灣の奇習》，臺北市：財界之日本臺灣支社發行。

1936 朱鋒〈鴨母王〉，李獻章編《臺灣民間文學集》，臺北市：古
亭書屋 1970 版。

朱鋒〈林道乾〉，李獻章編《臺灣民間文學集》，臺北市：古
亭書屋 1970 版。

朱鋒〈郭公侯抗租〉，李獻章編《臺灣民間文學集》，臺北市：
古亭書屋 1970 版。

朱鋒〈賣鹽順仔〉，李獻章編《臺灣民間文學集》，臺北市：
古亭書屋 1970 版。

1939 增田福太郎《臺灣の宗教：農村を中心とする宗教研究》，東京：
養賢堂。

曾景來《臺灣宗教と迷信陋習》，臺北市：臺灣宗教研究會。

1940 黃鳳姿《七娘媽生》，臺北市：東都書局臺北支社。

《七爺八爺》臺北市：東都書局臺北支社。

1941 梶原通好《臺灣農民生活考》，臺北市：緒方武歲發行。

1942 西岡英夫《臺灣の風俗》，東京：雄山閣版。

東方孝義《臺灣習俗》，臺北市：高等法院檢察局通譯室研究會。

1943 堀川安市《臺灣の植物》，臺北市：東都書籍株式會社臺北支店。

黃鳳姿《臺灣の少女》，東京：東都書籍株式會社。

1944 池田敏雄《臺灣の家庭生活》。臺北市：東都書籍株式會社臺北支店。

1954 郭廷以《臺灣史事概說》，臺北：正中書局。

1957 黃叔璥《臺海使槎錄》臺北市：臺灣銀行經濟研究室（以下略稱臺銀本）。

石暘睢、江家錦、朱鋒、盧嘉興、吳新榮《臺南縣志·附錄之一：古碑志》，臺南縣文獻委員會。

1958 莊松林〈人物誌·乙未前後人物傳〉，《臺南市志稿》，臺南市政府。

施琅〈舟師抵臺灣疏〉，《靖海紀事》，臺北市：臺銀本。

1959 不著撰者《安平縣雜記》，臺北市：臺銀本。

1960 林勇《臺灣城懷古集》，臺南市：大明印刷局。

姚瑩《中復堂選集目錄》，臺北市：臺銀本。

胡傳《臺灣日記與稟啟》臺北市：臺銀本。

1961 呂訴上《臺灣電影戲劇史》，臺北市：銀華出版部。

王必昌《重修臺灣縣志》，臺北市：臺銀本。

范咸《重修臺灣府志》，臺北市：臺銀本。

1962 韓石泉《診療隨想》，自印出版。

連橫《臺灣通史》，臺北市：臺銀本。

謝金鑾《續修臺灣縣志》，臺北市：臺銀本。

余文儀《續修臺灣府志》，臺北市：臺銀本。

1963 陳培桂《淡水廳志》，臺北市：臺銀本。

連橫《臺灣語典》，臺北市：臺銀本。

連橫《雅言》，臺北市：臺銀本。

1964　林豪《澎湖聽志》，臺北市：臺銀本。

1965　盧嘉興《鹿耳門地理演變考》，臺北市：中華學術獎助委員會。

1966　不著撰者《清會典臺灣事例》，臺北市：臺銀本。

　　　莊松林〈憶舊：追念韓石泉先生〉，林占鰲《韓石泉先生逝世
　　　三週年紀念專輯》，臺南市：韓石泉先生逝世三週年紀念專輯
　　　編印委員會。

1971　朱鋒《南臺灣民俗》，東方文化書局。

1972　不著撰者《雍正硃批奏摺選輯》，臺北市：臺銀本。

1978　高賢治、馮作民譯《臺灣舊慣習俗信仰》，臺北市：眾文圖書。

1979　王詩琅《臺灣人物表論》，高雄市：德馨室。

1980　黃武忠〈引進超現實主義的詩人：楊熾昌〉，《日據時代臺灣
　　　新文學作家小傳》，臺北市：時報文化。

　　　臺灣中華書局編輯《辭海》，臺北市：臺灣中華書局。

1983　陳金田譯《臨時臺灣舊慣調查會第一部調查第三回報告書臺灣
　　　私法》第三卷，南投市：臺灣省文獻委員會。

1984　高拱乾《臺灣府志》，北京：中華書局。

1985　葉振輝《清季臺灣開埠之研究》，臺北市：作者發行。

1984　呂春長〈追悼許益超君〉，《澎湖伯講道集（第10集）》，臺中市：
　　　忠孝路長老教會。

1987　李筱峰〈徘迴在診療室與街頭的醫師：韓石泉〉《臺灣近代名
　　　人誌（一）》，臺北：自立晚報。

　　　張炎憲〈社會民主主義者：連溫卿〉，《臺灣近代名人誌》第4冊。

1988　溫卿著，張炎憲、翁佳音編校《臺灣政治運動史》，臺北縣：
　　　稻鄉出版社。

1989　周婉窈《日據時代的臺灣議會設置請願運動》，臺北市：自立

報系文化出版部。

1990 吳瀛濤《臺灣民俗》，臺北市：眾文圖書。

1991 吳新榮《吳新榮回憶錄》，臺北市：前衛出版社。

范勝雄《府城的節令民俗》，臺南市政府。

李筱峰《臺灣革命僧：林秋梧》，臺北市：望春風文化事業。

1992 何培夫編《臺灣地區現存碑碣圖誌・臺南市》，臺北市：國立
中央圖書館臺灣分館。

1993 涂瑛娥《蘭嶼・裝飾・顏水龍》，臺北市：雄獅圖書。

1994 林滿紅《四百年來的兩岸分合：一個經濟史的回顧》，臺北市：
自立晚報。

楊渡《日據時期臺灣新劇運動（1923-1936）》，臺北市：時報
文化。

羊子喬主編《郭水潭集》，臺南縣政府。

1996 呂興昌《許丙丁作品集》，臺南市立文化中心。

陳益裕《南瀛人物誌》，臺南縣立文化中心。

1997 呂興昌《吳新榮選集（一）、（二）、（三）》，臺南縣政府。

謝玲玉《南瀛鄉賢誌》，臺南縣政府文化局。

范勝雄《府城叢談》，臺南市：日月出版社。

1999 施懿琳《吳新榮傳》，臺灣省文獻委員會。

林文龍《細說彰化古匾》，彰化縣立文化中心。

2000 葉瓊霞〈文獻家的時代意義〉（盧嘉興原著、呂興昌編校《臺
灣古典文學作家論集（上）》，臺南市立藝術中心。

陳美容〈臺灣第一代溫和左派社會運動家：連溫卿〉，《臺北
人物誌》第 1 冊，臺北市政府。

2003 陳奮雄《臺南市文獻半世紀》，臺南市文獻委員會。

林鶴亭〈石暘睢先生事蹟〉，《臺南市文獻半世紀》，臺南市

文獻委員會。

周婉窈〈「世代」概念和日本殖民統治時期臺灣史的研究（代序）〉，《海行兮的年代：日本殖民統治末期臺灣史論集》，臺北市：允晨。

曾國棟《臺灣的碑碣》，臺北市遠足文化事業。

戴文鋒、莊永清〈日治時期「鹽分地帶」文學作家簡介〉，林金悔主編《鹽分地帶文化Ｉ》，財團法人漚汪人薪傳文化基金會。

張子文、郭啓傳、林偉洲《臺灣歷史人物小傳：明清暨日治時期》，臺北：國家圖書館。

2004 邱坤良《呂訴上》，臺北市：行政院文化建設委員會。

楊永智《版畫臺灣》，臺中市：晨星。

2005 許雪姬《續修澎湖縣志・卷十四人物志》，澎湖縣政府。

林慧姃《吳新榮研究：一個臺灣知識分子的精神歷程》，臺南縣政府。

莊永明《韓石泉醫師的生命故事》，臺北市：遠流。

項潔主編《國立臺灣大學典藏古碑拓本》，臺北市：國立臺灣大學圖書館。

葉春榮、黃文博編輯《陳春木紀念專輯》，臺南縣政府。

2006 謝玲玉《鹽分地帶藝文人物誌》，臺南縣政府。

2007 莊松林〈憶舊：追念韓石泉先生〉，吳密察總編輯《文化協會在臺南展覽專刊》，臺南市：國立臺灣歷史博物館。

2008 張良澤《吳新榮日記全集》，國立臺灣文學館。

薛化元總編輯《臺灣貿易史》，臺北市：外貿協會。

劉枝萬口述，林美容、丁世傑、林承毅訪問記錄《學海悠遊：劉枝萬先生訪談錄》，臺北縣：國史館。

何鳳嬌、陳美容訪問記錄《黃天橫先生訪談錄》，臺北縣：國

史館。

2009 楊維禎纂修《嘉義縣志・卷十二人物志》，嘉義縣太保市：嘉義縣政府。

韓石泉《六十回憶：韓石泉醫師自傳》，新莊：望春風。

2010 陳瑜霞《郭水潭生平及其創作研究》，臺南縣政府。

黃信彰《工運・歌聲・反殖民：盧丙丁與林氏好的年代》，臺北市政府文化局。

李豐楙《慶典禮俗》，臺北縣蘆洲市：國立空中大學。

戴文鋒《永康的歷史遺跡與民間信仰文化》，臺南縣永康鄉公所。

戴文鋒《在地的瑰寶：永康的民俗祭儀與文化資產》，臺南縣永康鄉公所。

2011 國立臺灣文學館研究典藏組《鹽分地帶作家名錄》，臺南市：國立臺灣文學館。

黃文博、吳建昇、陳桂蘭合著《鹿耳門志》，臺南市：鹿耳門基金會。

陳美蓉、何鳳嬌《固園黃家：黃天橫先生訪談錄》，新北市：國史館。

2012 莊永清〈日治時代臺南新文學史料的歷史考察〉，《文學臺南：臺南文學特展圖誌》，臺南市：國立臺灣文學館。

黃光男《顏水龍〈熱蘭遮城古堡〉》，臺南市政府。

臺北市立美術館《走進公眾・美化臺灣：顏水龍》，臺北市立美術館。

曾國棟〈臺灣鳳山二縣定界碑基礎資料調查研究〉，高雄市歷史博物館委託。

2013 朱耀沂《臺灣昆蟲學史話（1684-1945）》，臺北市：國立臺灣

大學出版中心。

朱鋒〈黃寶姑碑記〉，《公論報》1949 年 3 月 28 日，第 6 版，收錄於林佛兒總編，《臺灣風土（第二冊）》，臺南市政府。

朱鋒〈三日節和太陽公生的由來〉，《公論報》1949 年 4 月 18 日，第 6 版，收錄於林佛兒總編，《臺灣風土（第三冊）》，臺南市政府。

朱鋒〈臺南的冬節〉，《公論報》1950 年 12 月 29 日，第 6 版，收錄於林佛兒總編，《臺灣風土第三冊》，臺南市政府。

朱鋒〈臺南的水仙宮〉，《公論報》「臺灣風土」136 期，1951 年 6 月 1 日，收錄於林佛兒總編，《臺灣風土（第三冊）》，臺南市政府。

朱鋒〈臺南的開山宮〉，《公論報》「臺灣風土」140 期，1951 年 7 月 27 日，141 期，1951 年 8 月 10 日，收錄於林佛兒總編，《臺灣風土（第三冊）》，臺南市政府。

朱鋒〈臺南的三老爺宮〉，《公論報》「臺灣風土」142 期，1951 年 8 月 24 日，收錄於林佛兒總編，《臺灣風土第三冊》，臺南市政府。

朱鋒〈臺南的普濟殿〉，《公論報》「臺灣風土」144 期，1951 年 10 月 19 日，收錄於林佛兒總編，《臺灣風土第三冊》，臺南市政府。

2014　陳偉智《伊能嘉矩：臺灣歷史民族誌的展開》，國立臺灣大學出版中心。

橋本恭子《島田謹二：華麗島文學的體驗與解讀》，國立臺灣大學出版中心。

吳毓琪、黃天橫《固園文學史暨石暘睢庋藏史料圖錄選》，臺灣文學館。

2015 許雪姬主編《保密局臺灣站二二八史料彙編（一）》，臺北市：中央研究院臺灣史研究所。

2016 鄭喜夫口述纂輯、李西勳訪談整理《書與我：鄭喜夫先生訪談錄》，南投市：國史館臺灣文獻館。

顏水龍《臺灣工藝》，臺北市：遠流。

臺南市政府文化局、國立臺灣歷史博物館編《一峰獨秀：林朝英逝世 200 周年紀念》，臺南市政府文化局、國立臺灣歷史博物館。

吳永華《早田文藏：臺灣植物大命名時代》，國立臺灣大學出版中心。

葉瓊霞、黃隆正主編《靜水流深：黃天橫先生追思文集》，臺南市文史協會、臺陽文史研究學會。

2017 李東華《一位白學史家的成長：方豪的生平與治學》，臺北市：國立臺灣大學出版中心。

黃典權；丁煌、何培夫《海盜‧香火‧古港口：臺南研究先驅黃典權紀念專書》，臺南市政府文化局、蔚藍文化。

曾國棟《臺南府城古井誌》，臺南市政府文化局。

吳豪人《殖民地的法學者：「現代」樂園的漫遊者群像》，國立臺灣大學出版中心，2017。

2018 施懿琳、王雅儀、謝宜珊主編《日治時期南社詩選‧壹‧文獻卷》，臺南市政府文化局。

陳怡宏、野林厚志、葉瓊霞《南方共筆：輩出承啟的臺南風土描繪特展專刊》，臺南市：國立臺灣歷史博物館。

戴文鋒、曾國棟《臺南市政府文化資產管理處典藏〈陷敵圖〉、〈大敗敵人圖〉歷史文物調查研究期末報告書》，臺南市政府文化資產管理處。

2019 呂美親《1930 年代臺灣普羅世界語運動於文化的面向：以莊松林的世界語書寫及民間文學參與為考察對象期末報告書》，科技部補助專題研究計畫。

戴文鋒《臺南市民俗類無形文化資產保存維護計畫成果報告書》，臺南市政府文化資產管理處。

2021 左美雲《臺南歷史名人誌（學術教育類）：千里之行——那些弦歌不輟的故事》，臺南市政府文化局、秀威資訊。

鄭佩雯《臺南歷史名人誌（醫療及技術類）白袍與工程帽：先行者的身影》，臺南市政府文化局、秀威資訊。

劉益昌《國分直一與臺南：不是灣生的灣生》，臺南市政府文化局、蔚藍文化。

施懿琳主編《詩人的日常：臺灣古典詩人相關口述史（下冊）》，臺南市：國立臺灣文學館。

戴文鋒、曾國棟《「安平晚渡」、「沙鯤漁火」與「鹿耳春潮」三景之歷史場域調查研究計畫期末報告書》，臺南市政府文化局。

2022 鄭力軒《不待黃昏的貓頭鷹：陳紹馨的學術生命與臺灣研究》，國立臺灣大學出版中心。

邱士杰《戰後臺灣經濟的左翼分析：劉進慶思想評傳》，國立臺灣大學出版中心，2022。

二、期刊論文

1930 峰君〈女同志〉，《赤道》創刊號。

嚴純昆〈到酒樓去〉，《赤道》第 2 號。

清道夫〈垃圾箱〉，《赤道》第 2 號。

1932 S. S.（莊松林）〈エスペラントをかく視る〉，Informo de F.E.S，

第 2 號。

1934 So-Ŝjo-Lin（莊松林）〈La Malsaĝa Tigro〉（悉虎），La Verda Insulo，第 2 號。

鄭普淨〈故證峰大師追悼錄〉，《南瀛佛教》12 卷 12 號。

野田八平〈石馬發掘に就て〉，《臺灣教育》378 號。

1936 朱鋒〈鴨母王〉，《臺灣新文學》1 卷 3 期。

朱鋒〈林道乾〉，《臺灣新文學》1 卷 6 期。

進二〈鹿角還狗舅〉，《臺灣新文學》1 卷 5 期。

尚未央〈老鶏母〉，《臺灣新文學》1 卷 10 期。

1937 尚未央〈會郁達夫記〉，《臺灣新文學》2 卷 2 期。

進二〈悉虎〉，《臺灣新文學》2 卷 3 期。

康道樂〈失業〉，《臺灣新文學》2 卷 5 期。

1938 齊藤悌亮〈臺南碑林〉，《臺灣博物館協會雜誌》第 1 期。

1942 石暘睢〈臺南古碑記〉，《民俗臺灣》2 卷 3 號。

石暘睢〈臺南古碑記補遺〉，《民俗臺灣》2 卷 6 號。

朱鋒〈語元とあて字：祭牙その他〉，《民俗臺灣》2 卷 4 號。

朱鋒〈食飽未の由來〉，《臺灣藝術》3 卷 2 期。

朱鋒〈臺灣食物考：愛玉凍・擔仔麵・伊麵・碰舍龜〉，《臺灣藝術》3 卷 9 期。

朱鋒〈臺灣食物考：和蘭豆・皇帝豆・烏魚・都督魚〉，《臺灣藝術》3 卷 10 期。

金關丈夫〈點心／民俗諦視新意義〉，《民俗臺灣》3 卷 10 期。

編輯部〈柳田國男氏を圍みて：大東亞民俗學の建設と「民俗臺灣」の使命〉，《民俗臺灣》3 卷 12 號。

1944 金關丈夫〈黃連發君を悼む〉，《民俗臺灣》4 卷 8 號。

1945 朱鋒〈三日節と太陽公生〉，《民俗臺灣》5 卷 1 期。

1951　朱鋒〈鄭氏精神與臺南民俗〉，《臺南文化》1 卷 1 期。

〈臺灣省各縣市文獻委員會辦事細則準則〉，《臺灣省政府公報》
40 年冬字 3 期。

1952　朱鋒〈鄭氏在臺創建政制日期考〉，《臺南文化》2 卷 2 期。

朱鋒〈臺灣民主國在臺南二三事（上）〉，《臺南文化》2 卷 3 期。

石暘睢〈臺灣的明墓考〉，《臺南文化》3 卷 1 期。

吳槐〈漫談臺（臺）北市語音的變遷〉，《臺北文物》1 卷 1 期。

1953　朱鋒〈「鯤鯓王」與「水守爺」〉，《南瀛文獻》1 卷 1 期。

朱鋒〈有關黃清淵先生二三事〉，《南瀛文獻》1 卷 3、4 期。

朱鋒〈臺灣民主國在臺南二三事（中）〉，《臺南文化》2 卷 4 期。

朱鋒〈臺南與胡適〉，《臺南文化》2 卷 4 期。

朱鋒〈臺灣民主國在臺南二三事（下）〉，《臺南文化》3 卷 1 期。

牛八庄〈臺南俚諺〉，《臺南文化》3 卷 1 期。

朱鋒〈臺灣的明墓雜考〉，《臺南文化》3 卷 2 期。

朱鋒〈安平拾錦〉，《臺南文化》3 卷 3 期。

石暘睢〈安平的碑、匾、聯〉，《臺南文化》3 卷 3 期。

衡五（黃典權）〈「維桑與梓、必恭敬止」：胡適之先生臺南
訪舊追記〉，《臺南文化》2 卷 4 期。

吳槐〈龍峒聞見雜錄：地名報拾・地勢臆說・土名小考・記冊
四坎・文人淵藪・科舉門弟・豪門殷戶〉，《臺北文物》2 卷 2 期。

1954　朱鋒〈有關「倪象愷」幾點史料〉，《臺北文物》3 卷 1 期。

朱鋒〈不堪回首話當年〉，《臺北文物》3 卷 3 期。

石暘睢〈西區拾遺〉，《臺南文化》3 卷 4 期。

臺南市文獻委員會〈採訪記：西區採訪初錄〉，《臺南文化》3
卷 4 期。

朱鋒〈臺南古碑的片鱗〉，《臺南文化》3 卷 4 期。

黃典權〈編者的話〉，《臺南文化》3卷4期。

朱鋒〈施琅在臺受降時日及地點考〉，《臺南文化》4卷1期。

吳槐〈粽的起源〉，《臺北文物》3卷1期。

1955　朱鋒〈臺灣神誕表〉，《南瀛文獻》2卷3、4期。

朱鋒、石暘睢、吳新榮、盧嘉興〈南縣古碑零拾（一）〉，《南瀛文獻》2卷3、4期。

朱鋒、石暘睢、吳新榮、盧嘉興、江家錦〈南縣古碑零拾（二）〉，《南瀛文獻》3卷1、2期。

臺南市文獻委員會編〈歷史館專號〉，《臺南文化》4卷4期。

吳槐〈河洛語（閩南語）中之唐宋故事〉，《臺北文物》4卷3期。

1956　朱鋒、石暘睢、吳新榮、盧嘉興、江家錦〈南縣古碑零拾（三）〉，《南瀛文獻》3卷3、4期。

朱鋒、石暘睢、吳新榮、盧嘉興、江家錦〈南縣古碑零拾（四）〉，《南瀛文獻》4卷上期。

1957　朱鋒〈臺南近十年來的考古工作概要（一）〉，《臺北文物》6卷2期。

黃天橫攝影、朱鋒簡介〈臺南近十年來的考古工作概要照片〉，《臺北文物》6卷2期。

1958　朱鋒〈臺南縣志古碑志補遺〉，《南瀛文獻》4卷下期。

朱鋒〈臺南近十年來考古工作概要（二）〉，《臺北文物》6卷3期。

朱鋒〈臺南近十年來的考古工作概要（三）〉，《臺北文物》6卷4期。

莊松林〈澎湖與臺南之歷史關係密切（演講筆錄）〉，《扶輪社刊》4卷10期。

黃天橫攝影、朱鋒簡介〈臺南近十年來的考古工作概要照片

（二）〉，《臺北文物》6 卷 3 期。

黃天橫攝影、朱鋒簡介〈臺南近十年來的考古工作概要照片（三）〉，《臺北文物》6 卷 4 期。

朱鋒〈臺灣方言之語法與語源〉，《臺北文物》7 卷 3 期。

吳槐〈河洛語叢談（一）：一、名源・二、正名・三、雅言〉，《臺北文物》7 卷 4 期。

1959　前嶋信次〈鄭兼才年譜〉，《文史薈刊》第 1 輯。

朱鋒、石暘睢、黃天橫〈臺灣歷史人物印存〉，《文史薈刊》第 1 輯。

臺南市文史協會〈發刊詞〉，《文史薈刊》第 1 輯。

朱鋒〈臺灣的古昔婚禮：臺灣家禮之一〉，《臺北文物》8 卷 1 期。

朱鋒〈金門發現的「皇明石井鄭氏祖墳誌銘」小考〉，《臺灣文獻》10 卷 4 期。

吳槐〈河洛語叢談（二）：（二）書經・（三）禮記〉，《臺北文物》8 卷 1 期。

吳槐〈河洛語叢談（三）：（四）方言〉，《臺北文物》8 卷 2 期。

吳槐〈河洛語叢談（四）〉，《臺北文物》8 卷 3 期。

1960　朱鋒〈金門發現的南明碑碣二件〉，《文史薈刊》第 2 輯。

朱鋒〈臺灣的古昔喪禮：臺灣家禮之二〉，《臺北文物》8 卷 4 期。

朱鋒〈臺灣的古昔喜慶：臺灣家禮之三〉，《臺北文物》9 卷 2、3 期。

赤崁樓客〈俚諺拾遺〉，《文史薈刊》第 2 輯。

吳守禮〈「手抄五十音」與「八音定訣」〉（《文史薈刊》第 2 輯。

吳槐〈河洛語叢談（五）：四、訓詁（爾雅）〉，《臺北文物》8 卷 4 期。

吳槐〈河洛語叢談（六）：乙、釋訓・丙、釋同〉，《臺北文物》

9 卷 2 期、3 期。

吳槐〈河洛語叢談（七）：（三）廣雅（甲 釋詁）〉，《臺北文物》9 卷 4 期。

1961　朱鋒〈李晉王與鄭延平〉，《臺灣文獻》12 卷 3 期。

吳槐〈河洛語叢談（八）〉，《臺北文物》10 卷 1 期。

吳槐〈河洛語叢談（九）〉，《臺北文物》10 卷 2 期。

1962　朱鋒〈臺南縣古碑志補遺（四）〉，《南瀛文獻》第 8 卷。

朱鋒〈北線尾島（Baxemboy）雜考〉，《臺南文化》7 卷 3 期。

1964　朱鋒〈臺南縣古碑志補遺（五）〉，《南瀛文獻》第 9 卷。

1965　莊松林〈石暘睢先生遺作目錄〉，《南瀛文獻》10 卷 1 期。

莊松林〈懷念石暘睢先生〉，《南瀛文獻》10 卷 1 期。

廖漢臣〈學界的墊腳石：憶石暘睢兄〉，《南瀛文獻》10 卷 1 期。

方豪〈敬悼石暘睢先生〉，《南瀛文獻》10 卷 1 期。

朱鋒〈臺灣的樏籤〉，《臺灣風物》15 卷 1 期。

朱鋒〈風獅爺〉，《臺灣風物》15 卷 2 期。

朱鋒／文、畫／蔡草如〈風獅爺〉，《臺灣風物》15 卷 2 期。

朱鋒／文、畫／蔡草如〈鐵鉸刀尺〉，《臺灣風物》15 卷 4 期。

1966　牛八庄〈漁村俚諺拾錦〉，《臺灣風物》16 卷 1 期。

朱鋒〈敬悼陳紹馨博士〉，《臺灣風物》16 卷 6 期。

朱鋒／文、畫／蔡草如〈明裔朱懋王爺神像〉，《臺灣風物》16 卷 1 期。

朱鋒／文、畫／蔡草如〈隘門石額〉，《臺灣風物》16 卷 3 期。

朱鋒〈敬悼陳紹馨博士〉，《臺灣風物》16 卷 6 期。

葉書田〈愛榕說〉，《臺南文化》8 卷 2 期。

1967　文史〈臺南歸園沿革〉《臺灣風物》17 卷 2 期。

朱鋒〈古碑拾遺〉，《臺灣風物》17 卷 3 期。

猪八戒〈洲仔尾俚諺一則〉，《臺灣風物》17 卷 4 期。

己酉生〈關廟鄉俚諺兩則〉，《臺灣風物》17 卷 4 期。

嚴光森〈茄萣鄉與薛玉進〉，《臺灣風物》17 卷 4 期。

朱鋒〈古碑拾遺（二）〉，《臺灣風物》17 卷 5 期。

牛八庄（莊松林）〈臺南市街巷名巧對〉，《臺灣風物》17 卷 6 期。

1968 朱鋒／文、畫／蔡草如〈繫肚裙（Ha-To-Kun）〉《臺灣風物》18 卷 2 期。

朱鋒〈古碑拾遺（三）〉，《臺灣風物》18 卷 3 期。

赤嵌樓客〈金同利允了未必然〉，《臺灣風物》18 卷 4 期。

未署名（應為連景初）〈蔣鳳墓碑誌的史料價值〉，《臺南文化》8 卷 3 期。

1969 朱鋒〈北港義民廟沿革記〉，《臺灣風物》19 卷 3-4 期。

連景初〈臺灣的榕樹盆景〉，《臺南文化》9 卷 1 期。

連景初〈臺南名園的今昔〉，《臺南文化》9 卷 1 期。

1970 朱鋒〈祭牙〉，《臺灣風物》20 卷 2 期。

朱鋒〈臺南的七夕〉，《臺灣風物》20 卷 2 期。

朱鋒〈迎聖蹟〉，《臺灣風物》20 卷 2 期。

朱鋒〈臺南的普度〉，《臺灣風物》20 卷 2 期。

1971 朱鋒〈鹿角還狗舅、戇虎（臺灣民間童話）〉，《臺灣風物》22 卷 2 期。

1972 朱鋒〈導引日軍無事進入臺南城的陳修五的履歷書〉，《臺灣風物》第 21 卷 4 期。

1975 毛一波〈追憶莊松林氏〉，《臺灣風物：悼念民俗學家莊松林先生特輯》25 卷 2 期（以下略稱《民俗學家莊松林特輯》）。

王萬福〈莊松林與臺南市文史協會〉，《民俗學家莊松林特輯》。

王詩琅〈從文學到民俗：悼莊松林先生〉，《民俗學家莊松林特輯》。

雪村〈憶故友思往事〉，《民俗學家莊松林特輯》。

連景初〈我與莊松林論交經過〉，《民俗學家莊松林特輯》。

婁子匡〈趣味的手澤（譯）之傳揚：朱鋒先生的笑話研究譯作真蹟的公開〉，《民俗學家莊松林特輯》。

吳樹〈悼莊松林先生〉，《民俗學家莊松林特輯》。

許益超〈從記憶來懷念赤崁樓客〉，《民俗學家莊松林特輯》。

鄭喜夫〈莊松林先生年譜〉，《民俗學家莊松林特輯》。

前嶋信次〈哀悼朱鋒莊松林先生〉，《民俗學家莊松林特輯》。

池田敏雄〈朱鋒的回憶〉，《民俗學家莊松林特輯》。

窪德忠〈莊松林先生的追憶〉，《民俗學家莊松林特輯》。

石萬壽〈憶朱鋒先生〉，《民俗學家莊松林特輯》。

石萬壽〈記新出土明墓碑〉，《臺灣文獻》26 卷 1 期。

石萬壽〈論臺灣的明碑〉，《臺北文獻（直字）》第 33 期。

1977 張俊均〈鐵蹄下的遊魂：臺灣的社會運動者林秋梧〉，《史化》第 8 期。

1979 莊伯和〈美術家專輯（1）：鄉土藝術的推動者：顏水龍〉，《雄獅美術》第 97 期。

1982 王玲〈訪文藝先進作家專輯：鹽分地帶文學的鼻祖郭水潭老先生〉，《中央月刊》第 14 期。

1986 羊子喬〈超現實主義的倡導者：訪問楊熾昌〉，《臺灣文藝》第 102 期。

1987 李筱峰〈從社會運動者到民俗學家：莊松林的一生〉，《臺灣文藝》第 106 期。

편집부（編輯部）〈月山任東權博士年譜〉，《語文 集》第 20 輯，

중앙어문학회（中央語言文學學會）。

1998　謝碧連〈會員介紹（四）沈榮先生行述〉，《文史薈刊》復刊第3輯。

葉瓊霞〈連景初先生訪談錄〉，《文史薈刊》復刊第3輯。

莊明正〈懷念連景初先生〉，《文史薈刊》復刊第3輯。

謝碧連〈連景初先生生平簡介〉，《文史薈刊》復刊第3輯。

連景初〈自傳〉，《文史薈刊》復刊第3輯。

連風彥〈敬悼父親〉，《文史薈刊》復刊第3輯。

蔡銘山〈會員介紹（六）連景初先生〉，《文史薈刊》復刊第3輯。

江金培〈會員介紹（五）江家錦先生行述〉，《文史薈刊》復刊第3輯。

1993　夏文學〈從臺灣甘地到現代武訓：林占鰲長老〉，《新使者雜誌》第21期。

稽童（林富士）〈「童乩研究」的歷史回顧〉，《臺北縣立文化中心》第37期。

1994　羊子喬〈橫看成嶺側成峰：試為郭水潭造像〉，《文學臺灣》第10期。

1995　連景初〈臺南文獻界的典型人物〉，《臺南文化》新38期。

丁煌〈文獻委員黃典權教授傳略及其治學業績〉，《臺南文化》新39期。

1996　龔顯宗〈博學多能許丙丁〉，《鄉城生活雜誌》第26期。

1997　陳邦雄〈熱愛臺灣鄉土的傑出學者：巴克禮博士與前嶋信次博士〉，《文史薈刊》復刊第2輯。

蔡銘山〈會員介紹（二）謝碧連先生〉，《文史薈刊》復刊第2輯。

1998　江金培〈會員介紹（五）江家錦先生行述〉，《文史薈刊》復刊第3輯。

莊明正〈懷念連景初先生〉，《文史薈刊》復刊第 3 輯。

連風彥〈敬悼父親〉，《文史薈刊》復刊第 3 輯。

連景初〈自傳〉，《文史薈刊》復刊第 3 輯。

蔡銘山〈會員介紹（六）連景初先生〉，《文史薈刊》復刊第 3 輯。

葉瓊霞〈連景初先生訪談錄〉，《文史薈刊》復刊第 3 輯。

謝碧連〈連景初先生生平簡介〉，《文史薈刊》復刊第 3 輯。

謝碧連〈會員介紹（四）沈榮先生行述〉，《文史薈刊》復刊第 3 輯。

顏興〈顏興先生自傳〉，《文史薈刊》復刊第 3 輯。

2000　陳信雄〈安平壺：漢族開臺起始的標誌〉，《歷史月刊》第 146 期。

2002　楊森富〈吳道源醫生事略〉，《聖靈月刊》第 303 期。

2003　朱子文（莊明正）〈莊松林先生生平事蹟〉，《臺南文化》新 55 期。

朱子文（莊明正）〈莊松林先生生平事蹟〉，《文史薈刊》復刊第 6 輯。

蔣朝根〈宜蘭精神的塑造者：1920 年代蔣渭水與宜蘭的社會運動〉，《宜蘭文獻》第 63 期。

謝碧連〈石暘睢〉，《文史薈刊》復刊第 6 輯。

2004　陳益裕〈日據時代的本土詩人：郭水潭〉，《臺灣月刊》第 255 期。

何培夫〈匾額文采蘊意深〉，《傳統藝術》第 41 期。

2005　何培夫〈臺灣碑碣史料之採拓與整理〉，《臺灣圖書館管理季刊》1 卷 3 期。

2005　葉瓊霞〈編輯後記〉，《文史薈刊：莊松林先生臺南專輯》復刊第 7 輯。

2006　黃天橫〈文獻導師莊松林與我〉，《文史薈刊》復刊第 8 輯。

王美惠〈莊松林的文學歷程及其精神〉，《文史薈刊》復刊第 8 輯。

莊永清〈臺南市日治時代新文學社團與新文學作家初探〉，《文史薈刊》復刊第 8 輯。

林培雅〈近四十年來臺灣民間文學的調查、研究狀況〉，《臺灣文學研究學報》第 3 期。

2008　林文龍〈省文獻會與漢詩關係初探〉，《臺灣文獻》59 卷 2 期。

2009　林銘章〈林秋梧（1903-1934）〉，《傳記文學》第 94 期。

2010　邱各榮〈獻身臺灣文獻整理的民俗研究者：廖漢臣－－日治時期臺灣文學與兒童文學比較研究之二〉，《全國新書資訊月刊》138 期。

蘇峯楠〈記臺南市新發現的兩座明代古墓：兼論其墓碑形制〉，《臺灣文獻》61 卷 3 期。

2011　李世偉〈海濱扶聖道：戰後臺灣民間儒教結社與活動 (1945-1970)〉，《民俗曲藝》第 172 期。

2012　謝碧連〈別矣！市刊《臺南文化》〉，《臺南文獻》第 2 輯。

許俊雅〈《洪水報》、《赤道》對中國文學作品的轉載：兼論創造社在日治臺灣文壇〉，《臺灣文學研究學報》第 14 期。

2013　陳哲三〈竹山古名「林圮埔」考辨：以史志、古文書為中心〉，《逢甲人文社會學報》第 26 期。

2017　王婷儀〈從《民俗臺灣》看柳田國男對臺灣民俗研究之影響〉，《臺灣文獻》68 卷 2 期。

2018　陳晞如、黃微惠〈臺灣兒童戲劇的不老寫手：黃基博傳奇〉，《美育》第 221 期。

2019　蘇峯楠〈歡迎光臨臺南夜總會〉《觀・臺灣》第 40 期。

葉瓊霞〈教育啟蒙反浪費：《反普特刊》反什麼？〉，《臺灣教會公報》第 3492 期，2019/1/28-2/3。

2020 陳奮雄〈臺南市文史協會沿革與《文史薈刊》編輯出版〉，《文史薈刊》復刊第 11 輯。

陳奮雄〈臺南市文史協會重要記事〉，《文史薈刊》復刊第 11 輯。

莊明正〈懷念謝碧連前理事長〉，《文史薈刊》復刊第 11 輯。

陳奮雄〈謝碧連律師對臺南市文史的貢獻〉，《文史薈刊》復刊第 11 輯。

連風彥〈敬悼文史前輩：謝碧連律師〉，《文史薈刊》復刊第 11 輯。

葉瓊霞〈律師史筆：謝碧連律師〉，《文史薈刊》復刊第 11 輯。

林佩蓉〈知識人、人文心〉，《文史薈刊》復刊第 11 輯。

2021 謝明良〈從新發現的一處安平壺窯址再談所謂安平壺〉，《臺灣文獻》73 卷 2 期。

2022 戴文鋒、曾國棟〈和平之約：巴克禮與乃木希典會談歷史場域考〉，《臺灣文獻》73 卷 3 期。

三、學位論文

1991 葉瓊霞〈王詩琅研究〉，國立成功大學歷史語言研究所碩士論文。

1996 曾國棟〈清代臺灣示禁碑之研究〉，國立成功大學歷史語言研究所碩士論文。

1997 鄭雅黛〈冷澈的熱情者：吳新榮及其作品研究〉，國立中興大學中國文學系碩士論文。

1999 戴文鋒〈日治晚期的民俗議題與臺灣民俗學：以《民俗臺灣》為分析場域〉，國立中正大學歷史研究所博士論文。

2005　李姵樺〈許丙丁與民間文學〉，國立花蓮師範學院民間文學研究所碩士論文。

卓英燕〈王詩琅臺灣民間文學作品之研究〉，國立花蓮師範學院民間文學研究所碩士論文。

楊宮妹（釋如微）〈臺灣佛教僧團的現代轉型：臺南地區開元寺與妙心寺之比較研究〉，南華大學宗教研究所碩士論文。

2008　沈芳如〈《臺南文化》與戰後臺南「府城」集體記憶的建構(1951-2001)〉，國立臺灣師範大學歷史學系碩士論文。

羅雅如〈《公論報》「臺灣風土」副刊與戰後初期臺灣研究〉，國立臺灣師範大學歷史學系碩士論文。

王美惠〈1930 年代臺灣新文學作家的民間文學理念與實踐：以《臺灣民間文學集》為考察中心〉，國立成功大學歷史研究所博士論文。

2009　郭英三〈婁子匡先生及其民俗學論著之研究〉，國立中正大學中國文學所碩士論文。

2011　李佩蓁〈安平口岸的華洋商人及其合作關係：以買辦制度為中新（1865 ～ 1900）〉，國立成功大學歷史研究所碩士論文。

馮勝雄〈茅港尾的開發與聚落發展〉，國立臺南大學臺灣文化研究所碩士論文。

陳祈伍〈激越與戰慄：臺南地區的文化發展：以龍瑛宗、葉石濤、吳新榮、莊松林為例（1937-1949）〉，中國文化大學史學系博士論文。

2012　施慶安〈日治時期唱片業與臺語流行歌研究〉，國立政治大學歷史研究所碩士論文。

2016　陳晞如〈臺灣兒童戲劇作家作品研究：黃基博與木瓜兒童劇團〉，國立臺南大學戲劇創作與應用學系碩士班論文。

呂美親〈日本統治下における臺湾エスペラント運動研究〉，日本：一橋大學言語社會科博士論文。

2019 許容展〈廖漢臣生平及其作品研究〉，國立清華大學台灣文學研究所碩上論文。

2021 黃子萍〈日治時期童話創作中的「鄉土」建構（1909-1940）〉，國立政治大學臺灣文學研究所碩士學位論文。

2023 張淑賢〈轉變與交融：以臺南道壇和火神信仰為例〉，國立臺南大學文化與自然資源學系臺灣文化碩士論文。

四、檔案

1906 年 03 月 13 日，〈律令〉，《臺灣總督府府報》，第 1927 號。

1906 年 12 月 22 日，〈同胞急難〉，《漢文臺灣日日新報》，第 5 版。

1907 年 02 月 07 日，〈臺南雜俎／開一生路〉，《臺灣日日新報》，第 4 版。

1908 年 12 月 29 日，〈南瀛鯉信／見義勇為〉，《臺灣日日新報》，第 4 版。

1910 年 09 月 06 日，〈天南雁音／首倡義捐〉，《臺灣日日新報》，第 4 版。

1918 年 10 月 30 日，〈赤崁特訊／保正解選〉，《臺灣日日新報》，第 6 版。

1924 年 04 月 24 日，〈臺南文化劇大成功〉，《臺灣民報》第 154 號。

1928 年 01 月 16 日，〈臺南市町委員莊淵泉氏宣堂鄭氏〉，《臺灣日日新報》，第 4 版。

1928 年 04 月 22 日，〈臺南市有志／計畫反對迎媽祖／方法尚未決定〉，《臺灣民報》第 416 號，第 3 版。

1928 年 05 月 01 日，〈赤崁勞働青年會／決開茶會祝勞動節／希望多

數參加〉,《臺灣民報》第 425 號,第 3 版。

1928 年 07 月 08 日,〈廈門集美學校／臺灣留學生會／送別畢業會友〉,《臺灣民報》第 216 號,第 5 版。

1928 年 12 月 20 日,《臺灣日日新報》第 4 版。

1930 年 04 月 09 日,〈宜蘭勞農聯席委員會委員發言被中止〉,《臺灣民報》第 309 號,第 6 版。

1931 年 04 月 14 日,〈臺南鎮南媽遶境會議／按近日招集各團〉《臺灣日日新報》第 4 版。

1931 年 11 月 04 日,〈臺南市港町土地公會／對管理人爭執〉《臺灣日日新報》第 4 版。

1932 年 07 月 14 日,〈戒告思想漢／命速就職〉,《臺灣日日新報》第 4 版。

1932 年 07 月 21 日,〈覓有去處〉,《臺灣日日新報》第 12 版。

1933　彬彬〈五樓的戀愛〉(翻譯),《臺灣新民報》11 月 26 日、28 日、30 日、12 月 2 日。

1934 年 05 月 06 日,〈桶盤淺州仔墳墓地／給退職者乘間圖利／臺南各宗親會將訪州當局〉《臺灣日日新報》第 4 版。

1934 年 05 月 09 日,〈州仔墓地續報／關係者組會選委員活動交涉／佐川某態度依然強硬〉《臺灣日日新報》第 4 版。

1934 年 12 月 01 日,朱鋒〈大家起來慶祝柴門霍夫誕辰〉,《臺灣新民報》。

1935 年 08 月 13 日,《臺南新報》第 7 版。

1941 年前嶋信次〈文獻蒐集の思ひ出〉,《臺灣時報》2 月號,頁 100-106。

1946 年 05 月 20 日,〈臺南記者公會／今日舉行成立大會〉,《中華日報》。

1950 年 05 月 10 日，朱鋒〈蓮霧〉，《中華日報》。

1950 年 05 月 17 日，朱鋒〈檨仔〉，《中華日報》。

1950 年 07 月 17 日，朱鋒〈差操〉，《中華日報》。

1950 年 08 月 14 日，朱鋒〈套衫〉，《中華日報》「海風」。

1950 年 08 月 29 日，朱鋒〈大明的套衫〉，《正氣中華報》第 3 版。

1950 年 09 月 01 日，朱鋒〈臺南的普度〉，《中華日報》第 706 期。

1950 年 10 月 16 日，朱鋒〈草地人〉，《中華日報》。

1965 年 10 月 28 日，〈拚個你死我活：臺胞忠義事蹟〉，《民聲日報》第 5 版。

1966 年 12 月 03 日，朱鋒〈鼓吹娘仔〉，《徵信新聞報》。

1967 年 03 月 11 日，朱鋒〈「使飛瓦」知府蔣允焄〉，《徵信新聞報》。

2019 年 01 月 28 日 -02 月 03 日，葉瓊霞〈教育啟蒙反浪費：《反普特刊》反什麼？〉，《臺灣教會公報》第 3492 期。

2021 年 01 月 08 日，林雪娟〈百年老宅／鴨母寮三合院傳奇〉，《中華日報》。

五、網路及其他

《妙心全球資訊網》伍麗滿〈釋心覺生平事蹟析論〉

網址：http://www.mst.org.tw/magazine/magazinep/bodhi/101-%E9%87%8B%E5%BF%83%E8%A6%BA%E7%94%9F%E5%B9%B3%E4%BA%8B%E8%B9%9F.htm。

國立臺灣文學館網頁〈文學現代性－世界同步走〉

網址：https://tainan.nmtl.gov.tw/archive?uid=5。

文化部臺灣大百科全書，《先發部隊》

網址：https://nrch.culture.tw/twpedia.aspx?id=2179。

「臺灣音聲 100 年」網站

網址：https://audio.nmth.gov.tw/audio。

林雪娟〈百年老宅／鴨母寮三合院傳奇〉,《中華日報》,2021/01/08。

網址：https://www.cdns.com.tw/articles/345030。

翁修恭〈許溢超先生（1914-1983）〉,《賴永祥長老史料庫》

網　址：http://www.laijohn.com/archives/pc/khou/Khou, EChhiau/brief/Ang,SKiong.htm。

〈父親許溢深長老〉,《賴永祥長老史料庫》

網址：http://www.laijohn.com/archives/pc/khou/Khou,Esim/biog/son.htm。

戴文鋒、楊家祈〈許雪姬教授採訪〉,2023/04/15 訪談紀錄,未刊稿。

楊家祈〈如性慈敬堂柯錫斌、柯煜杰採訪〉,2021/12/31 訪談紀錄,未刊稿。

戴文鋒〈米糕栫：一種專屬於府城獨特的普度祭品〉,《臺南普度文化面面觀》（臺南市政府文化局臺灣文化大學歲時課程講義,2017）,頁 5-11。

附表一　莊松林生平年表

年代	歲數	生平記事	臺灣、臺南社會要事
1910	1 歲	1 月 26 日（農曆為己酉年 12 月 16 日）出生於臺南廳臺南市西區辛牛磨後街 665、666 番地（今中西區正興街）。父莊淵泉（25 歲）、母陳氏月娘（24 歲）。	3 月，臺南郵便局新舍落成。 6 月，安平海水浴場舉行開場式。
1911	2 歲		2 月，臺南公館（公會堂）落成，舉行南部物產共進會。 7 月，臺南市區改正計畫。
1912	3 歲	母陳氏月娘病逝，享年 26 歲；由祖母鄭氏添娘養育成人。	7 月 30 日，明治天皇駕崩，大正天皇即位。 12 月，西市場本館重建完工。
1913	4 歲		10 月 3 日，臺南屠畜場落成。 12 月 14 日，關仔嶺溫泉浴場落成。
1914	5 歲		5 月 7 日，六甲事件。 12 月 20 日，臺灣同化會在臺北創立。
1915	6 歲		5 月 1 日，第 6 任臺灣總督安東貞美就任。 8 月 6 日，噍吧哖事件發生虎頭山決戰之役。
1916	7 歲	2 月 2 日，於鄰居秀才邱及梯（字學海）私塾識字受經。	臺南長老教中學校講堂落成
1917	8 歲		6 月 17 日，臺南公園開園。10 月，臺南高等女學校本館落成。
1918	9 歲	4 月 1 日，入學臺南第二公學校（今立人國民小學）就讀；除第 2 學年曾患大病缺席外，至第 6 學年，每年都獲「精勤賞」。9 月 14 日，父莊淵泉進入臺灣漁業株式會社臺南魚市場計算係任職；10 月 25 日，當選臺南第二八保正；12 月 17 日臺南廳聘任臺南防疫組合委員。	9 月 27 日，臺南孔子廟重修落成。 同年，臺南州立臺南中學校講堂落成。

年代	歲數	生平記事	臺灣、臺南社會要事
1919	10 歲		9 月 13 日，財團法人臺南公館附屬圖書館的設立。
1920	11 歲		1 月 11 日，新民會於東京成立。 8 月 8 日，臺灣中南部地方豪雨。 9 月 1 日，官佃溪埤圳興工。 是年，臺灣總督府公布《臺灣州制》、《臺灣市制》、《臺灣街庄制》。
1921	12 歲	10 月 27 日，父莊淵泉由臺灣漁業株式會社「依願解職」。	1 月 30 日，首次提出《臺灣議會設置請願書》。 4 月 1 日，公佈法律第三號。 10 月 17 日，臺灣文化協會成立。
1922	13 歲		是年，臺南水道、臺南師範學校校舍本館完工。
1923	14 歲	3 月 29 日，臺南市方面委員會成立，父莊淵泉受聘任臺南市方面委員會委員，長達 30 年。	4 月 15 日，《臺灣民報》創刊。 4 月 20 日，裕仁親王臺灣行啟至臺南。 6 月，臺南神社竣工。 11 月，臺南長老教女學校本館落成。 12 月 26 日，臺南市立臺南圖書館設立。 是年，吳姓大宗祠重修。
1924	15 歲	3 月 28 日，畢業於臺南第二公學校。 4 月，入臺南商業補習學校（今國立臺南高級商業職業學校）就讀。	1 月 1 日，《臺灣民報》因編輯被捕停刊。 4 月 1 日，實施臺灣米穀檢查規則。
1925	16 歲		5 月 22 日，桃園大圳通水。 6 月 17 日，始政 30 年紀念。 6 月 28 日，二林農民組合成立。

年代	歲數	生平記事	臺灣、臺南社會要事
1926	17 歲	3 月 28 日，於臺南商業補習學校畢業後，受五四運動之影響，積極參與民族運動相關活動。4 月，因準備前往廈門升學，隨石雪滄（德記行計算部部員）補習國文，約 1 年。因喜讀上海出版新書，於臺南興文齋書局結識林占鰲、林宣鰲兄弟。8 月，加入由黃金火（劇團主持人，臺南共和醫院外科醫師）、韓石泉成立之臺南文化劇團，並於祀典武廟大殿排練。	1 月 20 日，巴克禮返回蘇格蘭。3 月 25 日，臺南運河開通。9 月，臺灣農民組合創立。12 月 25 日，大正天皇駕崩、昭和天皇即位。
1927	18 歲	3 月 28、29、30 日，參加演出臺南文化劇團於臺南市南座劇場第一回公演（與安平青年共演），計演出《憨大老》、《戀愛之勝利》、《非自由之自由》、《薄命之花》等劇，甚獲觀眾佳評。[1] 6 月，因參加文化活動，父怕惹事端，安排離臺渡廈。9 月，插班廈門集美中學（今福建省廈門集美中學）十八組。11 月 21 日，祖母鄭氏添娘逝世。	1 月 3 日，臺灣文化協會分裂。7 月 10 日，臺灣民眾黨成立。8 月 7 日，臺灣民眾黨臺南支部成立。8 月 25 日，發生芮氏 6.5 級地震，震央臺南。是年，臺南州立第二中學校校舍本館落成。
1928	19 歲		2 月 19 日，臺灣工友總聯盟臺南區成立。4 月 15 日，日本共產黨臺灣民族支部成立。5 月 1 日，赤崁勞働青年會成立。6 月 13 日，大南門墓地事件。
1929	20 歲	上半年，為廈門《民鐘日報》副刊「蓬島晨鐘」撰述抗日文章。 6 月，畢業於集美中學，並回臺南。原本準備赴上海投考大學，日警以思想及行動「不穩」不准再發護照。故決意留在臺南從事社會運動。 8 月 3 日，撰述〈反對普度宣言〉，由赤崁勞働青年會印發，於興文齋書局結識石暘睢、連橫等人。 8 月 11 日，於《臺灣民報》237 期，發表〈反對普度宣言〉。	8 月 4 日，赤崁勞働青年會舉行反對普度演講會。12 月，臺灣織布株式會社無理罷免工人代表引發爭議。

1　〈臺南文化巨大成功〉，《臺灣民報》第 154 號，1924/04/24。莊松林自編《莊松林年表》記 3 月 28 日起二日，鄭喜夫於〈莊松林先生年譜〉記為 3 月 26、27 二日。

年代	歲數	生平記事	臺灣、臺南社會要事
1930	21 歲	1 月，應臺灣民眾黨宜蘭支部書記陳天順之邀，出任宜蘭農民協會書記，並加入該黨。 3 月 25 日，戶籍遷至臺北州宜蘭郡宜蘭街（今宜蘭縣宜蘭市）。 4 月，因草擬反對日警無理解散農友會大會控告書，被控以違反臺灣出版規則起訴，二審判處罰鍰 40 日圓。月底返回臺南。 5 月 1 日，赤崁勞働青年會會員袁添財前往臺南州廳前，將兩邊水泥柱以瀝青塗寫「打倒日本帝國主義」標語，並於出入口門邊「臺南州廳」木牌添寫「野犬官巢」字樣，日人發覺後逮捕抗日志士與無辜市民約百餘人，莊氏無端受牽連被監禁約一週。 8 月 23 日，參加「撲滅地方自治聯盟臺南勞働團體同盟會」於「臺南民眾講座（位於今祀典武廟觀音殿）」主辦之演講會，講題為「我們為什麼要粉碎欺騙無產大眾的資本家地主的地方自治聯盟」。 9 月 4 日，於《反普特刊》中用筆名 KK、CH 分寫發表獨幕劇本〈誰之過〉、〈我們的反普運動〉二篇作品。 9 月 19 日，旁聽臺灣地方自治聯盟臺南支部於臺南公會堂舉辦之成立紀念大演說會，於會場倡言反對並散發傳單，被日警「檢束」一夜。 10 月 25 日，與林秋梧、盧丙丁、趙啟明、林占鰲、林宣鰲等人創辦之旬刊《赤道報》，於創刊號中發表〈女同志〉一文。	1 月 11 日，赤崁勞働青年會舉行反醮漫畫會。 4 月 10 日，赤崁勞働青年會舉行反對迎媽祖講演會，嘉南大圳完工通水。 5 月 24 日，赤崁勞働青年會為《反普特刊》徵文。 9 月 4 日，在臺灣民眾黨指導下，以赤崁勞働青年會之名出版《反普特刊》。[2] 9 月 9 日，《三六九小報》創刊。 9 月 22 日，下營、學甲、麻豆、佳里等地農民包圍在地庄役所，要求減免水租。 10 月 26 日，臺灣文化三百年紀念會。 10 月 27 日，霧社事件。 12 月 8 日，臺南地震，芮氏 6.5 級。

2　莊松林《莊松林年表》、鄭喜夫〈莊松林先生年譜〉皆紀錄《反普特刊》於 1931 年出版，《反普特刊》書封與內頁皆印 1930 年。

年代	歲數	生平記事	臺灣、臺南社會要事
1931	22歲	5月1日，參加赤道報社、赤崁勞働青年會、臺灣工友總聯盟臺南區於臺南民眾講座合辦之「1931年五一節紀念大演講會」，莊氏講述「五一節是國際勞働者一齊起來××的日子」。 7月12日，[3] 為赤道報社、赤崁勞働青年會、臺灣工友總聯盟臺南區草擬、謄寫，油印發行「反對設立粔市代行會社聲明書」，並不顧被禁而發送，再次被以違反臺灣出版規則起訴，被判處罰鍰40日圓。 7月28日，參加赤道報社、赤崁勞働青年會、臺灣工友總聯盟臺南區為反對設立臺南粔市代行會社，而假臺南民眾講座合辦之第一次大講演會，莊氏講題為「我們對粔市代行會社集米穀商聯合會應該取什麼態度呢？」並印發傳單。 8月12日，臺南警察署司法主任傳訊莊氏及參加7月28日大講演會講演者及參與人員。 11月15日，以筆名嚴純昆發表〈到酒樓去〉於《赤道報》第二號。在預定發行前被沒收查禁。是年，參加臺南エスペラント（世界語）會講習會，並加入會員。	2月18日，臺灣民眾黨解散。 6月31日，臺灣文藝作家協會成立。 8月5日，蔣渭水逝世。 9月18-20日，舉行第一次臺灣世界語大會。是年，臺南警察署落成。
1932	23歲	5月2日，編輯發行「暴露臺灣新民報日刊發行」第一回懸賞徵答傳單，提出6則問題，投票所設於赤道報社。 7月9日，臺南州知事今川淵依「臺灣浮浪者取締規則」第一條之規定，由臺南市警察局親送就業戒告書，莊氏被禁止出國10年，被迫到興鐵工廠擔任外務員。開始研究新文學、世界語、臺灣民俗，並展開臺灣文獻資料採集及實地踏查工作。秋季，與林秋梧等人決議改組赤道報社，籌劃改刊名為《廢兵》並出刊。	1月1日，《南音》創刊。 4月1日，臺灣史料館成立。 4月15日，《臺灣新民報》日刊發行。 12月4日，舉行第二次臺灣世界語大會。 是年，臺南放送局落成。

3　鄭喜夫〈莊松林先生年譜〉記為7月15日。

年代	歲數	生平記事	臺灣、臺南社會要事
1933	24 歲	11 月 26、28、30 日、12 月 2 日，以筆名「彬彬」翻譯西加羅米《五樓的戀愛》，刊載於《臺灣新民報》。	7 月 15 日，《福爾摩沙》創刊發行。是年，臺南高等工業學校本館完工。
1934	25 歲	7 月 19 日，以世界語創作童話「La Malaaga Tigro（恣虎）」，發表於臺南世界語協會不定期刊物《La Verda Inaulo》第 2 卷第 2 號。 10 月 10 日，林秋梧病逝，並遭遇日方壓制民族運動，刊物《廢兵》胎死腹中，莊氏從此專心投入臺灣文獻與民俗之研究。 11 月 24 日，發表〈謹弔林秋梧君〉。 12 月 16、19、21 日，《臺灣新民報》連載〈大家起來慶祝柴門霍夫誕辰〉。	5 月 6 日，臺灣文藝聯盟成立。 7 月，日月潭第一發電所竣工。 7 月 15 日，《先發部隊》發刊。 11 月 12 日，臺陽美術協會成立。 11 月，《臺灣文藝》發刊。
1935	26 歲	參加臺南エスペラント會第二次講習會。李獻璋來訪，邀請撰寫臺南民間故事，將收錄於其籌編之《臺灣民間文學》。北上參加始政 40 周年博覽會，與來自彰化、嘉義及艋舺的文學同仁聚會歡談。 12 月，任臺灣新文學社營業部成員。	10 月 10 日，臺灣總督府始政 40 周年記念臺灣博覽會。 12 月 5 日，赤嵌樓以「プロビンシャ城址」之名被指定為第一類史蹟。 12 月 28 日，《臺灣新文學》創刊。 是年，古碑陳列場（南門碑林）成立。
1936	27 歲	4 月 1 日，發表〈鴨母王〉。 6 月 5 日，發表〈鹿角還狗舅〉。 6 月 13 日，李獻璋編輯《臺灣民間文學》發行，收錄〈鴨母王〉、〈林投姐〉、〈賣鹽順仔〉、〈郭公侯抗租〉等 4 篇故事。 7 月 7 日，發表〈林道乾〉。 9 月 5 日，莊氏任臺灣新文學社設立臺南支社地方版的徵稿編輯。 10 月，與趙櫪馬、黃耀磷、鄭明、董祐風、徐阿壬、張慶堂等人成立「臺南市藝術俱樂部」；分文藝、演劇二部，並附設「臺灣文獻整理委員會」，進行臺灣相關文獻的蒐集與整理。	3 月 15 日，臺南車站第二代落成。

年代	歲數	生平記事	臺灣、臺南社會要事
1936	27歲	10月10日，發表〈老雞母〉。 12月，《臺灣新文學》1卷10期發行，收錄小說8篇。唯日本人以「內容不妥當，全體空氣不好」為由，禁止發行。 12月22日，福建省政府諮議、創造社成員郁達夫應邀來臺訪問。29日，郁達夫下榻臺南鐵道飯店，莊氏與郭水潭、林占鰲等前往拜訪，交流文學問題。隔日上午，郁達夫離開臺南前，與莊氏、林占鰲兄弟、趙啟明、曹壽河及日特務二人與之合影留念。[4]	7月，臺灣新文學社設立臺南支社。11月25日，臺灣拓殖株式會社成立。
1937	28歲	1月31日，發表〈會郁達夫記〉。 3月6日，發表〈恭虎〉白話文版。 4月21日，於興文齋書局結識前嶋信次，暢談臺灣文史。 6月15日，發表〈失業〉。 7月7日，日人發動盧溝橋事件，在此前後，臺南州知事顧忌，欲以「臺灣浮浪者取締規則」拘禁莊氏於外島，最後未執行。 12月19日，父莊淵泉當選臺南市港町第一區會副會長。	7月7日，中日戰爭爆發。 8月29日，臺南歷史館成立，同年10月開館。 10月1日，與日本本土劃為同時區。 是年，皇民化運動開始。
1938	29歲		
1939	30歲	5月4日，與演劇同好陳華書擬「演劇同好者集合趣意書」中、日文兩種，因響應者無幾，未能組成。 6月5日，自其父莊淵泉處領取800日圓，於臺南市西門町四丁目138番地（今臺南市西門路二段政大書城對面），獨自經營永安公司玩具部。臺南市藝術俱樂部附設之臺灣舊文獻整理委員會以此為固定集會地點，並自備經費向日本京都彙文堂書店購買舊文獻。	6月21日，肥料統一配給。 10月7日，米糧統一配給。 是年，臺南王姓大宗祠落成、臺南州立臺南農業學校成立。

4　郁達夫來臺時間為1936年，而莊松林《莊松林年表》、鄭喜夫〈莊松林先生年譜〉皆紀錄為1937年。

年代	歲數	生平記事	臺灣、臺南社會要事
1940	31 歲		3 月 4 日，《臺灣藝術》創刊。 11 月 25 日，公佈〈臺籍民改日姓名促進要綱〉。是年，嘉南大圳組合事務所完工、臺南愛國婦人會館落成。
1941	32 歲	秋季，與石暘睢、陳華，利用例假日合作調查臺南市碑碣、匾聯、寺廟神印等文物。與高雄州岡山郡湖內庄新庄仔陳秀（1921 年生）結婚。	1 月 19 日，公佈〈家庭防空群組織要綱〉。 4 月 19 日，皇民奉公會成立。 7 月 10 日，《民俗臺灣》創刊。 12 月 7 日，珍珠港事件。
1942	33 歲	2 月，《民俗臺灣》主持人金關丈夫南下與臺南的投稿者會面，並於寶美樓開宴款待。 4 月 15 日，《民俗臺灣》第 10 號發行，刊載〈語元とあて字〉，為朱鋒首次在《民俗臺灣》發表的文章。 4 月 25 日，臺南法華寺提供經費支援，朱鋒與石暘睢、國分直一、盧嘉興、福田百合子、渡邊某合作發掘李茂春墓。 8 月，長女明美出生。 10 月，與董祐峯發掘明鄭時代之洪夫人墓，並發現「皇明許公之壽域」墓。經由國分直一介紹，與日人池田敏雄結識。	3 月 21 日，臺南、永康間鐵路複線完成。 5 月 8 日，八田與一逝世。 11 月 1 日，公布修正「臺灣總督府官制」。 12 月 17 日，高砂義勇隊出發前往菲律賓。
1943	34 歲	7 月，次女正美出生。	1 月 5 日，宣傳志願兵入伍趣旨。 1 月 31 日，賴和逝世。 11 月 27 日，美、英、中三國領袖召開開羅會議，宣布「開羅宣言」。
1944	34 歲	與王永河、黃平堅等人創立「臺南木桶株式會社」。 與顏水龍、黃平堅等人創設「臺灣生活工藝研究所」，顏水龍任常任理事，莊氏任理事，從事臺灣民藝之研究。是年，美軍機空襲臺南，莊氏疏散家眷，中止調查採集工作。	3 月 26 日，臺灣總督府命令全臺灣 6 家日報合併為《臺灣新報》。 4 月 17 日，國民政府於重慶成立臺灣調查委員會。 9 月 1 日，臺灣總督府公布臺灣實施徵兵制諭告。 10 月 17 日，美軍轟炸臺南市。 12 月 20 日，赤崁樓重修完工。

年代	歲數	生平記事	臺灣、臺南社會要事
1945	36 歲	1 月，臺南頻頻轟炸，將妻小疏散至郊區，莊氏獨自留於市區，一有警報便往安平附近魚塭避難。 5 月，三女文美誕生。 7 月 12 日，繼母史氏里娘病卒，享年 63 歲。 10 月，戰後初期，因俗務纏身而中輟民俗研究。是月，撰寫文長約千字之自傳。 11 月，臺灣生活工藝研究所編印《古都臺南史跡指南》。 12 月，由中國國民黨臺灣省黨部訪問團李翼中介紹，加入中國國民黨。	3 月 1 日，臺南大空襲。 4 月 1 日，日本政府施行「國民勤勞動員令」。 7 月 3 日，臺南市空襲疏散。7 月 26 日，美、英、中發表「波茨坦宣言」。 8 月 6 日，美國投擲原子彈於廣島。 8 月 9 日，美國投擲原子彈於長崎。 8 月 15 日，裕仁天皇宣布《大東亞戰爭終結之詔書》。 10 月 25 日，「臺灣光復」於臺北公會堂舉行受降典禮。
1946	37 歲	3 月 1 日，出任中國國民黨臺灣省黨部第二黨務督導區臺南縣市指導員處幹事。 4 月 1 日，臺灣省行政長官公署核給莊氏甲種公職候選人審查合格臨時證明書，准其應臺灣省第一屆省參議員、縣市參議員、區鄉鎮民代表、縣轄市市民代表候選人選舉。 6 月 1 日，中國國民黨臺灣省黨部第二黨務督導區臺南縣市指導員處改組為中國國民黨臺灣省臺南市黨務指導員辦事處，莊氏續任幹事。 8 月 9 日，中國國民黨臺灣省臺南市黨務指導員辦事處指派莊氏與林占鰲為代表，出任臺南市所得稅營業稅調查委員會委員。 9 月，接受臺灣省訓練團黨務幹部訓練班第一期受訓。 10 月 22 日，奉中國國民黨臺灣省執行委員會指派為臺南市黨務指導委員辦事處秘書。臺北受訓期間，拜訪臺灣大學學者宮本延人，並結識陳紹馨。 11 月，自臺灣省訓練團黨務幹部訓練班第一期結訓。	1 月 7 日，臺南市改制為省轄市。 5 月 1 日，臺灣省參議會成立。 12 月 5 日，新化地震，芮氏 6.3 級。

年代	歲數	生平記事	臺灣、臺南社會要事
1947	38歲	2月25日，中國國民黨臺灣省臺南市黨務指導員辦事處聘莊氏為臺南市民眾運動委員會秘書。 8月1日，參加中國國民黨臺灣省執行委員會臺南市基層幹部講習會第二期講習結訓。 9月26日，中國國民黨臺灣省臺南市黨務指導員辦事處改組為中國國民黨臺灣省臺南市執行委員會，莊氏任幹事兼宣傳組長。 11月，擔任國民大會代表臺南市北區大公投票所監察員。 12月11日，擔任中國國民黨臺南市第一屆全市代表大會秘書處總務股股長。 12月，子明正出生。	2月28日，二二八事件。 3月13日，湯德章被槍決於圓環。 10月10日，《自立晚報》創刊。 10月25日，《公論報》創刊。 12月25日，中華民國憲法施行。
1948	39歲	3月，任臺南市國民義務勞動服務團團部直屬第三大隊隊附。 10月17日，當選中國國民黨臺灣省臺南市第二區黨部執行委員。 10月23至25日，中國國民黨臺灣省臺南市黨部假臺南市議會舉辦「臺南市歷史文物展覽會」。籌辦期間莊氏邀石暘睢協助文物商借及會場布置，二人重新合作調查、採集文物資料。 11月1日，調派中國國民黨臺灣省臺南市執行委員會組訓組長。	4月1日，聯合國兒童救濟會臺灣分會成立。 5月10日，實施《動員戡亂時期臨時條款》。
1949	40歲	春季，俗務漸清，開始著手整理舊文獻及舊稿。 10月1日，任中國國民黨臺灣省臺南市執行委員會宣傳幹事。	2月4日，實施「三七五減租」。 4月6日，四六學潮。 5月19日，頒佈《臺灣省戒嚴令》，進入臺灣白色恐怖時期。 7月1日，臺灣省文獻委員會成立，8月15日《文獻專刊》創刊。 10月1日，中華人民共和國成立。 10月25日，古寧頭戰役。11月20日，《自由中國》創刊。 11月25日，《正氣中華報》創刊。 12月，中華民國政府遷臺。

年代	歲數	生平記事	臺灣、臺南社會要事
1950	41歲	1月21日，臺南市第一信用合作社慶祝創立三十週年，莊氏因任社員代表已達10年，特頒給獎狀及紀念品。 4月3日，改調任中國國民黨臺灣省臺南市執行委員會監察委員會幹事。 5月，四女如美出生。	4月，臺灣實行地方自治。 4月30日，臺灣全省戶口總檢查。 5月15日，私立淡江英語專科學校籌備委員會成立。 6月25日，韓戰爆發。 10月2日，《微信新聞》創刊。 10月25日，雲林縣、嘉義縣自臺南縣分出。
1951	42歲	2月24日，改任中國國民黨臺灣省臺南市改造委員會第五組組長。 3月14日，應聘中國國民黨臺灣省臺南市改造委員會農人運動委員會委員。 4月25日，任國民黨臺南市委員會第五組組長。 10月1日，應聘臺南市文獻委員會委員。 10月，五女春美出生。 10月22日，改任中國國民黨臺灣省臺南市委員會第四組組長。 12月12日，應聘中國國民黨臺灣省臺南市委員會人事審核委員會委員。	2月1日，葉廷珪任首任民選臺南市長。 10月1日，臺南市文獻委員會成立。 10月24日，《臺南文化》創刊。 12月1日，《臺灣風物》創刊。 12月11日，第一屆臺灣省臺灣臨時省議會成立。
1952	43歲	2月，任國民黨臺南市委員會第四組組長。 5月16日，臺南市日文書刊檢查人員。 6月，參加中國國民黨臺灣省黨部全省工作研討會。 9月29日，介紹顏興加入中國民俗學會。 10月24日，臺南市文獻委員會編印之《臺南文化》創刊號發行。晚秋，王詩琅抵臺南，朱鋒為其導覽參觀臺南市立歷史館，並會見石暘睢。 11月11日，當選國民黨提名臺南市第二屆市議員本黨候選人提名大會代表。 11月13日，當選中國民俗學會第11屆理事。	8月，頒訂孔子誕辰及教師節改為9月28日。 10月31日，中國青年反共救國團成立。 12月，《臺北文物》創刊。

年代	歲數	生平記事	臺灣、臺南社會要事
1952	43 歲	12 月 6 日，與石暘睢、吳新榮等 6 人參加臺南縣文獻委員會舉辦之曾文區採訪，採錄官田陳家、麻豆護濟宮及麻豆北極殿區額，並拜訪黃清淵並合影留念。 12 月 13 日，與石暘睢、吳新榮採錄新化吳士邦宅區額。 12 月 20 日，與石暘睢、吳新榮採錄關廟方家祖廟區額。 12 月 26 日，胡適抵臺南訪舊，與臺南市文獻委員會委員合影，朱鋒也在其中。 12 月 27 日，與石暘睢、吳新榮採錄佳里曾家祖廟區額。 12 月 30 日，與石暘睢、吳新榮採錄關廟山西宮區額。	8 月，頒訂孔子誕辰及教師節改為 9 月 28 日。 10 月 31 日，中國青年反共救國團成立。 12 月，《臺北文物》創刊。
1953	44 歲	1 月 14 日，與石暘睢、顏興、謝碧連、連景初、賴建銘、吳新榮等 7 人參加臺南市及臺南縣二文獻委員會，實地訪查嘉義縣水上鄉三界埔「顏思齊墓」。 1 月 20 日，因辦理臺南市西區民眾服務站基金籌募，表現受肯定，黨部予以嘉獎。 2 月 2 日，偕同臺灣省文獻委員會委員李騰嶽、林衡道勘查安平古堡建碑址，介紹二人與石暘睢認識。 2 月 10 日，與吳新榮等 4 人採錄佳里黃家區額。 3 月 2 日，調任中國國民黨臺灣省臺南市委員會視導。 3 月 15 日，協助臺南縣文獻委員會編印《南瀛文獻》創刊號。 4 月，入訓中國國民黨臺灣省黨務訓練班第 12 班第 12 期。 6 月 2 日，當選臺南市委員會第二區黨部委員。 6 月 13 日，與吳新榮、石暘睢採錄新化陳家祖廟區額。6 月 20 日，任臺南市西區民眾服務站理事。	1 月 26 日，實施耕者有其田條例。 3 月 15 日，《南瀛文獻》創刊。 7 月 7 日，黃清淵逝世。

年代	歲數	生平記事	臺灣、臺南社會要事
1953	44 歲	8 月 14 日，當選中國國民黨臺灣省臺南市第二屆代表大會代表。 10 月 10 日，與江家錦赴永康採集石碑。 10 月 12 日，與石暘睢至臺南東山吉貝耍考察祭典。 10 月 16 日，奉派為中國國民黨臺灣省臺南市委員會之基層幹部講習會總務組幹事。 10 月，六女惠美出生。 11 月 7 日，應聘中國國民黨臺灣省臺南市委員會人事審核委員會委員。 11 月 17 日，與吳新榮、石暘睢採錄玉井竹圍庄張家匾額。 11 月 21 日，與吳新榮、石暘睢採錄大內楊氏家廟匾額。 11 月 27 日，與吳新榮、石暘睢採錄玉井北極殿、江家祖廟匾額。 12 月 11 日，任國民黨臺南市第二次全省代表大會選舉第 15 選區監票員。	1 月 26 日，實施耕者有其田條例。 3 月 15 日，《南瀛文獻》創刊。 7 月 7 日，黃清淵逝世。
1954	45 歲	1 月 3 日，與臺南縣、市文獻委員會成員至車路墘糖廠參觀出土之先史遺物。 1 月 29 日，擔任臺南市里民大會暨里動員月會政治訓練員。 2 月 10 日，擔任臺南市第二區黨部輔導委員會委員。 2 月 19 日，任國民黨 43 年度黨籍組檢查講習會指導員。3 月 2 日，任國民黨第七區分部黨籍總檢查會核人員。 3 月 26 日，任國民黨臺南市委員會策進省議員及市長選舉第二區執行小組委員。 5 月 24 日，當選臺南市委員會第二區黨部委員。 6 月 5 日，與顏興、石暘睢赴彰化參加臺灣省文獻工作座談會。 6 月 6 日，與石暘睢、吳新榮前往鹿港採訪。 6 月 30 日，兼辦國民黨臺南市委員會二組民眾服務工作站助理幹事。	6 月 2 日，楊請任第二屆臺南市長。 12 月 3 日，簽訂《中美共同防禦條約》。

年代	歲數	生平記事	臺灣、臺南社會要事
1954	45歲	7月5日，任臺南市西區民眾服務站理事。 7月26日，任臺南市43年度國民黨基層幹部講習會輔導委員。 10月1日，任臺南市第二區第25小組幹事。10月，任中國文藝協會第5屆理事會民俗文藝委員會常務理事。 10月25至27日，假臺南市議會禮堂舉行「雲嘉南四縣市歷史文物展覽會」，莊氏與石暘睢、盧嘉興負責蒐集臺南市文物及會場布置工作。 11月，臺灣省文獻工作座談會於臺南舉行，於會上認識毛一波。 11月22日，因辦理臺南市市長及市議員提名選舉有功。	6月2日，楊請任第二屆臺南市長。 12月3日，簽訂《中美共同防禦條約》。
1955	46歲	1月30日，與石暘睢採集永康古碑。 2月6日，與石暘睢採集白河大仙寺古碑。 3月6日，與石暘睢採集新化古碑。 3月20日，同盧嘉興採集歸仁古碑。 4月1日，應聘臺南市民眾服務處副處長。 5月1日，與石暘睢採錄盧嘉興於西港發現古碑，並往佳里金唐殿採集碑文。 5月8日，同盧嘉興採集西港古碑。 5月15日，與石暘睢採集麻豆古碑。 5月22日，同盧嘉興採集永康二王廟古碑。 5月23日，接任臺南市西區中山堂籌建委員會常務委員。 5月29日，與石暘睢、吳新榮採集安定古碑。 6月12日，同陳春木採集新化古碑。 6月19日，與石暘睢採錄玉井古碑。 6月26日，與石暘睢採錄鹽水古碑。 7月3日，與石暘睢採錄麻豆古碑。 7月10日，同盧嘉興採集柳營、六甲之古碑。	2月8日-26日，大陳島撤退。 3月《文獻專刊》改稱《臺灣文獻》。

年代	歲數	生平記事	臺灣、臺南社會要事
1955	46 歲	7 月 17 日，與石暘睢採錄鐵線橋古碑、古匾。 7 月 24 日，與石暘睢、江家錦採錄新化古碑。 7 月 30 日，與石暘睢採錄鹽水古碑。 7 月 31 日，當選國民黨臺南市第三屆代表大會代表。 8 月 1 日，父莊淵泉病逝；編撰〈先嚴淵泉公傳略〉、〈莊公淵泉年表〉。 10 月 11 日，任國民黨臺灣省臺南市委員會第二次黨員自清工作小組第二區督導員。 10 月 17 日，與石暘睢、盧嘉興於臺南市復興石鋪採錄古碑。 11 月 24 日，調任中國國民黨臺灣省臺南市委員會幹事。 12 月 24 日，任臺南市第三次全省代表大會代表選舉第三投票區監票員。	2 月 8 日—26 日，大陳島撤退。 3 月《文獻專刊》改稱《臺灣文獻》。
1956	47 歲	1 月 13 日，任臺南市各級人民團體黨團 44 年度工作第一檢查組委員。 2 月 6 日，與石暘睢採錄東山古碑。 2 月 7 日，同江家錦採錄白河古碑。 4 月 25 日，應聘為《臺南市志稿》特約編纂，負責〈人物志先烈篇〉（與石暘睢合撰）、〈住民志禮俗篇〉（與林條均合撰）及〈語言篇〉。 4 月 26 日，臺灣省縣市文獻研討會於宜蘭召開，與石暘睢、江家錦、賴建銘、黃典權、謝碧連等 6 人代表臺南市文獻委員會出席，並順道採錄宜蘭古廟、石碑與神像。並獲聘為臺南市西區調解委員會委員。 4 月 27 日，任臺南市 45 年度調解委員會委員。 4 月 30 日，任臺南市國民兵訓練營政訓組副組長。 5 月 2 日，輔選國民黨臺南市第三屆區長選舉成效良好，予記嘉獎。	1 月 1 日，《今日文藝》創刊。 11 月 12，日中國文藝協會成立。

年代	歲數	生平記事	臺灣、臺南社會要事
1956	47 歲	5 月 10 日，獲聘臺南市 45 年人民團體訓練班生活指導員。 5 月 26 日，獲聘臺南市介壽堂暨民眾服務處籌建委員會勸募組副組長。 5 月 26 日，同江家錦採錄南化古碑、古匾。 7 月 8 日，與石暘睢採錄陳永華夫婦墓碑。 8 月 15 日，同江家錦、盧嘉興從《南方土俗》、《臺灣史料集成》抄錄古碑文。 9 月 1 日，任臺南市介壽堂暨民眾服務處籌建委員會副組長；並同江家錦採錄歸仁古碑。 10 月 17 日，與石暘睢採錄永康古碑。 12 月 8 日，與石暘睢採錄流落於石鋪的古碑。 12 月 9 日，同江家錦、盧嘉興採錄歸仁古碑。 是年，加入中國文藝協會為會員。	1 月 1 日，《今日文藝》創刊。 11 月 12，日中國文藝協會成立。
1957	48 歲	1 月 30 日，同江家錦、盧嘉興採錄白河古碑。 2 月 2 日，同江家錦、陳華、盧嘉興採錄歸仁古碑。 8 月 22 日，獲聘中華聖道會臺灣省臺南市分會宣講委員。 9 月 8 日，採錄北門古匾、對聯。 9 月 29 日，與石暘睢採錄黃本淵、汪春源對聯。 10 月 1 日，受聘臺南市政府里民大會政治訓練員。 11 月 17 日，同江家錦採錄關廟古碑。	2 月 2 日，《中華日報》發行。 6 月 2 日，葉廷珪任第三屆臺南市長。

年代	歲數	生平記事	臺灣、臺南社會要事
1958	49 歲	2 月 2 日，採錄小媽祖廟古匾。 2 月 18 日，採錄內門古匾。 3 月 18 日，臺南市文獻委員會組澎湖歷史文物考察團，由臺南扶輪社贊助機票，為期 5 日。石暘睢任團長，莊氏為團員之一。 3 月 20 日，奉任國民黨臺灣省臺南市委員會第 4 次代表大會秘書處總務組警務股長。 3 月 21 日，國民黨臺灣省南市委員會代電協助選務工作有功，予記嘉獎。 3 月 29 日，赴臺南市立圖書館參加「臺南市歷史文化協會」發起人會，被推為 9 名籌備委員之一。 6 月 29 日，臺南市歷史文化協會假赤崁樓臺南市文獻委員會辦公室舉行成立大會，會名更為「臺南市文史協會」，莊氏當選常務理事。 7 月 14 日，赴林斌宅參加臺南市文史協會年刊《文史薈刊》編輯小組會議。 11 月 10 日，應聘國民黨臺灣省臺南市委員會職員宿舍籌建委員會委員。	6 月 29 日，臺南市文史協會成立。 8 月 23 日，八二三砲戰。
1959	50 歲	1 月 25 日，與石暘睢於關廟發現「明林公墓」。 2 月 9 日，參加臺南市文獻委員會舉辦之廬山團旅行。 3 月 7 日，與石暘睢、顏興、林斌、王延壽、賴建銘、黃天橫、江家錦等 7 人前往鳳山採集古碑，並參觀盧德祥及林靜觀故居。 3 月 22 日，與石暘睢於永康發現「明薛靜沖墓」。 3 月 29 日，與石暘睢於臺南市北區發現呂家節孝匾。 4 月 5 日，清明節，與臺南市文史協會同仁 4 人，以鮮花、紙錢、線香祭掃臺南明墓 10 餘座。之後，成為臺南市文史協會每年的例行祭掃活動。	6 月 25 日，《文史薈刊》創刊。 8 月 7 日，八七水災。

年代	歲數	生平記事	臺灣、臺南社會要事
1959	50 歲	6 月 17 日，民國 47 年度考績乙等，加薪半個月。 9 月 7 日，千千岩助太郎抵臺南，與石暘睢前往拜訪話舊。 10 月 1 日，應聘臺南市政府 48 年度西區調解委員會委員。 11 月 8 日，赴顏興宅參加《文史薈刊》第二輯小組會議。	6 月 25 日，《文史薈刊》創刊。 8 月 7 日，八七水災。
1960	51 歲	3 月 7 日，與石暘睢、王延壽祭掃臺南明墓，發現「明蔡公墓」。 5 月 3 日，同陳仁德前往茄萣調查薛姓譜牒。 5 月 16 日，同陳仁德前往茄萣採錄古匾。 5 月 22 日，於臺南市民家採錄邱應瑞對聯。 7 月 20 日，同王延壽於臺南市民家發現吳春貴「拔元」匾。 7 月 25 日，任臺南市第 5 次代表大會秘書處招待組服務股幹事。 8 月 29 日，輔佐國民黨於第四屆臺南市市長及第二屆省議員參選有功，給予嘉獎。 11 月 26 日，金關丈夫來臺參與學術活動，順道訪南，與石暘睢、吳新榮於寶美食堂設宴款待。 11 月 27 日，再與吳新榮、陳邦雄等人於開元寺設素宴款待金關丈夫。 12 月 15 日，《文史薈刊》第二輯發行。	5 月 4 日，中國民主黨成立。 6 月 2 日，辛文炳任臺南市長。 6 月 18 日，美國總統艾森豪訪臺。 10 月 25 日，古寧頭戰役。
1961	52 歲	1 月 30 日，中村孝志抵臺南遊覽，與臺南市文史協會同仁於開元寺設素宴款待。 6 月 14 日，應聘臺南市政府里民大會政治訓練員。 9 月 29 日，顏興病卒，任「顏興治喪委員會」委員。 12 月 10 日，與石暘睢挖掘「明薛靜沖墓」。	4 月 29 日，於臺南延平郡王祠舉行鄭成功收復臺灣 300 週年祭典。 5 月 14 日，美國副總統詹森訪臺。

年代	歲數	生平記事	臺灣、臺南社會要事
1962	53 歲	2 月 8 日，與石暘睢、吳新榮等人採訪安平、四草、媽祖宮，並拍攝彩色紀錄片。 2 月 10 日，負責臺南市市民服務站工作成果展覽會，表現優良，予以嘉獎。 3 月 7 日，於臺南市鞋街福德祠採錄「鷲嶺故地」匾。 6 月 24 日，與石暘睢、林條均、林天宋、林勇、江家錦等 6 人前往臺北木柵拜訪方豪，討論有關鄭成功登陸臺灣地點之問題。 10 月 24 日，神田信夫等數人抵臺南訪問，與石暘睢、林勇、江家錦前往拜訪。次日陪伴遊覽鹿耳門、四草等地。 11 月 11 日，採錄茄萣正順廟古匾。 11 月 18 日，復採北門、仁德、歸仁古匾。 11 月 25 日，採錄湖內古匾。 12 月 7 日，福田信夫來南，與石暘睢前往拜訪。次日陪伴遊覽鹿耳門、四草等地。	2 月 24 日，胡適病逝。 4 月 28 日，臺灣電視公司成立。 9 月 17 日，金馬獎創辦。 9 月 29 日，顏興逝世。
1963	54 歲	1 月，奉准退休。 3 月 20 日，陪國分直一赴大湖、牛稠仔調查考古遺跡，並往臺南左鎮菜寮、隙仔口等地採集化石及平埔族風俗。 3 月 21 日，同黃天橫、江家錦陪伴國分直一遊覽鹿耳門、四草等地。 4 月 19 日，國民黨聘任臺南市第三屆省議員選舉西區安興里指導員。 10 月 5 日，同謝石城、陳俊雄採錄鹽水區額、對聯。	6 月 30 日，韓石泉逝世。 8 月 11 日，石門水庫大壩涌水。 10 月 19 日，林條均病卒歲。
1964	55 歲	1 月 2 日，往臺南市南區下林仔、塩埕、鯤鯓、喜樹、灣裡，轉往高雄岡山新庄等地採訪。 1 月 24 日，同林勇、黃天橫陪方豪遊四草、鹿耳門，並探視石暘睢，當晚於黃天橫宅設宴款待。 3 月，編輯《莊松林年表》。	1 月 18 日，白河地震，芮氏 6.3 級。 3 月 3 日，石暘睢病逝。 6 月 2 日，葉廷珪任臺南市長。

年代	歲數	生平記事	臺灣、臺南社會要事
1965	56歲	2月9日，採錄南廠保安宮匾額 2月14日，同連景初及臺南縣文獻委員會聯合前往麻豆採訪。 2月20日，同林勇採錄安平城隍廟匾額。 3月14日，與黃天橫、施博爾採訪竹篙厝仁和宮、後甲關帝廳、東區慶隆廟、東門聖公廟及彌陀寺。 3月21日，與黃天橫、施博爾往白砂崙廟宇。 4月4日，同黃天橫、施博爾往安平採訪廟宇。 4月21日，與黃天橫、施博爾至洲仔尾、鹽行採訪。 4月18日，同黃天橫、施博爾至安平採訪廟宇。 4月25日，同黃天橫、施博爾採訪歸仁、仁德地區的寺廟。 5月2日，與江家錦等人採訪大湖、岡山、仁德等地之寺廟 5月5日，至岡山拓印古碑。 5月14日，同連景初至圍仔內進行文物採訪，並踏查當地地理。 6月20日，與連景初採錄圍仔內慈濟宮古匾。 9月，與林勇、鄭喜夫協助編校臺南縣文獻委員會《南瀛文獻》第十卷石暘睢先生紀念特輯。 10月25日，榮獲臺灣省政府頒給襃揚狀。 11月14日，臺南市文史協會於臺南彌陀寺召開第2屆第1次會員大會，莊氏當選常務理事。	6月29日，美援終止。 11月12日，國立故宮博物院在臺北設立。

年代	歲數	生平記事	臺灣、臺南社會要事
1966	57 歲	1 月 22 日，同黃天橫採訪臺南市中西區之風獅爺及壁鎖。 4 月，與黃天橫採訪臺南虎尾寮第四公墓之明墓。 5 月 22 日至 24 日，至臺北旅遊，並拜訪楊雲萍、方豪。 8 月中旬，施博爾於臺南寓所款宴傅瑞德（美國哥倫比亞大學教授）夫婦，邀請莊氏、江家錦、黃天橫作陪。 9 月 28 日，同黃天橫採訪臺南市區與安平之壁鎖、照牆。 10 月 14、15 日，楊雲萍夫婦抵臺南，邀莊氏、林勇同遊安平、媽祖宮、四草。 10 月 16 日至 21 日，同林勇、江家錦參加臺東鯉魚山考古及探查東臺巨石文化遺跡。 12 月 22 日，與黃天橫、林勇、黃典權、王延壽、邱國棟等參加五妃廟前古墓發掘工作。 12 月 24 日，與林勇、黃天橫再採訪五妃廟前古墓。	11 月 12 日，展開中華文化復興運動 11 月 16 日，陳紹馨病逝。 12 月 2 日，白崇禧病逝。
1967	58 歲	1 月 1 日，同林勇、賴建銘前往北港、新港、南港、新南港等地，考察祠廟文物。 2 月 13 日，同鄭喜夫參與臺南扶輪社第 679 次例會，並講述其研究。 2 月 19 日，與黃天橫採訪臺南市建國路（今民權路一段）、友愛街、和平街、成功路等處之古時鐘、厝瓦、壁鎖、風獅爺。 4 月 9 日，與施博爾、江家錦、連景初、黃天橫等人參加吳新榮葬禮。後至佳里、北頭洋、潭墘等地採訪阿立祖廟、公廨、荷蘭井、金唐殿等史蹟。 8 月，應聘私立中國文化學院臺灣叢書編纂委員會委員。 11 月中旬，與江家錦、林勇再前往臺東採訪先史文化遺跡。	3 月 27 日，吳新榮逝世。 9 月 25 日，世界反共聯盟第一屆大會於臺北舉行。 10 月 31 日，曾文水庫動工。

年代	歲數	生平記事	臺灣、臺南社會要事
1968	59歲	2月1日，與林勇應聘為臺灣省文獻委員會文獻整理委員，協助整理臺灣總督府檔案。 3月24日，抵臺北赴臺灣省文獻委員會拜訪諸友。 3月30日，拜訪陳奇祿、方豪、毛一波。 3月31日，拜訪楊雲萍。 4月14日，陳漢光、施博爾訪晤莊氏。 5月5日，鄭喜夫、婁子匡拜訪莊氏。 5月，校訂《彰化縣志》。 6月，校訂《澎湖廳志》。 7月26日，施博爾拜訪莊氏。 7月，應婁子匡之託，翻譯〈中國の笑話篇後記〉。 8月13日，黃寬訪晤莊氏。 9月7日，黃寬拜訪莊氏。 10月6日，同吳樹於西羅殿附近採錄臺灣郡城各項建設捐題碑記。江家錦拜訪莊氏。 10月10日，再次採錄臺灣郡城各項建設捐題碑記。 10月17日，陳漢光訪晤莊氏。 10月，校訂《彰化縣志》、《澎湖廳志》由國防研究院出版。 11月4日，與鄭喜夫、林勇拜訪羅剛。 11月7日，與王詩琅等前往蘇澳參加臺灣省文獻工作研討會。 11月9日，參加花蓮縣臺灣省文獻工作研討會。	6月2日，林錫山任臺南市長。 7月31日，民主臺灣聯盟事件。 9月3日，中國電視公司成立。 9月9日，正式實施九年國民教育。

年代	歲數	生平記事	臺灣、臺南社會要事
1969	60歲	1月1日，與江家錦經內門、旗山赴美濃暢遊。 2月18日，連景初訪晤莊氏。 2月，陳漢光至臺南採集寧靖王資料，並拜訪莊氏。 3月2日，同賴建銘探視臥病之林勇。 3月24日，鄭喜夫陪同拜訪羅剛。 3月30日，訪晤施博爾。 3月31日，往訪連景初。 4月6日，沈任遠拜訪莊氏。 4月18日，江家錦訪晤莊氏。 5月16日，拜訪陳少廷、陳仁德。 5月20日，參觀郭德鈴採集之化石文物。 7月10日至13日，與林勇、黃天橫偕窪德忠巡訪臺南市區、安平之土地公祠17所。 7月23日，任臺南市第一信用合作社五十週年雜誌編輯委員。 8月3日，劉枝萬偕鈴木滿男來訪。 8月6日，鄭喜夫陪同羅剛拜訪莊氏。 10月13日，與郭水潭會晤陳炳煌，陳炳煌回贈著作《雞籠生自剖》。 10月19日，往訪黃天橫。 10月22日，拜訪陳漢光。 10月27日，帶鄭喜夫參觀郭德鈴蒐藏之化石。 11月20日，至臺灣省文獻委員會拜訪王詩琅、陳漢光。 11月22日，鄭喜夫、黃寬來訪。 12月16日，江家錦來訪。	11月24日，中華民國史料研究中心成立。

年代	歲數	生平記事	臺灣、臺南社會要事
1970	61歲	1月10日，子莊明正服役期滿退伍。 1月23日，連任臺南市第一信用合作社社員代表15年以上，獲贈紀念品及獎狀。是日，江家錦來訪。 2月1日，鄭喜夫前來拜訪。 2月16日，《臺灣風物》整理、發表〈莊松林先生有關民俗著作目錄〉。 2月28日，協助臺灣省文獻委員會整理日臺灣總督檔案之工作結束。 5月16日，《臺灣風物》整理、發表〈莊松林先生文選〉。 8月16日，《臺灣風物》整理、發表〈莊松林（朱鋒）先生文選（續）〉。 8月，應私立淡江文理學院之聘，為該院臺灣史研究會特約講座。 9月，子莊明正考入臺灣省立高雄師範學院。 10月31日，為鄭喜夫與龔素月聯姻證婚。 12月，往私立淡江文理學院進行「乾嘉年間之臺灣」專題演講。	8月，發現左鎮人化石。 6月8日，高速公路工程局成立。
1971	62歲	2月12日，婁子匡來訪，與林占鰲、莊氏等人於宅外並合影留念。 4月28日，韓國民俗學會會長任東權抵臺南，與黃天橫、林勇前往拜會，談論韓國民俗運動近況，並導遊臺南市街，觀賞夜景。 5月，《南臺灣民俗》由東方文化書局出版，輯錄莊氏重要的民俗研究作品。 7月31日，參加臺南市文史協會第3屆第1次會員大會，並作常務理事工作報告，連任常務理事。 是年，罹患高血壓症，在家調養治療。	1月31日，中華電視臺成立。 3月26日，澎湖跨海大橋通車。 8月14日，中山高速公路動工。 8月28日，臺灣掀起「保釣運動」。 10月25日，中華民國退出聯合國。 11月19日，發現早坂犀牛化石。
1972	63歲	3月29日，吳守禮抵臺南，拜訪莊氏。 7月1日，中國合作事業協會臺灣省臺南市支會以莊氏在臺南市「合作界連續服務達十年以上，對合作事業至多貢獻」，特給予表彰狀。	5月16日，國父紀念館落成啟用。

年代	歲數	生平記事	臺灣、臺南社會要事
1973	64 歲	2 月 15 日，窪德忠抵臺南，與莊氏、黃天橫、江家錦等人晤談。 6 月 5 日，與林勇等人觀看劉文三拍攝之臺南祠廟木刻、石刻文物，以及採訪澎湖所拍攝的幻燈片。 10 月 5 日，臺南市文史協會於黃天橫宅舉行懇談會；與會者除該會同仁 7 人外，並邀請劉阿蘇、石萬壽、劉文三等人參加。	3 月 28 日，林熊祥逝世。 4 月 1 日，臺灣自來水公司籌備處成立。 12 月 25 日，北迴線動工。
1974	65 歲	1 月，長女莊明美與王哲夫結婚。 5 月，抱病前往參觀新化洋仔大帝宮觀音石像。 6 月，子莊明正從高雄師範學院畢業於，並於臺南縣立下營國中擔任英文課教師。 12 月 11 日，夜晚，不慎跌倒以致臥床。 12 月 13 日，住進韓內科醫院。 12 月 14 日，漸不能言語。 12 月 15 日，上午病情益趨惡化，漸失去意識，家人請看西街教會王南傑牧師為其施洗，下午 6 時 55 分安祥仙逝。 12 月 30 日，下午假看西街教會舉行追思禮拜，後安葬於臺南市基督教公墓。	6 月 16 日，總統蔣中正批判「批林批孔運動」。 9 月，桃園國際機場動工。 9 月 2 日，潘貫逝世。
1975		1 月 5 日，《臺灣風物》發出莊松林紀念文集之徵文啟事。 1 月 10 日，國民黨臺南市第二區黨部通知，同意莊氏之喪葬補助金。 6 月 30 日，《臺灣風物》第 25 卷第 2 期—悼念民俗家學莊松林先生特輯。	4 月 5 日，蔣中正逝世。 4 月 23 日，李騰嶽逝世。 11 月 7 日，沈榮逝世。
2005		6 月，《文史薈刊》復刊第 7 輯—莊松林先生臺南專輯。	6 月 7 日，廢除國民大會。 11 月 26 日，成立西拉雅國家風景區管理處。
2011		8 月，國立臺南大學數位學習科技學系（所）執行「文化協會在臺南」數位典藏詮釋計畫，其中包含莊松林相關資料（計畫至 2012/12）	6 月 28 日，陸客自由行正式啟動。 12 月 6 日，臺灣第一座國家自然公園壽山國家自然公園公告成立。

年代	歲數	生平記事	臺灣、臺南社會要事
2013		11 月 25 日，審議通過列入臺南市歷史名人（文學類）	
2019		10 月 26 日，國立臺灣文學館講座「府城踏查——走讀莊松林的文化腳蹤」，講者：莊明正、陳祈伍。	
2023		11 月，本書《深耕臺灣民俗的文化人：莊松林》出版	

參考資料：

莊松林，《莊松林年表》，1964。

鄭喜夫，〈莊松林先生年譜〉（《臺灣風物》，25 卷 2 期，1975），頁 5-33。

黃天橫，〈莊松林先生著作目錄〉（《臺灣風物》，25 卷 2 期，1975），頁 34-35。

楊碧川，《臺灣歷史年表》，自立晚報文化出版部，1988。

朱子文，〈莊松林先生生平事蹟〉（《臺灣文化》，新 55 期，2003），頁 9-18。

許雪姬等，《臺灣歷史辭典》，臺北：文化建設委員會，2004。

王美惠，〈莊松林的文學歷程及其精神（1930-1937）〉（《文史薈刊》，復刊 8 期，2006），頁 16-52。

王美惠，《1930 年代臺灣新文學作家的民間文學理念與實踐》，國立成功大學歷史研究所博士論文，2008。

附表二　莊松林著作一覽（依出版日期先後排列）

出版日期	題名	刊物名稱與卷期	頁數	筆名	備註
1930.09.04	我們的反普運動	《反普特刊》	34-42	CH	
1930.09.04	誰之過	《反普特刊》	62-69	KK	
1930.10.31	女同志	《赤道》創刊號		峰君	
1930.11.15	到酒樓去	《赤道》2號		嚴純昆	
1930.11.15	垃圾箱	《赤道》2號		清道夫	
1932.06	エスペラントを かく祝る（我如 此看世界語）	Informo de F.E.S 第 2 期	13-15	S. S.	臺灣世界語 學會通訊
1933.11.26、 28、30 12.02	五樓的戀愛	《臺灣新民報》		彬彬	翻譯西加羅 米原作
1934.7.19	La Malsaĝa Tigro（恣虎）	La Verda Insulo 第 2 號	10-12	So-Ŝjo- Lin	臺南世界語 協會不定期 刊物
1934.12.01	大家起來慶祝柴 門霍夫誕辰	《臺灣新民報》		朱鋒	
1936.04.01	鴨母王	《臺灣新文學》1：3	79-83	朱烽	民間故事
1936.05	鴨母王	《臺灣民間文學集》		朱鋒	李獻章編著 1970.05 再 版
1936.05	林道乾	《臺灣民間文學集》		朱鋒	李獻章編著 1970.05 再 版
1936.05	郭公侯抗租	《臺灣民間文學集》		朱鋒	李獻章編著 1970.05 再 版
1936.05	賣鹽順仔	《臺灣民間文學集》		朱鋒	李獻章編著 1970.05 再 版
1936.06.05	鹿角還狗舅	《臺灣新文學》1：5	68-72	進二	童話

出版日期	題名	刊物名稱與卷期	頁數	筆名	備註
1936.07.07	林道乾	《臺灣新文學》1：6	73-80	朱烽	童話
1936.12.06	老鷄母	《臺灣新文學》1：10	19-30	尚未央	短篇小說 該卷被禁
1937.01.31	會郁達夫記	《臺灣新文學》2：2	60~65	尚未央	
1937.03	恣虎	《臺灣新文學》2：3		進二	童話
1937.06.15	失業	《臺灣新文學》2：5	42-58	康道樂	短篇小說
1942.03	食飽未の由來	《臺灣藝術》3：3		朱鋒	日文
1942.04.15	語元とあて字： 祭牙その他	《民俗臺灣》2：4	43-46	朱鋒	日文
1942.05.15	臺南年中行事記 上	《民俗臺灣》2：5	24-28	朱鋒	日文
1942.07.05	臺南年中行事記 中	《民俗臺灣》2：7	35-37	朱鋒	日文
1942.09	臺灣食物考	《臺灣藝術》3：9		朱鋒	
1942.10	臺灣食物考	《臺灣藝術》3：10		朱鋒	
1942.10.05	臺南年中行事記 下	《民俗臺灣》2：10	30-32	朱鋒	日文
1942.11.05	語元とあて字（二）：謝差仔・御前清客・東施仔娘・油車粿、糜、縛粽・老癈仔・姐母	《民俗臺灣》2：11	32-33	朱鋒	日文
1943.01.05	臺南年中行事記 補遺	《民俗臺灣》3：1	25	朱鋒	日文
1943.01.05	水仙花	《民俗臺灣》3：1	44	朱鋒	日文
1943.07.05	語元とあて字—老娼・籠蒸・頗陵菜・蕹菱又は芫菱・墨賊	《民俗臺灣》3：7	28-29	朱鋒	日文
1944.01.01	臺灣神誕表（上）	《民俗臺灣》4：1	34-37	朱鋒	日文

出版日期	題名	刊物名稱與卷期	頁數	筆名	備註
1944.02.01	臺灣神誕表（下）	《民俗臺灣》4：2	38-41	朱鋒	日文
1944.02.01	語元と宛字（四）	《民俗臺灣》4：2	44-46	朱鋒	日文
1944.08.01	隔籃菜	《民俗臺灣》4：8	43-44	朱鋒	日文
1944.09.01	語元と宛字（五）	《民俗臺灣》4：9	39-45	朱鋒	日文
1944.11.01	語元と宛字（六）	《民俗臺灣》4：11	25	朱鋒	日文
1944.12.01	語元と宛字（七）	《民俗臺灣》4：12	23-24	朱鋒	日文
1945.01.01	三日節と太陽公主	《民俗臺灣》5：1	38-40	朱鋒	日文
1945.01.01	臺南年中行事記補遺	《民俗臺灣》5：1	20-21	朱鋒	日文
1949.03.29	黃寶姑碑記	《公論報》			
1949.04.18	三日節和太陽公生的由來	《公論報》			
1950.02.27	水仙花	《中華日報・海風》			
1950.03.03	臺南的元宵	《中華日報・海風》			
1950.03.11	祭牙	《中華日報・海風》			
1950.03.15	「皇帝豆」和「荷蘭豆」	《中華日報・海風》			
1950.03.20	迎聖蹟	《中華日報・海風》			
1950.03.24	都督魚和麻虱目	《中華日報・海風》			
1950.04.05	清明和三日節	《中華日報・海風》			
1950.04.20	田草和愛玉凍	《中華日報・海風》			
1950.05.05	太陽公生日	《中華日報・中華兒童》			創刊號
1950.05.10	蓮霧	《中華日報・海風》			
1950.05.17 1950.05.19	檨仔	《中華日報・海風》			

出版日期	題名	刊物名稱與卷期	頁數	筆名	備註
1950.06.19	臺南的端午節	《中華日報·海風》			
1950.07.17	差操	《中華日報·海風》			
1950.07.31	半年節	《中華日報·海風》			
1950.08.14	套衫	《中華日報·海風》			
1950.08.20	臺南的七夕	《中華日報·海風》			
1950.08.27	國姓爺	《中華日報·海風》			
1950.08.29	大明的套衫	《正氣中華》		朱鋒	
1950.09.01	臺南的普度	《中華日報·海風》			
1950.09.18	釋迦果	《中華日報·海風》			
1950.10.16	草地人	《中華日報·海風》			
1950.10.20	臺南的重陽節	《中華日報·海風》			
1950.12.29	臺南的冬節	《公論報·臺灣風土》			
1951.02.09	臺南的年終	《公論報·臺灣風土》			
1951.03.09	燈節與臺灣女性	《公論報·臺灣風土》			
1951.03.23	安平的迎媽祖	《公論報·臺灣風土》			
1951.04.10	鄭氏精神與臺南民俗	《臺南文化》1：1	33-37	朱鋒	
1951.06.01	臺南的水仙宮	《公論報·臺灣風土》			
1951.07.27	臺南的開山宮	《公論報·臺灣風土》			
1951.08.10	臺南的開山宮	《公論報·臺灣風土》			
1951.08.24	臺南的三老爺宮	《公論報·臺灣風土》			
1951.10.19	臺南的普濟殿	《公論報·臺灣風土》			
1951.12.01	查埔與查畝	《臺灣風物》1：1	18-19	朱鋒	
1952.01.01	都督魚與麻薩末	《臺灣風物》2：1	8	朱鋒	
1952.01.20	宋硐	《臺南文化》2：1	51-52	朱鋒	

出版日期	題名	刊物名稱與卷期	頁數	筆名	備註
1952.04.24	鄭氏在臺創建政制日期考	《臺南文化》2：2	50-54	朱鋒	
1952.04.24	億載金城	《臺南文化》2：2	46	尚未央	
1952.09.24	臺灣民主國在臺南二三事（上）	《臺南文化》2：3	29-33	朱鋒	
1952.10.20	關於民俗改善	《臺灣風物》2：7期	15	朱鋒	
1952.12.01	月餅與秋節	《臺北文物》1：1期	93-94	朱鋒	
1953.01.31	臺南與胡適	《臺南文化》2：4期	20-21	朱鋒	
1953.01.31	臺灣民主國在臺南二三事（中）	《臺南文化》2：4期	28-31	朱鋒	
1953.03.15	『鯤鯓王』與『水守爺』	《南瀛文獻》1：1期	32-34	朱鋒	
1953.06.30	臺灣民主國在臺南二三事（下）	《臺南文化》3：1期	29-33	朱鋒	
1953.06.30	臺南俚諺	《臺南文化》3：1期	49	牛八庄	
1953.09.30	臺南俚諺一則	《臺南文化》3：2期	43	牛八庄	
1953.09.30	臺灣的明墓雜考	《臺南文化》3：2期	44-55	朱鋒	
1953.11.30	安平拾錦	《臺南文化》3：3期	14-18	朱鋒	
1953.12.30	有關黃清淵先生二三事	《南瀛文獻》1：3、4期	47-52	朱鋒	
1954.04.30	臺南古碑的片鱗	《臺南文化》3：4	49-54	朱鋒	
1954.05.01	有關「倪象愷」幾點史料	《臺北文物》3：1	96-101	朱鋒	
1954.09.20	施琅在臺受降時日及地點考	《臺南文化》4：1	35-36	朱鋒	
1954.12.10	不堪回首話當年	《臺北文物》3：3	65-68	朱鋒	
1955.06.25	臺灣神誕表	《南瀛文獻》2：3、4	36-44	朱鋒	

附表二　莊松林著作一覽（依出版日期先後排列）

349

出版日期	題名	刊物名稱與卷期	頁數	筆名	備註
1955.06.25	南縣古碑零拾（一）	《南瀛文獻》2：3、4	124-130	朱鋒	與石暘睢、吳新榮、盧嘉興共作
1955.12.25	南縣古碑零拾（二）	《南瀛文獻》3：1、2	103-132	朱鋒	與石暘睢、吳新榮、盧嘉興、江家錦共作
1956.02.29	由東番記漫談西拉雅系平埔族的古代婚表禮俗	《臺南文化》5：1	62-67	朱鋒	
1956.06.30	南縣古碑零拾（三）	《南瀛文獻》3：3、4	77-91	朱鋒	
1956.12.31	南縣古碑零拾（四）	《南瀛文獻》4卷上期	42-57	朱鋒	
1957.09.25	人民志第三篇·語言	《臺南縣志稿》卷二		莊松林	
1957.09.25	人民志第四篇·風俗	《臺南縣志稿》卷二		莊松林	
1957.09.30	文化志	《臺南縣志稿》卷六		莊松林	與郭水潭、賴建銘共著
1957.09.30	古碑志	《臺南縣志稿》附錄之一		莊松林	與石暘睢、江家錦、盧嘉興、吳新榮共著
1957.10.25	臺南近十年來的考古工作概要（一）	《臺北文物》6：2	89-103	朱鋒	
1958.02.01	人物志乙未前後人物傳（外人）	《臺南市志稿》卷六		莊松林	曾以簡表整理日治時代參與臺灣文化社會運動的臺南人士

出版日期	題名	刊物名稱與卷期	頁數	筆名	備註
1958.03.01	臺南近十年來的考古工作概要（二）	《臺北文物》6：3	101-104	朱鋒	
1958.04.10	澎湖歷史文物考察	《扶輪社刊》4：9		莊松林	演講筆錄
1958.05.10	澎湖與臺南之歷史關係密切	《扶輪社刊》4：10		莊松林	演講筆錄
1958.06.20	臺南近十年來的考古工作概要（三）	《臺北文物》6：4	52-74	朱鋒	
1958.06.20	臺南縣古碑志補遺	《南瀛文獻》4卷下期	81-83	朱鋒	
1958.10.15	臺灣方言之語法與語源	《臺北文物》7：3	1-24	朱鋒	
1959.04.10	臺灣的古昔婚禮	《臺北文物》8：1	1-18	朱鋒	
1959.06	臺灣歷史人物印存	《文史薈刊》1卷	113-131		與石暘睢、黃天橫合作
1959.12.27	金門發現「皇明石井祖墳誌銘」小考	《臺灣文獻》10：4		朱鋒	
1960.02.15	臺灣的古昔喪禮	《臺北文物》8：4	1-13	朱鋒	
1960.11.15	臺灣古昔的喜慶	《臺北文物》9：2、3	1-12	朱鋒	
1960.12.15	羊山海上怒平海蓽	《文史薈刊》2卷	53		婁子匡撰鄭成功傳說的探討一文所引
1960.12.15	金門發現的南明碑碣二件	《文史薈刊》2卷	97-100		
1960.12.15	俚諺補遺	《文史薈刊》2卷	82	赤嵌樓客	
1961.04.27	李晉王與鄭延平（上）	《中華日報》		朱鋒	鄭成功復臺三百年紀念特輯

出版日期	題名	刊物名稱與卷期	頁數	筆名	備註
1961.04.28	李晉王與鄭延平（下）	《中華日報》		朱鋒	同上
1961.09.27	李晉王與鄭延平	《臺灣文獻》12：3		朱鋒	同年4月在中華日報發表
1962.09.25	北線尾島（Baxemboy）雜考	《臺南文化》7：3	72-79	朱鋒	
1962.12.25	臺南縣古碑志補遺（四）	《南瀛文獻》8卷	121-122	朱鋒	
1964.06.30	臺南縣古碑志補遺（五）	《南瀛文獻》10卷	46-56	朱鋒	
1964	莊松林年表	手寫自編			無正式出版
1965.04.29	臺灣的樑籤	《臺灣風物》15：1	23-24	朱鋒	
1965.06.30	懷念石暘睢先生	《南瀛文獻》10卷	41-46	莊松林	
1965.06.30	石暘睢先生遺作目錄	《南瀛文獻》10卷	50-53	莊松林	
1965.06.30	風獅爺	《臺灣風物》15：2	17-18	朱鋒	畫／蔡草如
1965.10.31	鐵鉸刀尺	《臺灣風物》15：4	25-26	朱鋒	畫／蔡草如
1965.12.31	厄子上天	《臺灣風物》15：5	23-24	赤嵌樓客	
1966.02.28	明裔朱懋王爺神像	《臺灣風物》16：1	21-22	朱鋒	畫／蔡草如
1966.02.28	漁村俚諺拾錦	《臺灣風物》16：1	46	牛八庄	
1966.04.30	轎前回婚書	《臺灣風物》16：2	12	赤嵌樓客	
1966.04.30	臺灣的民間印章	《臺灣風物》16：2	15-16	朱鋒	
1966.06.30	隘門石額	《臺灣風物》16：3	31-32	朱鋒	畫／蔡草如
1966.06.30	內門俚諺一則	《臺灣風物》16：3	56	己酉生	
1966.08.31	王狀元	《臺灣風物》16：4	19-21	朱鋒	

出版日期	題名	刊物名稱與卷期	頁數	筆名	備註
1966.10.25	憶舊	韓石泉先生逝世三週年紀念專集		莊松林	
1966.10.30	睛盲大舍	《臺灣風物》16：5	29-30	朱鋒	
1966.11	臺灣的圖書	《臺灣文物論集》		朱鋒	
1966.12.03	鼓吹娘仔	《徵信新聞報・臺灣風土》		朱鋒	
1966.12.25	敬悼陳紹馨博士	《臺灣風物》16：6	27-28	朱鋒	
1966.12.25	避債戲	《臺灣風物》16：6	42	赤嵌樓客	
1966.12.31	一聲之差鬧大笑話	《徵信新聞報・臺灣風土》		朱鋒	
1967.01.07	以山歌代家信	《徵信新聞報・臺灣風土》		朱鋒	
1967.01.21	「瘋阿舅」蔣知府	《徵信新聞報・臺灣風土》		朱鋒	
1967.02.04	趕牛車提督—陳林每	《徵信新聞報・臺灣風土》		朱鋒	
1967.02.25	「墓地仔貨」	《徵信新聞報・臺灣風土》		朱鋒	
1967.02.28	祭祀物品簿	《臺灣風物》17：1	70-71	朱鋒	
1967.03.11	「使飛瓦」知府蔣允焄	《徵信新聞報・臺灣風土》		松林	
1967.03.25	富甲臺澎一張百萬	《徵信新聞報・臺灣風土》		赤嵌樓客	
1967.04.28	原來是後叔	《臺灣風物》17：2	56	己酉生	
1967.04.28	臺南歸園沿革	《臺灣風物》17：2	62	文史	
1967.06.28	古碑拾遺	《臺灣風物》17：3	16-22	朱鋒	
1967.06.28	有關「祭牙」趣事兩則	《臺灣風物》17：3	46-48	赤嵌生	

出版日期	題名	刊物名稱與卷期	頁數	筆名	備註
1967.06.28	趕牛車提督：陳林每	《臺灣風物》17：3	88-90	朱鋒	轉載徵信新聞報
1967.06.28	「使飛瓦」知府蔣允焄	《臺灣風物》17：3	90-92	朱鋒	轉載徵信新聞報
1967.06.28	「瘋阿舅」蔣知府	《臺灣風物》17：3	92-93	朱鋒	轉載徵信新聞報
1967.08.28	洲仔尾俚諺一則	《臺灣風物》17：4	14	豬八戒	
1967.08.28	牲禮	《臺灣風物》17：4	15-17	朱鋒	
1967.08.28	關廟鄉俚諺兩則	《臺灣風物》17：4	34	己酉生	
1967.08.28	茄苳鄉與薛玉進	《臺灣風物》17：4	65	嚴光森	
1967.08.28	顛倒是非	《臺灣風物》17：4	79	牛八庄	
1967.10.28	地名絕對	《臺灣風物》17：5	26	赤嵌樓客	
1967.10.28	開府赤嵌	《臺灣風物》17：5	29	赤嵌樓客	
1967.10.28	古碑拾遺（二）	《臺灣風物》17：5	80-85	朱鋒	
1967.12.28	臺南市街巷名巧對	《臺灣風物》17：6	69	牛八庄	
1967.12.28	蕭聯魁的逸事	《臺灣風物》17：6	89	赤嵌樓客	
1968.02.28	「師生妙計」乙則	《臺灣風物》18：1	23	赤嵌樓客	
1968.02.28	八卦米篩	《臺灣風物》18：1	79-83	朱鋒	
1968.04.28	月老公的故事	《臺灣風物》18：2	14	己酉生	
1968.04.28	繫肚裙（Ha-To-Kun）	《臺灣風物》18：2	26-28	朱鋒	畫／蔡草如
1968.04.28	祭牙	《臺灣風物》18：2	34-35	赤嵌樓客	
1968.04.28	鐵箍	《臺灣風物》18：2	35	牛八庄	
1968.04.28	俚諺：鉛錢買紙鞋，你走我也走	《臺灣風物》18：2	102	嚴光森	
1968.04.28	竹夫人	《臺灣風物》18：2	102	牛八庄	

出版日期	題名	刊物名稱與卷期	頁數	筆名	備註
1968.04.28	完先夢	《臺灣風物》18：2	102	己酉生	
1968.05.01	臺南的民俗研究	《臺大考古人類學專刊》第五種臺灣研究會討論紀錄		莊松林	
1968.06.28	古碑拾遺（三）	《臺灣風物》18：3	40-44	朱鋒	
1968.06.28	閩南人學日語的笑話	《臺灣風物》18：3	100	圓通子	
1968.08	宋人笑序文（節譯）	宋人笑話			
1968.08	宋人笑話編後記（節譯）	宋人笑話			
1968.08.30	金同利允了末必然	《臺灣風物》18：4	22	赤嵌樓客	
1968.08.30	古碑拾遺（四）	《臺灣風物》18：4	46-58	朱鋒	
1968.10	彰化縣誌校後記	臺灣叢書本彰化縣誌		莊松林	
1968.10	澎湖廳誌校後記	臺灣叢書本澎湖廳誌		莊松林	
1969.06.30	菜頭	《臺灣風物》19：1、2	9	己酉生	
1969.06.30	俚諺：「賣某（妻）做大舅，生子叫阿舅」	《臺灣風物》19：1、2	31	牛八庄	
1969.06.30	古碑拾遺（五）	《臺灣風物》19：1、2	76-81	朱鋒	
1969.12.30	古碑拾遺（六）	《臺灣風物》19：3、4	56-63	朱鋒	
1969.12.30	永曆契	《臺灣風物》19：3、4	50	赤嵌樓客	
1969.12.30	印模	《臺灣風物》19：3、4	75	圓通子	

出版日期	題名	刊物名稱與卷期	頁數	筆名	備註
1969.12.30	北港義民廟沿革記	《臺灣風物》19：3、4	99	朱鋒	
1970.02.16	日據初期踏查龜山島兩篇記錄（譯）	《臺灣風物》20：1	46-53	朱鋒	
1970.02.16	貓、鴨排不上生育	《臺灣風物》20：1	31轉45	圓通子	
1970.02.16	三角肉	《臺灣風物》20：1	8	牛八庄	
1970.02.16	莊松林先生有關民俗著作目錄	《臺灣風物》20：1	81-82	臺灣風物社編	
1970.02.16	道紀司截記	《臺灣風物》20：1	82	牛八庄	
1970.05.16	莊松林先生文選	《臺灣風物》20：2	61-82	莊松林	
1970.06	雍乾年間之臺灣			莊松林	淡江文理學院講座演講筆錄
1970.08.16	莊松林（朱鋒）先生文選（續）	《臺灣風物》20：3	83-106	莊松林	
1970.11.16	土地公和土地婆的故事	《臺灣風物》20：4	14	己酉生	
1970.11.16	真人風媽祖婆雨	《臺灣風物》20：4	19	赤嵌樓主	
1970.11.16	網寮	《臺灣風物》20：4	20	赤嵌樓主[1]	
1970.11.16	電視	《臺灣風物》20：4	22	赤嵌樓主	
1970	上大人	《臺灣民間笑話集》			婁子匡主編
1970	富翁的壽終	《臺灣民間笑話集》			婁子匡主編

---

1 〈網寮〉、〈電視〉二文，在《臺灣風物》中的署名為「赤嵌樓主」，此號為黃典權所用，但在《臺灣風物》總目錄（1~60卷）中又分別署名「赤嵌樓客」、「赤嵌樓主」，而在黃天橫〈莊松林先生著作目錄〉中，皆編為莊松林的著作。目前尚不能確認為誰的作品。

出版日期	題名	刊物名稱與卷期	頁數	筆名	備註
1970	無剃,留得要好命	《臺灣民間笑話集》			婁子匡主編
1971	《南臺灣民俗》	國立北京大學中國民俗學會民俗叢書第二輯		朱鋒	婁子匡主編
1971.05.16	鹿角還狗舅、戀虎(臺灣民間童話)	《臺灣風物》21:2	50-60	朱鋒	
1972.12.30	導引日軍無事進入臺南城的陳修五的履歷書	《臺灣風物》22:4	43-44	朱鋒	
1972.12.30	鹽水一地懸掛「大夫第」者有兩處	《臺灣風物》22:4	45-46	赤嵌樓客	

資料來源:

黃天橫,〈莊松林先生著作目錄〉,《臺灣風物》,第25卷第2期,1975。

戴文鋒,《日治晚期的民俗議題與臺灣民俗學:以《民俗臺灣》為分析場域》,國立中正大學歷史研究所博士論文,1999。

朱子文,〈莊松林先生生平事蹟〉,《臺南文化》,新55期,2003。

陳祈伍,《激越與戰慄:臺南地區的文化發展——以龍瑛宗、葉石濤、吳新榮、莊松林為例(1937-1949)》,中國文化大學史學系博士論文,2011。

呂美親,〈1930年代臺灣普羅世界語運動於文化的面向:以莊松林的世界語書寫及民間文學參與為考察對象〉期末報告,科技部補助專題研究計畫,2018-2019。

致謝名單

本書得以完成，得力於諸君協助，僅列芳名如下，以表謝忱。

許雪姬　教授

莊明正　老師

林錫田　老師

陳奮雄　老師

葉瓊霞　老師

莊永清　老師

陳祈伍　老師

黃隆正　先生

黃光瀛　先生

林俊霖　先生

歐怡涵　小姐

　　　　　．

李允先教授（南韓國立木浦大學島嶼文化研究所）

金潤柱小姐（南韓益善文化遺產設計研究所）

臺南市文史協會

全臺白龍庵如性慈敬堂

深耕臺灣民俗的文化人：莊松林

作　　者／戴文鋒、曾國棟、楊家祈
總 策 劃／謝仕淵
行政編輯／陳雍杰、李中慧、歐怡涵

出 版 者／臺南市政府文化局
地　　址／708201臺南市安平區永華路2段6號13樓
電　　話／06-632-5865

編印發行／蔚藍文化出版股份有限公司
負 責 人／林宜澐
總 編 輯／廖志墭
地　　址／110408臺北市信義區基隆路一段176號5樓之1
電　　話／02-2243-1897

總 經 銷／大和書報圖書股份有限公司
地　　址／248020新北市新莊區五工五路2號
電　　話／02-8990-2588

印　　刷／世和印製企業有限公司
初版一刷／2023年11月
定　　價／新臺幣500元

ISBN：978-626-7339-30-5
GPN：1011201318
分類號：R045
局總號：2023-732

國家圖書館出版品預行編目（CIP）資料

深耕臺灣民俗的文化人：莊松林／戴文鋒, 曾國棟,
楊家祈著. -- 初版. -- 臺南市：臺南市政府文化局；
臺北市：蔚藍文化出版股份有限公司, 2023.11
　面；　公分
ISBN 978-626-7339-30-5（平裝）

1.CST：莊松林　2.CST：傳記　3.CST：臺灣民俗

783.3886　　　　　　　　　　　　　112016743